法律渊源·制定法解释·法律关系

当代罗马法体系

（第一卷）

[德]弗里德里希·卡尔·冯·萨维尼　著
（Friedrich Carl von Savigny）

朱　虎　译

中国人民大学出版社
·北京·

作者简介

弗里德里希·卡尔·冯·萨维尼（Friedrich Carl von Savigny）：德国19世纪最伟大的法学家，1779年2月21日出生于美茵河畔法兰克福，1861年10月25日逝世于柏林。先后执教于马堡大学、兰茨胡特大学、柏林大学，历任柏林大学校长、普鲁士枢密院法律委员、莱茵州控诉法院兼上诉审核院枢密法律顾问、普鲁士国务兼司法大臣、内阁主席。最重要的著作包括《论占有》、《论立法和法学的当代使命》、《中世纪罗马法史》、《当代罗马法体系》和《作为当代罗马法之部分的债法》。

译者简介

朱虎：中国人民大学法学院教授、博士研究生导师，中国人民大学民商事法律科学研究中心研究员，中国人民大学"杰出学者"青年学者Ａ岗。曾担任全国人民代表大会常务委员会法制工作委员会民法典编纂工作专班成员，并参与多部法律和数个司法解释的起草工作。出版《规制法与侵权法》、《法律关系与私法体系》等独著和译著5部，出版合著《中国民法典释评》（十卷本）、《中华人民共和国民法典释义》（全三册，黄薇主编）等多部，在《中国法学》《法学研究》等期刊发表论文近50篇。

张梓萱：清华大学法学院博士后，中国人民大学法学博士和学士，台湾大学法学硕士。曾在《南大法学》《苏州大学学报（法学版）》等期刊发表论文多篇。

整部著作的初步概要

第一篇　法律渊源
　　第一章　本著作的任务
　　第二章　法律渊源的一般性质
　　第三章　当代罗马法的渊源
　　第四章　制定法的解释

第二篇　法律关系
　　第一章　法律关系的本质和种类
　　第二章　作为法律关系承担者的人
　　第三章　法律关系的产生和消灭
　　第四章　对法律关系的侵害

第三篇　法规则在法律关系上的应用

第四篇　物　法

第五篇　债　法

第六篇　家庭法

第七篇　继承法

翻 译 说 明

一、所用版本

本翻译所依据的德文版本为：Friedrich Carl von Savigny, *System des heutigen Römischen Rechts*, Bd. 1, Berlin, 1840。同时，翻译参考了 William Hollway 先生所翻译的英文版本：Savigny, *System of the Modern Roman Law*, Vol. 1, translated by William Hollway, Hyperion Press, 1867。

二、结构

以原著标题编码为基础，依次采取篇、章、节的编码编排方式。

三、译名

1. 人名、地名

除另有考虑外，本书中的人名、地名一般不译出，直接以原文表示，以便读者查证。

2. 其他术语

除另有说明外，原著中出现的书名、学派名、术语和概念依据通行译名确定（例如，Digesten——学说汇纂），并在第一次出现时附有原文。

四、注释

1. 原著注释

原著注释一律采用脚注，按原著注释顺序编码，一般采用以节为单位连续编码、以圈码（例如，①）的方式出现。原著注释中出现的书名一般不翻译，以便读者查证，对补充性和说明性文字则一般予以翻译。

2. 译者注

译者注采用两种方式：(1) 直接采用脚注，以"*"号表示（例如，*、**等），并注明"——译者注"。(2) 在原著注释中添加，以【】表示，并注明"——译者注"。

五、原著页码

为方便读者查证，本书将原著页码作为边码标出。本书正文、注释以及索引中所出现的页码均为原著页码，即本书边码。

六、原著参照节

原著中有大量参照另一节的表示，本书注明所参照节的编号，前加以"§"，并以中文括号注明，例如，(§15)，所指代的即"参照第十五节"。

七、罗马法、教会法原始文献的引注方式

1. 罗马法原始文献引注方式

原著对于罗马法原始文献的引注方式与我们当前的引注方式并不相同，兹说明如下。

(1) 对于《学说汇纂》的引注方式。原著的引注方式，以 lex 的第一个字母 L 开头，以 Lex、Paragraph 的编码这个顺序排列，之后注明 Titel 的名称，最后以括号涵括 Buch 和 Titel 的编码。我们当前的引注方式是以 Digest 的简写 D 开头，按照 Buch、Titel、Lex、Paragraph 的编码这个顺序排列。例如，L. 2 §12 *de orig. jur.* (1.2.)，按照我们当前的引注方式即为 D, 1, 2, 2, 12.。

(2) 其他文献的引注方式。原著对其他文献的引注方式与对《学说汇纂》的引注方式大致相同，只是用简写符号标明以区别于《学说汇纂》,而对《学说汇纂》则不标明任何简写符号。例如,L. 3 *C. de leg.*(1.14.),*C.* 表示《优士丁尼法典》,按照我们当前的引注方式即为 C,1,14,3.;§13 *J. de act.*(4.6.),*J.* 表示《优士丁尼法学阶梯》,按照我们当前的引注方式即为 I,4,6,13.;同样,Nov. 表示《新律》,*C. Th.* 表示《狄奥多西法典》(Codex Theodosianus);等等。

2. 教会法原始文献引注方式

原著对于教会法原始文献的引注方式与对罗马法原始文献的引注方式大致相同,只是注明各原始文献的简写以示区别,例如,C. 11 Ⅹ. de consuet.(1.4.).。各主要原始文献的简写如下:Ⅹ. 表示《格里高列九世教令集》(Decretales Gregorii Ⅸ / Liber Extra);Ⅵ. 表示《卜尼法八世教令集》(Liber sextus);D. 表示《格拉提安教令辑要》(Decretum Gratiani);Clem. 表示《克里门特五世教令集》(Constitutiones Clementinae)。

八、罗马法文献的翻译和关于罗马法术语的译者注

本书对于罗马法术语和文献的翻译以及关于罗马术语解释的译者注主要参考了以下文献,在此一并说明并致以感谢,在具体翻译和译者注中恕不一一注明:Mommensen, Krueger, *Corpus Iuris Civilis*, Berlin, 1954.;Mommensen, Krueger, *The Digest of Justinian*, English translation edited by Alan Watson, University of Pennsylvania Press, 1985; Samuel P. Scott, *The Civil Law*, Cincinnati, 1932.; John B. Moyle, *The Institutes of Justinian*, Oxford, 1913.; Kaser, *Das Römische Privatrecht*, München: C. H. Beck, 1971.; Wieacker, *Römische Rechtsgeschichte*, München: C. H. Beck, 1988; Sherman, *Roman Law in the Modern World*, New York, 1937;中国政法大学"罗马法民法大全翻译系列"以及"罗马法翻译系列";[古罗马]西塞

罗：《西塞罗全集·修辞学卷》，王晓朝译，人民出版社2007年版；黄风：《罗马法词典》，法律出版社2002年版；其他关于罗马法的中文著作。其中，本书参考黄风先生的《罗马法词典》甚多，在此致以最大的谢意。

九、中文译本参考

本书参考了原著部分章节的已有中文译本，在此致谢，主要包括：［德］萨维尼：《萨维尼论财产权》，金可可译，载《中德私法研究》，第1卷，北京大学出版社2006年版；［德］萨维尼：《萨维尼论法律关系》，田士永译，载郑永流主编：《法哲学与法社会学论丛》，第7辑，中国政法大学出版社2005年版。

目　录

前　言 ·· I

第一篇　当代罗马法的渊源

第一章　本著作的任务 ································ 3
　第一节　当代罗马法 ································· 3
　第二节　德意志共同法 ······························ 6
　第三节　任务的界限 ································· 7
第二章　法律渊源的一般性质 ······················· 8
　第四节　法律关系 ···································· 8
　第五节　法律制度 ···································· 11
　第六节　法律渊源的概念 ··························· 14
　第七节　法的一般产生 ······························ 16
　第八节　民　族 ······································· 19
　第九节　国家，国家法，私法，公法 ············ 22
　第十节　关于国家的不同观点 ····················· 27
　第十一节　国际法（Völkerrecht） ··············· 30
　第十二节　习惯法 ···································· 32
　第十三节　立　法 ···································· 36
　第十四节　科学法 ···································· 40

第十五节　相互关联中的法律渊源；其内容的本质
　　　　　和来源 ························· 44
第十六节　绝对法和任意法，常规法和特别法 ······· 49

第三章　当代罗马法的渊源 ················· 57
第十七节　A. 制定法 ······················ 57
第十八节　B. 习惯法 ······················ 65
第十九节　C. 科学法 ······················ 70
第二十节　科学法（续） ···················· 75
第二十一节　并存的法律渊源 ················· 82
第二十二节　关于法律渊源整体的罗马法观点 ······· 85
第二十三节　关于制定法的罗马法观点 ··········· 97
第二十四节　关于制定法的罗马法观点（续） ······· 103
第二十五节　关于习惯法的罗马法观点 ··········· 115
第二十六节　关于科学法的罗马法观点 ··········· 124
第二十七节　关于法律渊源的罗马法观点的实践
　　　　　　价值 ······················· 128
第二十八节　关于法律渊源的现代观点 ··········· 131
第二十九节　关于法律渊源的现代观点（续） ······· 134
第三十节　关于法律渊源的现代观点（续） ········· 141
第三十一节　关于法律渊源的现代法典观点 ········ 151

第四章　制定法的解释 ···················· 157
第三十二节　解释的概念法定解释和学理解释的
　　　　　　区分 ······················· 157
第三十三节　A. 具体制定法的解释　解释的基本
　　　　　　规则 ······················· 162
第三十四节　制定法的基础（Grund） ··········· 165
第三十五节　不完善制定法的解释　其种类和补救

2

　　　　　　　　方式 …………………………………………… 169
第三十六节　不完善制定法的解释（续）（不明确的
　　　　　　　　表述）………………………………………… 172
第三十七节　不完善制定法的解释（续）（不正确的
　　　　　　　　表述）………………………………………… 176
第三十八节　优士丁尼制定法的解释（批判）………… 184
第三十九节　优士丁尼制定法的解释（批判）（续）… 188
第四十节　　优士丁尼制定法的解释（续）（独立的
　　　　　　　　具体篇章）…………………………………… 192
第四十一节　优士丁尼制定法的解释（续）（与汇编之关系
　　　　　　　　中的具体篇章）…………………………… 194
第四十二节　B. 法律渊源的整体解释（矛盾）………… 200
第四十三节　法律渊源的整体解释（矛盾）（续）…… 204
第四十四节　法律渊源的整体解释（矛盾）（续）…… 208
第四十五节　法律渊源的整体解释（矛盾）（续）…… 216
第四十六节　法律渊源的整体解释（漏洞，类推）…… 221
第四十七节　关于解释的罗马法观点 …………………… 226
第四十八节　关于解释的罗马法观点（续）…………… 232
第四十九节　关于解释的罗马法观点的实践价值 …… 237
第五十节　　关于解释的现代观点 ……………………… 242
第五十一节　关于解释的现代法典观点 ………………… 248

第二篇　法律关系

第一章　法律关系的本质和种类 …………………………… 253
第五十二节　法律关系的本质 …………………………… 253
第五十三节　法律关系的种类 …………………………… 256

第五十四节	家庭法	264
第五十五节	家庭法（续）	272
第五十六节	财产法	281
第五十七节	财产法（续）	290
第五十八节	法律制度概览	295
第五十九节	关于分类的不同观点	300

附　录 ·· 312
  附录一　自然法、万民法和市民法 ·············· 312
  附录二　L. 2 C. *quae sit longa consuetudo*
　　　　（8.53.）·································· 318

索　引 ·· 325
  索引一　内容索引 ································ 325
  索引二　渊源索引 ································ 336

第一卷第一版译后记 ································ 361
第一卷新版译后记 ···································· 365

前　言

如果一个科学领域，例如我们的科学领域，通过许多时代的不懈努力而被建立起来，那么属于当代的我们就会享有丰富的遗产。不仅仅是我们所掌握的大量已被获得的真理，而且精神力量的任何尝试方向，之前时代的所有努力，无论它们是卓有成效的还是失败的，对于我们都具有许多好处，它们可能是典范，也可能是警示，因此，在一定意义上，我们是与过往几个世纪的联合力量一起工作。如果我们现在由于懒惰或者自满而疏忽了我们所处境地的自然优势，并且我们仅仅是非常浅薄地考虑以下问题，即在上述丰富的遗产中，有多少对我们的文化产生了构成性的（bildend）影响，那么我们就放弃了这些无比珍贵的财富。这些财富与真正科学的本质是密不可分的，而此本质就是科学信念的共享（Gemeinschaftlichkeit）以及持续的、生机勃勃的发展。没有这些发展，上述共享会变得死气沉沉。为了使这种情形不会发生，我们必须期望，个人所尝试的和获得的东西应不时地在统一的意识之中而被总结。因为，同时代的科学工作者之间的对立常常非常尖锐；如果我们对所有的整个时代进行比较，则这种对立更为激烈。但这并非选择其一而拒绝其余的问题，毋宁说，任务在于将所察觉到的对立融合成一个更高的统一，这在科学中是通往确定发展的唯一途径。对于这种总结性的工作而言，合适的思想倾向是对于我们前辈所做出的伟大贡献保持一种敬重。但这种敬重不能退化成一种狭隘的片面性（Einseitigkeit），这样，思想的自由会受到侵害。非常必要的是，将目光投向于科学的最终目标之上，在与此目标的比较中，即使是对个人有所助益的伟大贡献也必然存在不完美之处。

但对于我们而言，如果已延续了许多世代（Geschlechter）的科学发展提供了大量有益之处，同样，这里也存在特别大的危险。在我们从前辈那里得到的许多概念、规则以及术语中，所获得的真理无疑是与众多错误的添加混杂在一起的，这些错误添加通过作为一种古老财富（Besitzstandes）的传统力量对我们产生了影响，并且易于取得对我们的支配。为了防止这种危险，我们必须要求，不时地重新审查所有流传下来的东西，质疑它们，拷问其起源。如果我们人为地使我们自己处于以下状况之中，即我们必须要与不熟悉者、怀疑者、抗拒者分享流传下来的材料，那么上述情况就会发生。对于这样一种审查工作而言，合适的思想倾向是精神的自由，不依赖任何权威；同时，为了使这种自由不退化成妄自尊大，必须还要存在谦卑这种有益的态度，谦卑是对个人力量的有限性进行公正考量之后的自然结果，但它能够促进上述看到自我成就的自由。

因此，从完全相反的立场出发，相同的需求在科学中也会被指明出来。此需求就是对于我们前辈所做的工作不时地反复思考，这是为了从此工作中除去错误，永久地拥有真理，这使我们处于以下状况之中，即在共同任务的解决中，根据我们力量的程度而更接近目标。为我们当前所处的时代进行这样一种思考，这就是本著作的目的。

然而，在一开始就不应隐瞒，由于在最近时代我们科学中所出现的争论，本著作的公正接纳会面临非常大的困难。由于作者的名字，许多人会怀疑这个工作的上述一般目的。他们会认为，这个工作的目的更有可能是对历史学派进行片面的拥护,而并非自由服务于科学,因此本著作具有一种派系著作(Parteischrifte)的特征,任何不属于这个学派的人都应当对它予以提防。

我们科学中的所有成就取决于不同精神工作的共同作用。对于这些工作中的其中一种工作,以及特别从这种工作中产生出来的科学倾向而言,为了表明它们的特征,之前我和其他人没有任何恶意地使用了历史学派这个称呼。当时对科学的这个方面进行特别的强调,并不是为了否定或者削弱其他工作和倾向的价值,而只是因为,上述工作在很长时期内被其他人所忽视,因此为了重新回到其自然的正确(ihr natürlich Recht)上,较之其他工作而言,此工作暂时更多地需要热情的支持。一个长期持续的、活跃的反驳是与上述名称联系起来的,并且在最近言辞也变得严厉起来。针对这些攻击进行辩护是无益的,也几乎是不可能的,因为这些愤恨更多地产生于个人情感而非科学对立。因此历史学派的对手们习惯于在这个名称下,概括和责难所有在出版文献中他们所厌恶或不同意的东西。在这种情况下,谁愿意试图进行反驳?但其中一种谴责由于它更具有普遍性而必须被排除在外。对手们经常主张,历史学派的成员错误地认识了当前(Gegenwart)的独立性,使当前屈服于过往(Vergangenheit)的支配之下;历史学派的成员尤其过度扩展了罗马法的支配:这或者对立于德国法,或者对立于新的法构成(der neuen Rechtsbildung),此种法构成通过科学和实践已经取代了纯粹的罗马法。这种谴责具有普遍的、科学的特征,对此谴责不应保持沉默。

法学的历史观点完全被错误理解并且被歪曲,它常常被这样理解,即在法学的历史观点中,产生于过往的法构成被认为是至上之物(Höchstes),必须维持这种至上之物对当前和未来的永恒支配。法学的历史观点的本质毋宁在于对所有时代的价值和独立性的相同承认，它最为重视的是，应当认识到连接当前和过往的生机勃勃的相互联系，没有这个认识，对于当前的法状态，我们就只会注意到其外在现象（Erscheinung），而不能把握其内在本质（das innere Wesen）。在罗马法的特别运用上，法学的历史观点的目的并不像许多人所主张的那样在于给予罗马法对我们的过度支配；毋宁说，它首先要在我们的全部法状态中发现和确认哪些事实上起源于罗马法，由此我们并非无意识地被罗马法所支配；但此外，法学的历史观点力求在我们法意识（Rechtsbewußtseins）的罗马法元素中，分离出那些事实上已经不再重要的、仅仅因为我们的误解而继续具有妨碍作用的虚假存在的那些元素，以便那些依然生机勃勃的罗马法元素获得发展和产生有益影响的更为自由一些的空间。本著作的目的尤其不在于给予罗马法一种过度支配地位，因此，它否认罗马法在为数不少的法理论中的可适用性，而这种可适用性迄今获得了普遍的接受，甚至一些始终标榜为历史学派的对手的人也接受了此种可适用性。在这里，作者的观点并没有发生变化，因为此观点的大部分内容在三四十年前就已经被公开表达了；毋宁说，在此现象中存在这样一个证据，即人们经常对历史学派，尤其是对我所做出的上述责难是完全没有根据的。在公正的人士之中，这一阐述可能有利于逐步消除所有的学派争论以及与此相关的学派名称；特别是，促使最初使用历史学派这个名称的原因，以及在当时有必要克服的流行错误，现在已经几乎完全消失。虽然这种形式的继续争论有助于使许多对立更清晰地显示出来，但是坏处无疑大大超过了此种好处，因为它妨碍了对他人成果的公正判断，本可以更为有益地用于科学共同目标的力量却被浪费于学派争论之上。

我绝对没有忽视科学争论的巨大好处，甚至认为争论就是科学的存在条件；同样，在个人精神力量的种类和倾向中，将会始终注意到它们之间存在的巨大差异。科学的真正生命恰恰产生于这些相互对立部分的共同作用之中，不同力量的承担者应当始终将他们自己视为此宏伟大厦的建设者。如果相反，我们容许他们进入相互敌对的阵营，并且试图通过学派名称的不停使用而使对立相当个人化，那么，我们的理解几乎从根本上就是不真实的，其结果也就只能是有害的；个体的独特存在和作用就会从我们眼前消失，因为我们主要是将其作为一个学派的拥护者而赞同或者攻击他，这样，我们就会丧失有利于我们自身素养（eigene Bildung）的自然得益，这些得益本来是我们从他工作对我们的不受干扰的影响中所能够获取的。

如果现在通过这种方式，试图通过本著作给予罗马法一种对我们的不适当的支配地位这种努力已经被明确否定了，那么在另一方面，同样应当明确承认的是，即使对于我们当前的法状态而言，有关罗马法的细致知识也具有非常重要的价值，甚至必须被认为是不可或缺的；即使这个信念在这里没有被明确表述出来，它也仍然通过现在这本内容非常广博的著作这一工作——也即通过事实——清晰显示出来。需要取得相互理解的只是罗马法知识重要价值的根据和特性。

不少人对此持有下列观点：在罗马法仍然作为制定法而生效的邦国之中，认真的法学者都没有忽视对罗马法的刻苦研习；与此相反，在存在新法典的邦国之中，此种需求就不复存在，并且那里的法律状态被认为是更为有利的，因为法律人可以将他的时间和精力应用于更为生机勃勃的对象。如果这个观点是正确的，那么即使对于前一种邦国而言，罗马法也只具有一种非常不确定的价值，因为对于这些邦国的立法者而言，如果他们自己不想创作出一部自己的新法典，那么最为容易的方式就是通过采纳一部既存的外来法典而达致上述的有利状态。——另外一些人这样理解罗马法的特殊价值，即在具体的实践性规则中表现出来的罗马法的实质性成果，较之于在中世纪或者最近时期的法构成中表现出来的类似规则，是很出色的。本著作的目的并非进行这种意义上的辩护，这在具体的论述中可以被证明。事实上，事情（除了非常个别的情形之外）绝非仅仅停留在以下层面，即它可以通过在相互对立的实践性规则中进行选择而得到解决，如果一本著作在具体论述中试图推行此种比较的立场，那么它就会使人回想起以下这种幼稚的观点，即在对战争史的讲述中总是乐于询问孰善孰恶。

关于法的个人精神工作可以采取两种不同的取向：一种是对法意识进行一般的接受和发展，也就是借助于学问、学说以及描述；另一种是将其运用于实际生活事件中。法的这两种组成——理论的和实践的——因此就属于法本身的统一本质。但在最近一些世纪的发展过程中，这两种取向同时分化成不同的阶层和职业，这样，根据其唯一的或主要从事的职业，法律专业人员也就或者只属于理论，或者只属于实践，这只有很少的例外。这种状况并非源于人类意志，因此在一般意义上就没什么可称道或谴责的。但或许重要的是认真斟酌，在这种对立中什么是自然的和有利的，反之，它如何发展为有害的片面性。所有的幸福取决于，在这种分离的工作中，每个人都要密切注意到这种最初的统一性，这样，在一定意义上，每个理论研究者都要保持和发展实践意识，而每个实践者也都要保持和发展理论意识。如果没有做到这一点，理论和实践完全分裂，那么这样一种危险就必然会产生，即理论降格为空洞的游戏，而实践降格为单纯的技艺。

如果我宣称，所有的理论研究者都同时应始终具有实践素养（Element），那么这只是就意识和精神而言，而并非就其活动而言；尽管一些实践性活动如果得到了正确的运用，它无疑是提升实践意识的最可靠的途径。无疑，一些非常严肃和热情地投身于法学的人会具有这样一些经验,即具体的案件会使他们得到对法律制度之生机勃勃的直观(lebendiger Anschauung),而这是他们通过书本的学习以及自己的思考而无法得到的。这样,我们在具体情形中偶然得到的有利于我们发展的这些东西,也被认为是我们奋斗的自觉目标,也是通过我们的全部科学所要实现的。因此,出色的理论者通过全部法律交往(Rechtsverkehrs)的完整彻底的直观而使他的理论生机勃勃;实际生活的所有伦理宗教的、政治的、国民经济的关系都呈现于他的眼前。几乎不需要提及的是,这个要求的确立并非为了指责那些没有完全做到这一点的人,因为任何想要以这个标准要求他人的人,必须承认他自己可能做得也很不够。尽管如此,对于多种力量的统一努力而言,坚持这个目标仍然是好的;这首先是为了保持正确的方向,其次是为了使我们避免所有骄傲自满的心血来潮,没有人能够完全确定地防止此种心血来潮。但如果我们将我们法理论的现在的实际状况,与其五十年前甚至一百年前的状况进行对照,我们会发现优劣的并存。虽然所有人都会承认,之前没有被想过的东西现在已经成为可能或者实际上已经被完成,甚至一些已经得到的知识在现在也比以前有了很大的提升。但是如果我们观察一下上面所要求的实践意识,通过这种实践意识,理论研究者可以使其知识生机勃勃,那么这种对照的结果就不是很有利于当前。但当前的不足与目前在理论工作中出现的特别倾向有关。当然,最为值得称赞的是通过新的发现而推动科学;但是,在我们这个时代,这种推动也常常变成片面和有害的。人们过分重视新观点的产生,却不重视对已经研究过的事物的准确的、清晰的研习以及令人满意的描述,尽管在此之中,如果这种方式被认真地对待,已经存在的事物也会呈现出新的构成,并且导致科学的实际发展,即使这种发展不非常引人注目。大多数人不具备整体上有效的创造力，因此，上述对新观点的片面重视导致许多人徘徊于孤立的、不连贯的思想和观点之中，并由于这种片段化而忽视了对我们的科学整体进行互相联系的把握。在这一点上，我们的前辈要比我们出色，在这些前辈之中，相对而言，能够以一种有价值的方式对我们的科学进行整体描绘的人要更多一些。但如果有人根据一个更为普遍的立场来观察这一问题，他很容易就会确信，这个现象绝非法学所独有，毋宁说，它完全是与我们文献的发展进程联系在一起的。

在另一方面，上文要求实践者也要同时具有理论素养（theoretisches Element）。这并非意味着，他同时也应是一个活跃的著作者，或者他应当继续进行一种非常全面的书本研习。在很大程度上，由于实践工作的范围，这两点都是不可能的。但是，在实践者的实践活动中，他应当始终使其科学意识生机勃勃，他不应当忘记，被正确理解的法学只能是对他在具体情形中意识到和应用的东西所被进行的一种总结。最为常见的是，在对实践性法律人（eines praktischen Juristen）的评价中，所重视的唯一价值是单纯的精明强干（Gewandtheit）和轻而易举（Leichtigkeit），尽管这些本身具有非常有用之性质的价值可能会与最不负责任的浅薄性（der gewissenlosesten Oberflächlichkeit）结合起来。正确的精神并没有处处内在于我们的法实践中，这一点可以从其整体表现出的成果中显示出来。如果正确的精神被作用于法实践，那么从此之中，必然会产生健全法学的确定进展，法实践也必然会对理论努力产生支持作用：在后者有偏离时，前者会将它们拉回到正确的道路上。尤其是，法实践必然会为立法做好准备工作，由此制定法和法适用会合乎自然地前进到内在的统一之中。难道我们没有在大多数地方发现与所有这些恰恰相反的情形吗？

现在，如果我们法状态的主要弊端在于不断增长的理论和实践之间的分离，那么补救也就只能在理论和实践之天然统一性的建立中寻求。恰恰对此而言，罗马法如果得到正确的运用，则会提供最为重要的帮助。在罗马法学家中，上述天然统一性一以贯之，并且具有最为生机勃勃的效力。这并非他们的功劳，同样，当前与之相反的状况也更多的是由发展的普遍进程所导致的，而非个人的罪责所导致的。如果我们对罗马法学家的与我们非常不同的做法进行严肃与公正的思考，那么我们也能够学会他们的做法，这样，我们自身就会回到正确的道路上。

但是，存在着非常不同的探求罗马法知识的方式，因此有必要清楚表明，如果要达到上述目标，对于这种知识而言，需要哪种方式。可能每个人都期望一种细致的科学思考方式；但许多人会被以下误解所阻吓，即每个想要获得这种罗马法知识的人都需要进行古代探查以及批判性地渊源研究全部这些工作。虽然我们的这部分研习非常重要，但是劳动分工这个有益的原则绝不应被忽视，因此，大部分人完全能够满足于上述由个人进行的专门研究的成果。但在另一方面，完全错误的观点是相信，通过关于罗马法最为普遍的原则的知识，上述目标能够取得哪怕是最低程度的推进；这种知识包括被记载于法学阶梯概要（Institutionencompendium）中的知识，以及在法国的法律院校中被传授的知识。为了能够使罗马法的文辞被传播至更为美好的未来而被记住，这种知识是足够的；对于自我局限于这种知识的人而言，这种知识恐怕不值得他为它付出少量努力。如果罗马法知识应当有助于我们达到这里所表述的目标，那么这里只存在一条途径：我们必须对古代法学家的著作进行独立的阅读和思考。这样，我们也就不会被浩若烟海的大量现代文献所吓倒。合理的引导可以使我们注意到少量确实能促进我们独立研习的现代文献；其余的大量现代文献则要留给专门从事理论研究的法学者，无疑他们也不应拒绝这项极为艰辛的工作。

　　本著作的目的特别在于促进对罗马法的严肃研究所具有的上述目的，因此，尤其要消除一些困难，这些困难常常阻碍了从事实践工作的法律人进行自主的、独立的渊源研习。由于这些困难，在最通用的现代手册中出现的观点对实践具有一种不适当的支配作用；因此如果作者的意图在本著作中得到实现，那么由此也就同时致力于将实践从似是而非的理论中解放出来。

　　这些想法自然会在以下这些邦国中得到最为直接的适用，即在这些邦国中，罗马法现在仍然构成了法实践的基础；尽管如此，在新法典已经代替了罗马法的邦国中，这些想法仍然可以适用，因为法状态的缺陷在此处和彼处基本上是相同的。因此，补救的需要以及方式也并非人们所想象的那样不同。因此，在实施了本土法典（einheimischen Gesetzbüchern）的邦国中，通过这里所陈述的对罗马法的利用方式，理论或者重新生机勃勃，或者不会误入完全主观和任意的歧途，特别是，理论与实践重新结合起来，这在任何地方都是非常重要的。无疑，在这些邦国中，较之实施共同法（des gemeinen Rechts）的邦国，这种转变更为困难，但它绝非不可能。尤其是现今的法国法学家的例子表明了这一点，他们常常以相当明智的方式根据罗马法来解释和补充他们的法典。在此，他们完全是在真正的意义上对待法典，并且如果他们存在一些错误，那么这些错误更多的是因为对罗马法的错误认识，而非因为对罗马法的不适当的利用方式。在对罗马法的认识这一点上，我们肯定要超过他们；但在本国制定法之外对罗马法的利用方式这个方面，我们应当向他们学习。诚然，较之他们，在我们的祖国普鲁士之中，这种利用更为困难，因为在我们的邦法之中，部分是因为其独特的表达方式，部分是因为其非常冗长，其与早期法之间实际存在的内在联系常常被遮蔽。因此这种利用会更为困难,但并非不可能;如果这种利用被恢复,那么产生于邦法实施中的根本弊端就会同时得到补救。此弊端在于其完全分离于对共同法的科学探讨,由此我们的实践丧失了一个最为重要的构成方式(Bildungsmittel),即与早期以及异邦的法学思考之间的生机勃勃的联系。很明显,在普鲁士邦法被起草时,德国法学文献在很大程度上变得空洞无物并且毫无帮助,由此其对实践的有益影响也大多丧失了;实际上,对这种弊端丛生的法状态的认识在当时也导致了通过本国法典来弥补此弊端的尝试,这样,实践法的基础便被完全改变。如果我们现在成功地将与共同法文献之间已经消失的联系重新部分地连接起来,那么目前,在被完全改变的法学状态中,只会产生一种对实践的有益影响,而之前非常明显的缺点也就不会再现。

在以下要求中,即罗马法继续被用来作为我们法状态的构成方式,许多人认为我们的时代和国族受到了冷落。他们这样理解此事实,即通过这种方式,我们最多只能实现对罗马人创造出来的法状态的不完美的模仿或者重复,但更有价值的是通过独立努力来创造出一些新的以及独特的事物。但是,这种在本质上值得称道的自信是以以下错误认识作为基础的:在许多个世纪以来我们所得到的大量各种各样的法素材(Rechtsstoff)中,较之罗马人,我们的任务前所未有地艰巨,因此我们的目标也就更高,如果我们成功地实现了这个目标,我们就并不只是单纯地模仿罗马法学家的优越之处,而是完成了比他们更为伟大的事情。如果我们学会了以同样的自由和娴熟来处理这些既定的法素材,这种自由和娴熟是我们对罗马人最为钦佩的,那么我们就能够放弃他们的典范作用,而将历史移交于感激的回忆之中。但在那个时刻之前,我们不能由于错误的自负和懒惰而放弃利用这样一种构成方式(Bildungsmittel),我们很难通过自己的力量取代这种构成方式。在这一点上，我们主张我们的时代与古代之间的关系，在其他精神领域中，我们也通过相似的方式而注意到这一关系。这些言辞不能被这样理解，即对罗马法的研究应被不断加强至不利于日耳曼学者的积极努力的程度，在我们的时代，恰恰是日耳曼学者的这些努力给予了令人愉悦的希望。最为常见和自然的是，通过对不同但类似领域的轻视来表明对我们自己的研究领域的生机勃勃的热情；但这种做法是错误的，并且此错误无疑只会不利于持有并且实践此错误的人，而不会不利于上述轻视所要伤害的人。

　　根据本著作的上述计划可以得出，本著作主要具有一种批判性（kritischen）的特征。许多人对此并不满意，因为他们只是需要正面的、能够直接适用的真理，而并不关心它们获得的方式以及可能存在的对立。如果我们能够只让清晰的、单一的真理对我们产生绝对的影响，并且能够不受干扰地发展而取得新的知识，我们的精神生活就会非常容易和舒适。但许多糟粕包围着并且阻碍着我们，这些糟粕由错误的或者部分正确的概念和观点所组成，因此我们必须自己开辟出道路。命运使我们担负起许多不必要的负累，我们要为此和命运抗争吗？我们必须要顺从它，将之作为我们精神存在的必要条件，但这里并不缺少丰富的果实，这些果实是作为我们劳动的报酬而从这种必要性中产生出来的。在此之中，我们的精神力量得到了全面的培养，我们通过与错误之间的斗争而获得的每个真理，就会在更高的意义上成为我们的财产，并且较之以下情形，即我们从其他人那里被动地和轻易地获得这些真理，在前一种情形中，这些真理会被证实更为富有成果。

　　本著作的上述批判性特征主要在以下具体应用中表现出来。首先，它几乎完全体现于以下情形，即所进行的研究并不罕见地仅仅得出单纯否定的结果；此情形可能在于，罗马法制度被证明已经消亡，因此我们的法状态对此非常陌生，或者在我们的法体系中，现代的法学家描述了由于错误理解而被引入的毫无根据的概念和学说观点。许多人至少恰恰纠缠并且耽搁于这种研究。但是，如果有人将道路上的石块清理掉，或者通过设立的指示牌而避免误入歧途，那么他在本质上就确实改善了其后继者的状况；如果所如此取得的优越之处通过习惯而得到巩固，那么这些困难曾经存在的这样一段时期很快就会被忘记。

但本著作的上述批判性特征不仅仅表现于单纯否定的结果之中，也表现于以下情形之中，即对于肯定性的真理的确立而言，真实和谬误之间的简单的、绝对的对立并不充分。在许多情形中，它主要取决于对我们的确信之程度进行详细确定。也就是说，如果我们同他人发生了观点上的争论，那么这其中可能存在不同的方式。并非罕见的是，我们的确信感觉上是完全确定的，因为我们认识到，对手们的观点可能产生于逻辑错误、对事实的无知或者绝对应受指摘的方法；这样，我们就认为此观点在科学上是站不住脚的，因此，在我们的对立中，必然就会存在对对手们的明确指责。在其他情形中就不是如此，在这些情形中，我们在对所有的理由进行仔细的斟酌之后，虽然优先选择了一个观点，但是没有办法对对手的观点做出决定性的判断。我们必须满足于这种可能性，在此之中，我们必须进行程度上的区分，并且对此种程度的精确描述以及细致承认同样属于我们工作的伦理以及科学价值。[①]——在争议观点的其他情形中，重要的是准确界

[①] Lebensnachrichten über B. G. Niebuhr, B. 2, S. 208: "但最重要的是，在科学中，我们必须保持我们的诚实，我们要绝对避免所有错误的表象，即使是最为细节的东西，如果我们没有完全确信，我们也不会将之作为确定无疑的东西而写下，在必须表明我们的推测时，我们必须尽力表明清楚可能性的程度。"——在载明上述引用内容的这个卓越的信件中，许多内容不仅仅涉及（与此信件关系最为密切的）哲学，也涉及一般意义上的所有科学。

定争论的真正范围，以及这种观点之间的差异对科学的价值和影响。争论的活跃以及通过争论而经常有所增长的自信很容易诱使我们过分地重视此种争论，并使我们在这一点上导致其他人非常困惑。——最后，在我们所反驳的他人观点中，这些观点的可被称为相对真实（relative Wahrheit）的这种关系非常值得注意。并非罕见的是，在我们将之作为确定的错误而加以拒绝的观点中，仍然存在真实的部分，此部分只是因为错误的处理或者片面的夸大而转变为错误；这尤其适用于以下许多情形，在此情形中，错误只在于将具体之物作为普遍之物，或者将真正的普遍之物作为具体之物。对于科学而言，将存在于我们认为错误的并且与之争论的观点中此种真实部分分离出来并且加以承认，具有很大的价值；尤其是，它适合于在公正的、热爱真理的对手中产生一种相互理解，使争论产生一种最为纯粹的、最为令人满意的决定，在此决定中，对立溶于更高的统一之中。

实现上述目标的形式是一种体系化的形式，因为此形式的本质没有被所有人一致地理解，因此有必要在这一部分对其进行一般性的解释。在我看来，体系方法的本质在于对内在关联（des inneren Zusammenhangs）或者亲和性（der Verwandtschaft）进行认识和描述，通过这种内在关联或亲和性，具体的法概念和法规则连接成一个大的统一体。这种亲和性在最初常常是隐蔽起来的，对它的揭示丰富了我们的研究。此外，这种亲和性常常是多元的，在一个法律制度中，我们根据不同方面对它的亲和性揭示和发现得越多，我们的研究就越是完备。最后，并非罕见的是，在事实上不存在此种亲和性之处，存在其虚假的表象，因此我们的任务就在于消除此种表象——通过反映在外在排列中的内在关联，一部体系化著作的外在排列自然也就被确定下来，并非罕见的是，当人们谈及体系化研究时，他们常常想到的就仅仅是这一点。但对此仍需要提醒一些误解。在大量生机勃勃的现实（Wirklichkeit）中，所有的法律关系构成了一个有机的整体，但我们不得不对其组成部分进行分解，以便能够不断地认识它们并且将传授给他人。我们对其安排的顺序只能够通过被我们认为是主要的亲和性而得到确定，其他所有实际存在的亲和性只能在其他个别描述中而清晰化。在此之中，必须要求一定程度的宽容，甚至为著作者的主观教养（subjectiven Bildungsgang）留有一些余地，此教养也许对于他特别强调某种思考方法起到了决定作用，通过此思考方法，他可能会取得特别丰硕的成果。

　　对于体系化描述，许多人要求，如果某内容没有在之前的描述中找到其充分的根据，因此无法在之后的内容中被包含，那么它就不应出现在此体系化描述中。本著作极大地违反了这个要求，因为对于这样的一部著作而言，我从来不承认上述要求是一个应被大致遵守的规则。在上述要求中存在一个前提假设，即读者并不知道这些素材，需要对他们进行启蒙，使他们从现在开始认识这些素材，如果是基于初级课程设置的目的，那么这是正确的。但很难有人会试图通过像本著作这样详尽的著作来开始学习法学。毋宁说，本著作的用途在于，已经通过课堂讲授或者其他书籍而对素材有所认识的人通过它对已经取得的知识进行审查、提炼、更好的论证以及扩展。在任何一个描述点上，都可能会要求将他们已经知道的知识唤回到他们的意识之中，即使此知识是之后在本著作中才被首次特别描述。如果这种方式没有被采取，那么人们就必须采取以下途径，即或者完全放弃描述法律制度的最为重要以及最为富有成效的亲和性，或者将此描述置放于一个位置，在这个位置中，此描述变得非常不清晰和没有效力。因此，如果生机勃勃的直观（lebendiger Anschaulichkeit）这个好处事实上只能通过一种有选择的顺序安排而达成，那么此选择就不需要其他证成——如果通过这个理由，一些人仍然不能放弃上述责难，那么这些人就要回想一下，在详尽的专题性著作中，他们提出了许多前提，但这些前提不能在此专题性著作中找到其根据。对于一部内容广博的体系性著作的作者而言，较之一部专题性著作的作者，为什么在这一点上前者要享有更少的权利？

但在这里，为了消除一个预料中的异议，我们必须考虑一下专题性著作，它们具有更为重要的意义，近来我们的科学最为重要的发展都是通过它们而被尝试，但同时对此存在一个误解，此误解涉及专题性著作与内容广博的体系性著作的关系，在许多人那里都可以发现此误解。他们认为每一部专题性著作都是体系整体的一个具体部分，它们根据体系整体而被偶然地特别研究和论述；根据这种观点，为了通过专题性著作的组合建立一个令人满意的体系，所需要的只是足够数量的优秀专题性著作。但本质性的区别在于，在专题性著作中，具体法律制度的立场是被任意选择的，以便从此立场出发认识其与整体之间的关联；但是如果这样做，素材的选择和编排这些处理方式就会完全不同于以下情形中的处理方式，即在此情形中，此法律制度是在与完整的法体系之间的关联中而被描述的。我认为此评论是必要的，这是为了预先解释和辩护以下情形，即在本著作中，占有理论的描述形式完全不同于我之前特别描述此理论的专题性著作中的描述形式。

在本著作中，除体系本身之外，还存在一些冠名为"附录"的特别研究；根据不同的理由，我认为这种安排是必要的。有时一个具体的问题要求非常广泛的研究，以至于由此其在体系的展开中会远远逾越正确的界限，这样，自然的关联就会被破坏。在其他情形中，一个法概念会对体系的完全不同部分发挥相同的影响，这样，只有一个特别的描述才能够对对象进行详尽的研究；这一点尤其适用于以下这个详尽的附录，即在此附录中论述了错

前言

方向。在此点上，通过建立规则并不能取得确定性；对优秀典范的学习会提供很好的帮助，但首先，我们必须通过自己的实践来努力获得一种能够教导我们取得正确道路的机智纯熟（Takt）。

相反，许多人会觉得他们的期望落空了，因为他们想要发现比本著作中所实际出现的文献材料更为丰富的材料。我有意只引用以下作者，即这些作者在某一意义上对于本著作的上述计划是有益的，只是基于更广泛研究的目的才指示参阅其他作者；在对于所有论述某一主题的文献的说明中，如果这些文献不能使我们取得相当大的收益，我绝不追求资料的完备，假如我们通过对这些著作的引用而诱使读者花费时间进行无益的阅读，读者不会对我们深为感激。如果我在年轻时就开始这项工作，我本可以尝试在完全不同的意义上对法学文献进行详尽的利用。在这些法学文献之中，存在难以把握的两个内容繁多的集合（Massen），但从这两个集合中仍可以获得许多收益。一个集合是注释者（Exegeten），他们属于注释法学家（Glossatoren），通过法国学派而得到延续；另一个集合是法律实践者，他们是不计其数的决议（Consilien）、解答（Responsen）等的写作者，同样属于注释法学家。在制定一个法体系时，按照我的观点，对这两个集合的详尽利用在于，特别考虑到此体系对这些作者进行彻底的研读，以便由此对体系进行审查、修改和完善，这样，无疑可以获得许多具体方面的收益，而较少获得大的和整体方面的收益。现在，由于我是在暮年才开始这项工作，考虑这样一项计划就是很愚蠢的。但假如有人要赋予其作品一个永久的价值，而他愿意进行这里所描述的完备文献这样一项工作，他就可能会取得重要的功劳。这样一个建议并不荒诞，因为此建议可以被分别逐步地实施；可以基于上述目的对一段时间内的著作，甚至具体的著作进行阅读——我没有在本著作的开始一般性地列举对于我们法体系的学习有用的和值得推荐的著作，对此人们也许会感到遗憾。但在我看来，更为合理的是通过独立的目录学著作（abgesonderte bibliographische Schriften）来满足这个重要的需求；同样，对于具体的法渊源、其手稿以及版本的历史汇编而言，这项工作最好在法律史的著作中而不是在法体系的开端进行，在后一个情形中缺乏这种令人满意的展示的基础和相互联系。

本著作的素材是在讲课中逐渐收集和整理的，这些课程是我自9世纪始所开设的罗马法课程。但这里所展示出来的形式是一个全新的工作，所有的讲课都只是作为对此的准备工作而被利用。因为课程是为初学者而开设的；它应当使初学者意识到一些新的、不熟悉的对象，试图将这些传授与听众的其他知识以及他们所受到的一般教育连接起来。与此相反，著作者是为专家而写作；他预先假定这些专家已经拥有了这些知识的当前形态，将他的传授与专家的此种拥有连接起来，并且敦促这些专家和他一起重新思考他们已经知道的知识，由此使他们对知识的拥有得到澄清、确信和扩展。这两种传授形式之间的对立是不可否认的，但它们之间的转化不仅是可能的，也是无可指摘的。著作者有时也以下的方式来论述这些素材，即他察觉不到地与读者一起探究科学概念的起始，仿佛这些概念在他眼前重新产生。并不罕见的是，此种方式非常有助于对概念和原则的澄清，它们常常被其他人任意论述和歪曲；如果著作者对于他现在作为著作者所要处理的素材常常有机会在讲课中进行研究，那么他就会特别具备进行上述工作的倾向和能力——本著作的当前形态的计划在1835年春季被拟定；同年秋季开始写作，在我开始付印时，我已经完成了第一篇的四章以及第二篇的前三章。

当我现在公开本著作时，我不可抑制地考虑它所面临的命运。如同人类的每个努力和工作一样，它也会遭受到善的命运和恶的命运。许多人会告诉我它是多么的不完善，但我对它的缺点有着最为充分的理解和最为清晰的了解。现在，我已经完成了相当大的部分，我希望许多内容可以更为详尽、更为清晰，等等。难道这样一个认识会使我们丧失对于任何一项内容广博之事业的决断都是必需的勇气？在上述自我认识之外，以下思考可以起到抚慰作用，即真理不仅可以通过我们对它的直接认识和表述而被促进，也可以通过以下方式而被促进，即我们指明和开辟通向真理的道路，我们确定问题和任务，而所有的成功都取决于这些问题和任务的解决；这样，我们就能帮助其他人成功达到我们自己所没有达到的目标。现在，我也通过以下这种自信心而得到抚慰，即本著作可能包含了大量真理的萌芽，这些萌芽也许在他人那里才能完全成长，从而结出累累硕果。如果在新的、更为丰富的发展之中，对此提供了萌芽的当前这个工作退居幕后，甚至被遗忘，那么这无关紧要。具体的著作是暂时的，如同个人的外在形态一样；但个人终其一生所做出的思考是不朽的，通过这些思考，我们所有以严肃和爱的心态进行工作的人会联合成一个大的永久共同体，在此之中，个人的所有贡献，即使它无足轻重，都取得了永恒的生命。

写于 1839 年 9 月

第一篇
当代罗马法的渊源

第一章 本著作的任务

第一节 当代罗马法

本著作中所描述的法学部分被称为"当代罗马法"（das heutige Römische Recht）。较之单纯的标题所显示的，在以下的对立中，此特别的任务才会被界定地更为准确。

1. 本著作所描述的是罗马法。因此只有以下法律制度才属于本著作的任务，即这些法律制度（Rechtsinstitute）起源于罗马法，但包括其之后的发展，尽管这些发展可能并不能被回溯于其罗马起源。由此，所有起源于日耳曼的制度就必须被排除。

2. 本著作所描述的是当代罗马法。由此排除以下内容：首先是这种法律制度的历史；其次是属于早期法而并不属于优士丁尼法的所有具体规定，因为只有优士丁尼法这种罗马法的最近形态与我们的当代法状态存在联系；最后是虽然属于优士丁尼法但是在我们的法状态中已经消失的所有制度。

3. 只有私法（das Privatrecht）属于本著作的任务，公法（das öffentliche Recht）并不属于；因此，其范围包括被罗马人称为市民法（jus civile）（在这个术语众多意义中的其中一个意义上）的那些内容，或者在共和国时期被视为法学家（Jurisconsul-

tus)的绝对知识或真正意义上的法学（Jurisprudentia）的那些内容。① 但此限制部分地被视为是前一个限制的结果，因为只有罗马私法在整体上才成我们法状态的组成部分。虽然罗马刑法对于我们的法状态而言并不陌生，但它只是部分地成为我们法状态的组成部分，较之私法而言要少得多。

4. 最后，属于本著作的任务的只是权利体系（System der Rechte）本身，排除程序或法救济制度（der zur Rechtsverfolgung bestimmten Anstalten）；也就是说，只包括被许多人称为实体私法（das materielle Privatrecht）的那些内容。因为，程序是通过历史上不同渊源的混合以一种独特的方式而发展出来的，以至于有必要对其进行独立的研究，而不是像罗马法学家那样认为程序与实体法理论之间的直接联系不仅是可能的，也是合理的。如果涉及我们的任务在这方面的界限，那么虽然此界限在原则上是没有疑问的，但是在具体应用中，它常常被错误认识，尤其是因为同一个制度可能事实上同时属于两个领域。例如法官判决，根据其形式和条件，它属于程序；但一旦它具有既判力（rechtskräftig），它就具有两方面的效力：产生于已决案（res

---

① 虽然西塞罗（Cicero）明确地将他自己和法学家区别开来，但他绝不认为，对于政制（Verfassung）、圣律（jus sacrum）等，他或者其他的政治家知道得比法学家少。无疑，乌尔比安（Ulpian）极大地扩张了法学（Jurisprudentia）的范围（L. 10. § 2. D. de J. et J.）；但其原因并不在于他的解释不准确，也不在于对其科学的过分抬高，而是在他的时代，法学家和政治家的地位发生了很大变化。

judicata）* 的诉（actio）** 和抗辩（exceptio）***（它们属于权利体系本身），以及属于程序理论的执行（Exsecution）。

如果这些限制被概括于共同的观点之下，那么它们实际上就在以下意义上对于罗马法进行了准确界定，即对于欧洲大部分地区而言，罗马法成为了共同法（gemeines Recht）。

---

　　* 所谓已决案，指已由判决进行了判定的事项，在现代法中也保持了这个术语，称为"已决事项不再理"。——译者注

　　** 这里指的是"已决案之诉"（actio judicati），即在被告败诉后不按司法判决履行其财产义务的前提下，原告所提起的要求对于已决案的司法判决进行强制执行的诉讼。在此诉讼中，允许被告对于已决案的判决提出异议，但其需要缴纳保证金，如果被告的异议被驳回，则他应向原告给付相当于原判决中确定数额的两倍数额的钱款。——译者注

　　*** 这里指的是"已决案抗辩"（exceptio rei judicatae），即如果某一事项已经被司法判决所判定，则当有人再次针对同一事项提出诉讼请求时，可提起此种抗辩以驳回上述诉讼请求。——译者注

第二节　德意志共同法

4　　在德意志生效的共同法（gemeinen Rechts）这个概念与在第一节中确定的当代罗马法这个概念存在密切的关联。前者与德意志帝国的特别政制（Verfassung）联系在一起，在德意志帝国中，个别的邦国被统一于帝国的共同国家权力之下。因此，德意志的所有组成部分都处于双重权力之下，在此影响之中形成了两种实在法（positives Recht）：地方法（Territorialrecht）和共同法。在德意志帝国解体之时，许多著作者主张，共同法以及作为其基础的帝国权力不再发生效力。这种观点产生于对于实在法本质的错误理解，但它对于实际的法状态没有任何影响。①

5　　这里所称的共同法正是上述的当代罗马法，只是它特别应用于德意志帝国，并具有一些由此而被确定的特别修改。但这些修改几乎完全包含于帝国制定法之中，并且意义很小。因为所有重要的对于纯粹罗马法的偏离——例如所有不具备要式口约（Stipulation）的契约的可诉性、善意（bona fides）重要性的扩张——并非德意志帝国所特有，而是在各地都得到了一致的承认，在这个意义上，罗马法在新欧洲中得到了应用。

　　因此，本著作主要着力的对于当代罗马法的描述只需要很少的增加，以便能够同时作为对于德意志共同法的描述。

---

① 上述观点的出发点在于以下的错误观点，即随着国家权力的解体，所有通过此国家权力或者受其影响而形成的事物也随之终止。在西罗马帝国解体中可以发现完全类似的情形。许多人对此主张，罗马法必然由于征服而消失，并且它实际上已经消失。至少，此种观点现在可能不容易再找到赞同者。

第三节　任务的界限

由于上述我们的任务的界限，所有在此界限之外的领域都不属于我们的任务。在这方面，描述应避免两个相反的错误。其中一个错误在于对此界限的任意逾越，它或者是由于对临近领域的偏爱，或者是由于对属于此领域的具体研究的偏爱；另外一个错误在于对此界限进行了过分细致的遵循，如果对于此界限的逾越不可避免，不这样做就会损害特别研究的细致彻底性或者描述的清晰性。[①] 同时，后一个考虑使读者的某种程度的宽容值得追求，因为在这里，合适的尺度是通过机智老练（Takt）而非根据固定的规则得到，这样，对于主观观点而言，一些自由空间不能被否认。

但尤其是，应当论述那些属于所有实在法的共同基础理论因此不专属于罗马法的内容。支持此种论述的理由不仅仅在于迄今的习惯（Gebrauch），特别是德意志大学中的潘德克顿课程（Pandektenvorlesungen）：它不仅包括罗马法赋予这些理论许多部分的特别形式，还包括其在这方面对其他立法所施加的影响；其主要的理由毋宁在于以下考虑，即较之所有的其他实在法，罗马法由于其命运从而更具有普遍的性质，此性质尤其适宜于对于上述基础理论进行令人满意的论述。

[①] 因此，在许多理论中，有必要描述其古老的部分，以便对于由这些部分所决定的法律渊源之间的关系进行必要的考虑。

第二章　法律渊源的一般性质

第四节　法律关系

对于当代罗马法而言，我们必须在它所包括的法律渊源的确定中探求其基础。为了成功地做到这一点，就完全有必要对于法律渊源的本质进行一个一般研究。

如果我们考察一下在现实生活中围绕并且弥漫于我们周围的法状态，那么我们在此之中首先可以看到的就是个人（Person）所享有的权力（Macht）：一个他的意志所支配的——并且经由我们的认可（Einstimmung）而支配的——领域。我们称这种权力为该人的权利（Recht），它与权能（Befugniss）意义相同：许多人称之为主观意义上的权利（das Recht im subjectiven Sinn）。此权利首先表现为一种可见的形式，如果它被怀疑或者否定，其存在和范围就会通过法官的判决被承认。但更为准确的考察使我们确信，判决的逻辑形式只是通过偶然的需要而产生，它并未详尽说明事物的本质，而是本身需要一个更深层次的基础。我们在法律关系（Rechtsverhältniss）中发现了这个基础，所有个别的权利都只是描述了法律关系的特别的、通过抽象而分离出来的一个方面，这样，即使是关于个别权利的判决也只是在以下范围内才是真实的和令人信服的，即它以对于法律关系的整体直观（Gesammtanschauung）*为出发点。但法律关系具有一种有机的本质（ein organische Natur），此本质部分体现在其互相包含、互为条件的组成部分的关联之中，部分体现在我们在它之中注意到的持续发展之中，体现在它产生和消灭的方式之中。在所有的既定情形中，法律关系的这种生机勃勃的结构都是法实践的精神要素，并将法实践的高贵使命与单纯的机械主义（Mechanismus）区分开来，而许多外行在法实践中只看到了此种机械主义。为了使这个要点不仅在一般意义上被理解，并且使此要点根据其内容的意义整体被带入到直观之中，通过一个事例对此进行说明也许并不多余。著名的"兄弟诉案"（L. Frater a fratre）涉及以下案情。兄弟两人都处于父权之下。其中一个借钱给另一个。后者在家父死亡后偿还了此借款，现在问，他能否因为错误支付而请求返还已经支付的款项。在这里，法官仅仅只是就错债索回之诉（condictio indebiti）**是否有根据这个问题做出判决。但为了做到这一点，他必须注意到法律关系的整体直观。此法律关系的具体要素包括：对于两兄弟的父权、一人向另一人的借款、债务人从其家

---

* Anschauung 是一个哲学化词汇，译者追随哲学界的译法将之译为"直观"，事实上，萨维尼也恰恰是在哲学意义上使用这个单词，它指的是一种主体所具备的认识客观既存的内在能力，这种能力延伸至外部世界并对后者进行认识，但这种认识并非是零散化、个别化的，而是注意到生机勃勃的和有机的相互关联，从而将个别和一般纳入到正确的关系之中。——译者注

** 错债索回之诉指的是，如果某人因错误而实施了不当的清偿，则他可以提起此诉讼请求返还。——译者注

父那里获得的特有产（Peculium）。*此复合的法律关系通过家父的死亡、遗产的继承以及借款的偿还而持续发展。根据这些要素，就可以得出法官所期望的具体判决。

---

* 特有产指的是，主人给予奴隶或者家父给予家子个人支配和管理的财物，虽然财产在形式上仍然由主人或家父所有，并在该特有产的范围内对有关债务承担责任，但奴隶或家子可对其进行支配和管理。这里所指的应当是"父予特有产"（peculium profecticium）。——译者注

第五节　法律制度

只有通过特定事实与支配个别权利的一般规则之间的连接，关于个别权利的判决才有可能被得到。我们将此种规则称为法或者一般法；许多人称之为客观意义上的法（das Recht im objectiven Sinn）。它的可见形式主要是制定法，制定法是国家最高权力对于法规则的表达。

但关于具体法争议的判决只具有有限的和依赖的性质，它在法律关系的直观中才发现其生机勃勃的根源以及说服力，法规则也同样如此。法规则，包括它表现于制定法中的清晰形式，在法律制度（Rechtsinstitut）*的直观中享有更深层次的基础，并且

---

* Institut 相当于英文中的 institution，我们通常将之翻译为"制度"，但是按照《现代汉语词典》对于"制度"的解释，"制度"的含义包括：（1）要求大家共同遵守的办事规程或行动准则；（2）在一定历史条件下形成的政治、经济、文化等方面的体系（参见《现代汉语词典》，"制度"条，北京，商务印书馆 2005 年第 5 版，第 1756 页）。后一种含义的词语例如"社会主义制度"，这里主要指的是前一种含义，《现代汉语词典》对此所举出的词语例包括"财务制度""工作制度"，从这些例子中看出，此种含义的"制度"似乎指的都是成文规定所确立的规程和准则。而德语词汇 Institut 以及英语词汇 institution 并不强调中文"制度"中的成文这种内涵。但译者无法在中文中找到对应的词汇，权且以"制度"对译。同时，萨维尼持有以下观点，即法（Recht）不仅仅包括制定法（Gesetz），甚至最重要的法渊源并非制定法，这样，在此语境下，Rechtsinstitut 最为准确的翻译就并非"法律制度"，"法制度"可能更为恰当一些（虽然由于"制度"一词，此翻译仍然并非完全恰当）。因为，按照《现代汉语词典》中的解释，"法律"的第一个含义指的是"由立法机关或国家机关制定，国家政权保证执行的行为规则的总和"（《现代汉语词典》，第 371 页），因此在中文中，"法律"更类似于"制定法"（Gesetz）。如果将 Rechtsinstitut 翻译成"法律制度"，就可能会使我们对于萨维尼的上述观点有所误解。但为了尊重术语的习惯，译者仍将它翻译为"法律制度"，而在这里对此予以说明。将 Rechtsverhältnis、Rechtsquellen 等分别翻译成"法律关系""法律渊源"等同样是基于尊重术语习惯的考虑，上面的说明对于这些术语的翻译同样有效。——译者注

法律制度的有机本质不仅表现在其组成部分的生机勃勃的关联中，也表现在它的持续发展中。如果我们不停留在直接的现象（der unmittelbaren Erscheinung）上，而是深入事物的本质之中，我们就会认识到，每个法律关系都处于相应的作为其原型（Typus）的法律制度之下，并且如同具体的法判决受到法规则的支配一样，法律关系也以同样的方式受到法律制度的支配。① 事实上，前一种支配（Subsumtion）依赖于后一种支配（Subsumtion），并因为后一种支配才取得了真实性和生命。在这里，为了说明的目的，我们可以使用在前一节中所引用的法情形。与此相关的法律制度如下：家父通过家子而取得，早期的特有产以及尤其是对其适用的保留（deductio），债权转移给继承人，债权债务的混同（Confusion），错债索回之诉。对于思想的发展而言，这里存在一个自然的区分，即我们首先对于法律制度进行分离的理解构造，在之后又通过意愿将之组合起来，相反，对于我们而言，法律关系通过生活事件（Lebensereignisse）而被给定，这样，法律关系直接表现于其具体组成和复杂性之中。

但在进一步的考察中，我们认识到，所有的法律制度连接成一个体系，它们只有在此体系的整体关联中才能被完全理解，此体系具有同样的有机性。受到限制的具体法律关系与一个国家的实在法体系之间的距离非常大，但它们之间的不同只是体现在程度上，本质并无不同，并且认识它们的精神工作程序在本质上也是相同的。

但据此我们可以得出以下判断，即如果理论和实践在法学中常常被视为是完全分离甚至是背道而驰的，那么这样的观点非常没有价值。对于理论和实践而言，不同的只是外在的职业和所获

---

① Vgl. Stahl, Philosophie des Rechts, Ⅱ.1, S. 165, 166.

得的法认识的应用；但思维的方式和方向，以及通向它们的教育，是有相同之处的，并且这两种事业的有价值的实施只能由深切意识到上述一致性的人来完成。②

---

② 在著作者这里，此信念首先是通过对于伟大罗马法学家的细致了解而产生，但主要是通过多年法实践而得以发展和坚定。

第六节　法律渊源的概念

我们称法律渊源为一般法的产生根据，因此不仅包括法律制度的产生根据，也包括根据法律制度通过抽象而形成的具体法规则的产生根据。此概念具有双重的密切关系，由此有必要防止两种混淆。

1. 具体的法律关系具有其产生根据[1]，法律关系与法律制度之间的密切关系容易导致法律关系的产生根据与法规则的产生根据之间的混淆。例如，如果人们要完全列举某法律关系的条件，那么无疑这些条件包括法规则的存在，以及符合此法规则的事实（Tatsache），例如对于契约予以承认的制定法以及被订立的契约本身。但这两个条件很明显是不同的，如果人们将契约与制定法并列作为法律渊源，那么这就产生了概念的混淆。[2]

2. 另外一个混淆是法律渊源与法学的历史渊源（den geschichtlichen Quellen der Rechtswissenschaft）之间的混淆，这种混淆更多的是根据名称而产生。所有我们据此取得法学事实之认识的杰出作品（Denkmäler）都属于法学的历史渊源。因此，这两个概念彼此之间完全互相独立，两者在某一点上可能会发生重合，但这种情形仅仅是偶然的，尽管此种重合非常常见和重要。例如，优士丁尼学说汇纂（Justinians Digesten）同时属于这两种

---

[1] 此种产生根据的一般理论在第二篇第三章中论述。

[2] 这种并列也出现在西塞罗的一些篇章之中（参见后文§22注12），更不用说现代学者。在这里契约被不正确地提升为法律渊源，同样，在其他地方出现了完全相反的混淆，即制定法被降格为法律关系的产生根据，以便挽救名义加取得形式（Titulus und modus adquirendi）这个错误理论。Höpfner, Commentar, § 293. Autonomie（自治）这个模糊的表达对于上述第一种错误也助益甚多。

意义上的渊源；《沃科尼亚法》（Lex Voconia）*是早期法的渊源，但由于它已灭失，因此它不属于法学渊源；而历史学家或诗人的包含法学内容的篇章则恰恰相反。——但需要注意的是，在绝大多数我们可以谈及法律渊源的情形中，此术语的两种含义事实上是重合的，因此，由于此术语的双重含义而产生的概念混淆并不具有很大的危险。例如，《民法大全》（Corpus Juris）的组成部分是适用于优士丁尼帝国的优士丁尼法律渊源中的制定法，根据对于它的继受又是适用于我们的法律渊源，最后，作为现存的典籍，它还是我们法学的渊源。同样，十三世纪和十四世纪的法习惯（Rechtsgewohnheiten）记录汇编这种德意志法典籍（die Deutschen Rechtsbücher）**既是法律渊源，同时，作为保存下来的典籍又是法学渊源。因此，大多数著作者在适用此术语时，没有向读者特别说明此术语的不同含义，由于上述理由他们并没有可被指责之处。

---

* 《沃科尼亚法》颁布于公元前169年。——译者注

** 属于这种汇编的，例如1220年由艾克·冯·雷普高（Eike von Repgow）完成的《萨克森之镜》（Sachsenspiegel），以及在此之后的《施瓦本之镜》（Schwabenspiegel）和《德意志之镜》（Deutschenspiegel）等。——译者注

第七节　法的一般产生

一般法的产生根据是什么，或者说，法律渊源是什么？

人们对此可能会认为，法具有完全不同的产生，这取决于事件的影响以及人类的意志、思考和智慧。但这个观点与以下确定无疑的事实相矛盾，即在法律关系被讨论以及被意识到的所有地方，涉及此法律关系的规则早已存在，因此，现在创造规则既不必要也不可能。与一般法的这个特征相关联，根据此特征，在法在此之中能够被探寻的任何既定状态中，法享有既定的实际存在，我们就称它为实在法（positives Recht）。

如果我们进一步探寻以下主体，即在此主体之中，以及为此主体，实在法享有其存在，那么我们认为此主体是民族（Volk）。实在法存在于民族的共同意识之中，由此，我们也将实在法称为民族法（Volksrecht）。但这绝非是认为，法经由民族的具体成员的意志而产生；因为具体成员的意志可能会偶然选择相同的法，但也可能会选择非常不同的法，并且后者更为可能。毋宁说，是在所有具体成员中都共同存在和作用的民族精神（Volksgeist）产生了实在法，对于所有具体成员的意识而言，此实在法并非偶然而必然是相同的法。这样，我们就承认了实在法的不可见的产生，因此，我们就必须放弃对此产生的所有文献证明。但是对于关于上述产生的我们的观点以及其他所有观点而言，这个缺陷是共同的，因为在所有曾经进入文献历史范围的民族中，实在法已经存在，因此，其最初的产生必然位于文献范围之外。但适合于此对象特别性质的其他方式的证明并不缺少。这样的一个证明是对于实在法的普遍的、相同的承认，并且在这种内在必然性的感受中，实在法的观念随之产生。在法或制定法的神圣起源这个古老的观点中，这种感受最为明确地表现出来；因为，不能想象还存在对于通过偶然和人类意志这种产生方式的更为明显的反对观点。第二个证明是对于民族的其他特性（Eigentümlichkeiten）的类推，这些特性的产生同样是不可见的，并处于文献历史之外，例如社会生活的道德，但首先是语言。在这些特性之中，存在同样的相对于偶然以及个人自由选择的独立性，因此，它们也同样产生于在所有具体成员中都共同作用的民族精神的活动；但是，较之在法之中，在这些特性之中，所有这些由于这些特性的感性性质而更为清晰和确定。事实上，具体民族的特别性质仅仅通过上述共同取向和活动而得到确定和认识，而在这些取向和活动中，作为最为明显的取向和活动的语言占据了首位。

但是，存在于民族共同意识中的法所采取的形式并不是抽象的规则，而是处于有机联系中的法律制度的生机勃勃的直观，这样，如果以下需求产生出来，即在其逻辑形式中意识到规则，则规则必须首先通过根据整体直观（Totalanschauung）的人为程序而被形成。上述形式通过形象地描述了法律关系本质的典型行为（symbolischen Handlungen）而表现出来，较之在制定法之中，在这些典型行为之中，最初的民族法要表现得清晰和细致得多。

在关于实在法产生的这个观点中，我们首先还没有考虑在时间中持续发展的民族生活。如果我们观察此民族生活对于法的影响，那么我们必须首先赋予其一种强化的力量（eine befestigende Kraft）：法信念存在于民族中的时间越长，则法信念扎根于民族中的程度越深。并且，法通过实践（Übung）而被阐明，最初只是作为萌芽而存在的法，通过在特定形式中的应用而被意识到。但是，法的改变也通过这种方式而产生。因为，在个人生活中，不存在完全静止的时刻，而只有持续不断的有机发展，在民族生活中以及在构成整体生活的所有个别组成部分中也同样如此。因此，我们在语言中看到了此种持续的形成和发展，在法之中也同样会看到这些。并且，此发展同最初的产生一样受到了相同的产生法则的支配，即根据内在力量和必然性并独立于偶然和个人任意。但是，不仅在这个自然发展过程中，民族经历了一般的改变，而且在特定的、经常的一系列状况中，民族也经历了一般的改变，这些状况中的每一个状况都与产生法的民族精神的特别表达具有特殊的联系。这在民族的青年时期表现得最为确定和有力，在这个时期，民族内的联系（Nationalzusammenhang）更为密切，其意识得到了更为普遍的传播，并更少被个体素养之间的区别所遮蔽。但在以下状况中，即个体素养更为异质化并居于支配地位，并且，职业、认识以及由此所产生的阶层出现了明显的分离，那么相应地，取决于共同意识的法产生会更为困难；甚至，如果对此没有通过新情势的影响而再次产生特别的组成部分，即立法和法学，则这种法产生最终会完全消亡，因此，立法和法学的本质马上就要被描述。

此外，这种法的发展与最初存在的法之间具有非常不同的关系。通过这种发展，新的法律制度能够产生出来，或者已经存在的法律制度被改变；甚至，如果已经存在的法律制度不能符合时代的思想和需要，那么它就会通过法的发展而完全消亡。

第八节 民　族

在这里，法产生被暂时假定存在于民族之中，民族被作为一个积极的、个人化的主体。现在要详细界定这个主体的性质。

如果在考察法律关系时，我们抽取出法律关系的所有特别内容，那么剩下来的就是法律关系的一般本质，即以特定方式受到调整的多数人之间的共同生活。由此，我们就很容易停留在这个多数人的抽象概念之上，将法想象为多数人的创造物，没有这个创造物，个人的外在自由就不存在。但不特定多数人的这种偶然会晤是一种任意的、缺乏任何真实性的观点；并且，即使他们实际上会晤了，在此之中无疑也缺乏法产生的能力，因为在这种需求产生的同时，并没有伴随着满足此需求的能力。但事实上，在历史提供了一些线索的范围内，在人们共同生活的所有地方，我们都可以看到，人们处于一个精神共同体（geistigen Gemeinschaft）之中，通过其语言的使用，此共同体不仅被表现出来，而且由此得到了进一步的稳固和发展。法产生的本座（Sitz）就是此自然整体，因为在共同的、渗透于个人的民族精神中，存在满足上面所承认的需求的能力。

但此民族个体的界限当然是不确定的、摇摆不定的，并且这种不可靠的状态也表现于在其之中产生的法的相同和不同之中。因此，在同源的民族组成之中，它们究竟被认为是一个民族还是多个民族，这是不确定的；同样，我们也经常会发现它们的法虽然不是完全一致的，但却可能是类似的。

但是，即使在对于民族的统一性没有任何疑问的情形中，在此民族的范围之内，仍然常常会存在一些紧密的群体（Kreise），这些群体在民族的一般联系之外，还通过特别联系而统一起来，例如城邦、村落、行会（Innungen）、各种类型的其他组织（Corporationen），这些共同构成了民族整体的组成部分。这些群体也是特别的法产生的本座，这些法是特别法（particuläres Recht），它与共同的民族法（dem gemeinsamen Volksrecht）一起作用，后者由此在许多方面得到了补充和改变。①

但是，如果我们将民族作为一个自然统一体，并将其视为实在法的承担者（Träger），那么我们所想到的就不仅仅是被包含在民族之中的同时代的具体个人；毋宁说，上述统一性贯穿于互相交替的代际之中，由此当前与过往、未来连接起来。法的维持通过传统（Tradition）而实现，而传统的条件和根据在于代际之间并非突如其来的而是完全渐进的更迭。这里所主张的相对于当前民族个人生活的法的独立性首先适用于法规则的不变延续；但同样，它也是法的渐进发展的基础（§7），在这一方面，我们必须赋予其以特别的重要性。

以下观点，即承认具体的民族是实在法或者实际法（wirklichen Rechts）的产生者和承担者，对于一些人而言可能过于狭窄了，这些人可能更愿意将上述产生归于共同的人类精神（Menschengeist）而非特别的民族精神。但在详细的考察中，这两个观点似乎并不是矛盾的。在具体民族中起作用的事物只是在此民族中以特别方式表现出来的普遍人类精神。但法的产生是一个事实，是一个共同体的事实。这只有在以下情形中才是可以想象的，即在此情形中，思想和行动的共同体不仅是可能的，而且是实际存在的。这样的一个共同体只存在于具体民族的范围之内，因此实际的法也只能在此之中产生，尽管在这种法产生中也可以

---

① 因此，在罗马出现了许多个别氏族（gentes）的古老习惯法。Dirksen, Civil. Abhandlungen, B. 2, S. 90.

注意到普遍的人类生成原则（eines allgemein menschlichen Bildungstriebes），因此并非一些特别民族的特殊任意，在其他民族中，也许并不能发现此任意的蛛丝马迹。在此之中，存在一个区别，即民族精神的成果或者是个别民族所完全特有的，或者同样出现于多个民族中。罗马人如何将民族法的这个更为普遍的基础理解为万民法（Jus gentium），之后将对此进行论述（§22）。

第九节　国家，国家法，私法，公法

民族被我们作为一个不可见的自然整体，其界限并不确定，但它在任何时空中都并非以这种抽象的方式存在。毋宁说，在民族中，存在一种将这种不可见的统一体表现为可见的、有机的现象的倾向。这种精神性的民族共同体的实在形态（leibliche Gestalt）就是国家（Staat），并且通过国家，此统一体也同时具有了一个非常明确的界限。

如果我们考察国家的产生，我们必须认为它同样具有一种高度的必然性，内在于由内而外的形成力量（bildene Kraft）之中，如同上文对于法所进行的论述一样；进一步而言，这一点不仅适用于国家的一般存在，而且适用于国家在任何民族中都会具备的特别形态。因为，国家产生也是法产生的一种方式，甚至是法产生的最高阶段。

如果我们根据现在所取得的立场对于全部法进行思考，那么我们可以将法区分为两大领域，国家法（Staatsrecht）和私法（Privatrecht）。前者以国家作为对象，国家是民族的有机表现形式；后者以全部法律关系作为对象，这些法律关系环绕于个人周围，由此在这些法律关系中，个人具有了其内在生命，构成了一个确定的形式。① 如果我们对于这两个法领域进行比较观察，那么它们之间并不缺少转变和相似之处。因为，在长期的组成部分

---

① L. 1. *de J. et J.* (1.1.). "公法是涉及罗马公共事务状态的法，私法是涉及个人利益的法；实际上，一些事务是公共利益的，一些事务是私人利益的。"（Publicum jus est quod ad statum rei Romanae spectat; privatum quod ad singulorum utilitatem. Sunt enim quaedam publice utilia, quaedam priatim.） Vgl. L. 2. § 46. *de orig. jur.* (1.2.).

方面，以及在统治者和被统治者的关系方面，家庭和国家具有一种不可否认的相似性；同样，作为国家的真正组成部分的行政区（Gemeinden）（§86）近乎个人的关系。尽管如此，在两个法领域之间仍存在严格确定的对立之处，在公法（öffentlichen Recht）中，整体是目的，而个人是从属，但反之，在私法中，个人本身就是目的，所有的法律关系都只是此个人的存在或此个人的特别情势的手段。

但国家同时对于私法具有多方面的影响，进一步而言，首先对于私法存在的现实性具有多方面的影响。因为民族首先在国家中才获得了真正的人格（Persönlichkeit），也就是行为的能力。除了国家之外，在一致的情感、思想以及道德之中，我们只能将私法归于一种不可见的存在，这样，在国家中，私法通过司法机构的建立而获得了生命和现实性。但这并不意味着，在民族的生命中，事实上在国家形成之前存在一个时期，在此时期中，私法具有一种不完全的性质（自然状态）。毋宁说，任何民族，只要它表现为这种形态，它同时就是一个国家，无论它采取何种构成形式。由此，上述主张就仅仅适用于民族的以下这种状态，即这种状态只存在于我们的思想中，如果我们人为地不考虑其作为国家的特性。——在此，个人与一般法之间的关系同时就取得了其现实性和完整性。法存在于共同的民族精神中（§7，8.），因此也就存在于总体意志（Gesammtwillen）中，在这一方面，这种总体意志也就是每个个人的意志。但个人根据其自由，能够通过其个人所意图的东西而反对他作为整体中的一个成员所思考和意图的东西。这种矛盾就是不法（Unrecht），或者就是法违反（Rechtsverletzung），如果法要继续存在或者处于支配地位，那么这种法违反就必须被消除。但如果这种消除应当独立于任何偶然，并获得稳定的保障，那么这只有在国家中才是可能的。因为只有在这时，法规则才作为外在和客观之物而面对于个人。并且，在这种新的关系中，能够进行不法的个人自由似乎才被总体意志所约束，并且从属于总体意志。

但此外，国家对于私法的法产生也具有最为明确的影响，这种影响不仅涉及其内容，之后还要对此进行详细论述，并且涉及法产生的界限，因为民族共同体在同一个国家之中更为紧密和有力，与之相反，在不同的国家中，即使是在具有相似性的种族之中，此民族共同体也必然会更为疏远，并且以多种方式被妨碍。同样，虽然通过国家中的统一体而产生特别的民族法（§8）并非不可能，但确实被限制在以下范围内，即上述根本的统一性并未由此而有被损害的危险。只是以下做法是错误的，即在这方面，较之其他关系，过高评价国家的这种影响，或者将这种影响完全作为排他性的界定基础（Bestimmungsgrund）。因此，在中世纪，西罗马帝国解体之后，许多德意志邦国的臣民或者是日耳曼臣民，或者是罗马臣民；这里，一个国家的罗马臣民和其他国家的罗马臣民拥有同样的罗马法；不同国家的日耳曼臣民拥有至少类似的法，这个或多或少是完整的法共同体并没有因为国家的界限而被破坏。

为了使这里所确立的在国家之中有效的法的这种分类免受不完备性这个责难，以下补充是必要的。我并不是试图将国家限定在法的目的之上，事实上，一般而言，此理论并非试图通过设定国家行为的绝对目的而限制个体发展的自由。尽管如此，国家的首要的、最为不容推卸的使命在于使法理念在可见世界中居于支配地位。为此，国家应采取两方面的行动。首先，国家保护权利受到侵害的个人对抗此种侵犯；支配此种行动的规则被称为民事程序（Civilprozess）。其次，国家要维护并恢复受损害的法权，而不考虑个人利益。这通过惩罚而实现，通过惩罚，在更为有限的法领域中，人类意志模仿了在更高的世界秩序中发生作用的道德惩罚法则。② 支配此种行动的规则被称为刑法（Criminalrecht），刑事程序只是构成了刑法的一部分。③ 这样，民事程序、刑法以及刑事程序就是国家法（Staatrechts）的组成部分，罗马人也是如此认为。在新的时代，这种理解对我们而言很陌生，这一点产生于以下情形。刑法常常由保护私权的同一个法院所实施，由此，这两个事项的处理采取了相似的形态。但在民事程序中，国家的行动与个人的权利紧密地联系在一起，以致两者的完全分离在实践上是不可行的。尽管如此，这里所阐述的法教义的内在本质并没有由此而被改变。为了在一方面基于事物本质而对其予以承认，在另一方面，基于上述更为实践性的方面而对其予以承认，似乎应当在国家法这个名称之外，还使用公法这个更为普遍化的名称，民事程序和刑法都被公法这个名称所涵括，这种做法并非不常见，而且是合理的。这个名称在之后应当被使用。

教会法具有不同的性质。根据纯粹世俗的立场，教会似乎同所有其他联合体（Gesellschaft）一样，如同其他团体（Corporationen）在国家法或私法中具有一种依赖性的、从属性的地位一样，教会也被认为具有这样的地位。但是，其对于人的最为内在的本质进行支配的重要性不容许这种处理方式。在世界历史的不同时期，教会和教会法具有相对于国家的不同地位。在罗马人那

---

② 就这方面而言，人们可以认为，普遍的道德惩罚命令以一种有限的方式呈现出了法机构的本质，并且它如此被国家所实施。Vergl. Hegel, Naturrecht, §102, 103, 220.; Klenze, Lehrbuch des Strafrechts, S. X-XVII.

③ 国家或者直接实施这种法，或者在受侵害者本人之权利的救济之外，国家还将此种法的实施保留给受侵害的个人，两者的程度取决于每个国家的实在法。后一种方式以罗马的私法惩罚（Privatstrafen）作为基础。国家力量的完全发展会导致后一种方式的抛弃。

28 里，圣法（jus sacrum）是国家法的一部分，并且从属于国家权力。④ 基督教的全球范围性质排除了这种纯粹国家化的处理方式。在中世纪，教会力图使国家从属于教会，并力图支配国家。我们只能认为不同的基督教会存在于国家之外，但却与国家具有多种多样的并且是紧密的联系。由此，对于我们而言，教会法是一个独立存在的法领域，它既不从属于公法也不从属于私法。

---

④ L. 1. §2. *de just. et. jure* (1.1).

第十节　关于国家的不同观点

但这里所确定的关于国家的产生和本质的观点还远不能取得一般的承认。

首先，在这里，国家一般还是一个不确定的多数人的概念，而不考虑常常被认为是国家之主体的民族统一体。但这个观点首先与以下事实存在矛盾，即国家始终是以国家的有机形式出现的民族，并且，在广泛存在此种尝试之处，会不考虑完全不同的起源而将多数人任意地汇聚在一起，如同美洲的奴隶国家一样，这时，其结果是非常不成功的，而且会对于国家的形成造成不可逾越的障碍。我们必须再次重复主张与这个观点相矛盾的观点，即国家原始地、自然地在民族中、通过民族并且为了民族而产生。

并且，还有一个非常流行的观点，根据此观点，国家应当是通过个人的任意，也就是通过契约而产生，这个观点的发展同样会导致有害的并且是错误的结果。对此人们认为，个人发现创立国家是有益的，他们本来完全可以没有国家而同样生活下去，或者通过种种方式自我干预或限制而形成一个国家，或者最终可以选择任何其他组织形式。在这种观点中，不仅包含于民族中的自然统一性以及内在必然性再次被视而不见，而且，尤其是存在以下情形，即只要在此种想法是可能的地方，一个现实的国家就无可置疑得已经作为事实和法而存在，如人们所意图的那样的国家的任意创立就不会被涉及，而最多能涉及这个国家的灭亡。两个误解特别促进了这个错误。首先是注意到国家形成中的要素的极其多样化这种认识，这种多样化也就是国家的历史要素和特别要素，人们将这些要素与个人的自由选择和任意混淆在一起。其次是完全不同概念之间的始终而且常常是无意识的混淆，这些概念被民族（Volk）这个共同的名称所指代，也即这个名称指代以下事物：

（1）自然整体，国家实际上在此整体中产生并且持续存在，在这个自然整体中，不会涉及选择和任意；

（2）在一个国家中同时存在的所有个人；

（3）不包括政府的上述所有个人，也就是对立于统治者的被统治者；

（4）在如同罗马那样的共和国家中的个人的有组织的集合，根据其政制，此集合实际上享有最高权力。

所有这些概念以一种混乱的方式相互之间游离不定，由此这会诱使将作为自然整体的民族的观念权利（ideale Recht）（1）以及罗马民众（populus）的历史权利（4）转变为全体被统治者（3），并且通过真理的完全颠倒，将统治附加于合法的服从者之上。即使人们不做得这么极端，而是容许法和权力存在于所有现存个人的整体，也即包括统治者在内的整体（2）之中，这也不会对此改善多少。这首先是因为，个人不是这样以及根据人头而构成国家，而只是在其符合政制（verfassungsmässigen）的部分人中构成国家。此外是因为，并非所有个人，而始终只是其中有限的一部分，能够意图和行为，这样，如果考虑到相当一部分人（女性和未成年人），人们就只能求助于代理这个空洞的拟制。最后是因为，即使是所有个人，他们也只是当前的所有个人，而非这里所谈及的观念性的民族，而民族则包括全部未来在内，也即民族享有永恒的存在。

尽管如此，在这里所被否定的观点之中仍然包含了一个真实的要素。诚然，偶然和任意能够对于国家的形成施加重大的影响，尤其是，国家的边界由于征服和分裂而常常与其通过民族统一体而确定的自然边界非常不一致。相反，外在组成部分常常被完全同化到国家之中；只是，此种同化的可能性具有其条件和程度，例如，它尤其通过新组成部分的一些相似性以及接受国的内在完善性而被推动。但所有这些事件，无论它们在历史上多么常见，都只是反常事件。民族不会因此而不是国家的自然基础，通过内在力量的国家形成仍然是其合乎自然的起源。如果外在的历史因素参与到这种自然形成过程中，那么此因素就被民族的道德力量和健全性所抑制和吸收；如果这种吸收并没有被成功做到，那么从中就会产生病态情形。根据这种方式可以解释，最初的强力和不法如何能够逐渐被内在于法状态中的吸引力这样改变，以至于其作为合法的新组成部分进入此种法状态之中。但是，如果人们试图将这些扰乱性的、检验道德力量的反常事件描述为国家的真正起源，并且在此之中寻找唯一可能的针对以下危险理论的解救之道，这种危险的理论认为，国家是通过其个体成员之间的任意契约而产生的①，那么这就是完全应当被反对的，甚至是鲁莽轻率的。在这种解救之道的寻求中，很难说疾病和药物中哪个是更为靠不住的。

---

① Haller，Restauration der Staatswissenschaft.

第十一节 国际法（Völkerrecht）

如果我们进一步观察多个并存的民族和国家之间的关系，对于我们而言，这种关系似乎首先非常类似于个人之间的关系，这些个人由于偶然事件而聚集起来，而没有通过民族共同体相互联系在一起。如果所有这些人都是善良且有教养的，那么他们就会将法意识应用于他们偶然的临近关系之上，这种法意识根据个人之前的关系而内在于每个人之中，并且，这样他们就会通过意志而使他们确立一种法状况，这种法状况无疑或多或少地是一种模仿的、因此也是转化的法状况。同样，许多独立的国家也会将作为法而内在于每个国家之中的事物自愿应用于它们相互之间的关系之上，只要它是合适的，并且它们发现它是有利的；但通过这种方式并没有产生法。然而，在不同的民族中，也会产生类似的法意识共同体，如同此共同体在一个民族中产生出实在法一样。这个精神共同体的基础或者是种族上的相似性，或者并且主要是共同的宗教信仰。国际法便以此为根据，此国际法尤其存在于基督教—欧洲国家之中，但对于早期的民族而言也并不陌生，例如，它在罗马人那里表现为"战和事务祭司法"（jus feciale）*。并且，我们可以将此视为实在法，但它由于两个理由而只能是不完全的法形态：首先是由于其确定内容的不完整性，其次是由于其欠缺以下真正的基础，对于国家个体成员的权利而言，此基础存在于国家权力，尤其是司法机构之中（§9）。

---

* 战和事务祭司，指负责处理国家关系、对外宣战和缔结条约等事务的祭司，他们保管着关于战争和和平的仪式的法则，这些法则就被称为"战和事务祭司法"。——译者注

但是，渐进的道德素养，例如基督教对于此素养奠定了基础，促使人们将类似于上述实在国际法的事物应用于完全不同的民族，这些民族并不分享此种价值观念，并且不重复这种实践过程。但这种应用只是纯粹道德的，并不具有实在法性质。

第十二节 习惯法

G. F. Puchta，das Gewohnheitsrecht，B. 1. 2.，Erlangen 1828. 1837. 8.

这里在民族法这个名称下所描述的法产生的过程是不可见的，并且此种法产生也不能被溯源于一个外在的事件和一个特定的时刻，此种法产生虽然始终被承认，但这种承认由于以下两个原因而大多是无益的：首先，人们对它规定的地位极其有限；其次，人们错误地理解了它的本质。对于第一个原因的清晰解释只有在后文中与立法联系在一起时才能被做出；第二个原因与习惯法（Gewohnheitsrecht）这个通常的名称联系在一起。

这个名称很容易诱使我们进入以下思考过程之中。如果在一个法律关系中必然要发生些什么，那么发生了什么最初完全是无关紧要的；无论如何，偶然和任意确定了选择。如果上述情形再次出现，那么较之思索一个新的选择，再次重复上次的选择是更为合适的，并且，通过任何新的重复，这种处理方式似乎必然更为合适和自然。这样，在一段时间之后，这样一个规则就成为法，在最初，此规则并没有比相反的规则更为具有效力，并且，此种法的产生根据仅仅是习惯（Gewohnheit）。

如果人们观察一下所有实在法的真正的基础以及稳固的核心，那么，在上述观点中，原因和结果的真正关系恰恰被颠倒了。实在法的真正基础在民族的共同意识中享有其存在和现实性。这种存在是不可见的，那么我们通过什么方式可以认知它呢？如果它在外在行为中表现出来，如果它表达于实践（Übung）、惯习（Sitte）以及习惯中，那么我们就会认知它；在持续的、长时间的行为方式的相同之中，我们认识到了它的对立于单纯偶然的共同根源，也就是民族信念（Volksglauben）。因此，习惯是实在法的标志而非产生根据。尽管如此，上述将习惯作为产生根据的错误观点仍然包含有真实的要素，只是此真实要素必须要被缩减到合适的范围。除了上述在民族意识中被普遍承认并且无可置疑的实在法的基础之外，还存在许多细节性的规定，这些规定本身的存在并非很确定；它们可能通过以下方式而获得存在，即它们通过实践（Übung）而被带入民族自身的更为确定的意识之中。① 此种情形在以下范围内更常出现，即在此民族中，法形成的力量并非民族本质的明显层面。此外，根据许多规定的性质，这些规定相对而言无关紧要；在这些规定这里，重要的仅仅是，存在有效的并且被认为是有效的规则，无论此规则是什么样的规则。这包括许多情形，在这些情形中，法规则包括一个数字，此时，在一定范围内，始终存在任意的很大余地，例如时效中的时间规定；仅仅规定法律行为的外在形式的法规则也同样如此。在所有这些情形中，通过我们之前的想法和意图，在进行任何之后的运用时，我们成为我们自身的权威，这样，此种习惯也就自然能够影响到法形成。在这里，人类观念、行为以及情势的延续性的法则会起到作用；这个法则在许多具体的法律制度中具有广泛的影响。② 采纳一个对于法本身具有反作用的习惯只是在以下条件下才降低了法的价值，即此惯常的行为被认为是未经思考的、通过偶然的外在刺激而被确定下来的；如果相反，此惯常行为被认为是经过深思熟虑、产生于精神力量的行为，那

---

① Puchta，Ⅱ.，S. 8. 9.："对于民族而言，实践（Übung）起源于此民族的法观念之中，而此实践（Übung）似乎是一个镜子，在这个镜子之中，民族认识到自身。"

② 同样的法则有效表现在举证责任（作为迄今情势发生变化的条件）、占有、时效取得（Ersitzung）、诉讼时效之中，最后也表现在判例的效力之中（§20），这些无疑处处都具有特别的混合形式和发展形式。在这里，只能简要指出这个共同的观察角度；对于它的证明要在对于这里所指出制度的描述中才能进行。

么法就并不会因为此种产生而丧失了其尊严。虽然习惯法的名称在此可以从两个方面来加以解释，并且能够大致被证成，但对此名称的使用进行限定是有利的，因为这个名称包含了非常多的始终与其联系在一起的误解。

在法的实践（Übung）非常重要的两个方面上，即其作为实在法的标志以及作为共同起作用的产生根据，存在两类行为，这两类行为尤其富有意义和有效：法律行为的典型形式，以及由民众组成的法庭的判决。③ 前一种行为使我们从整体上了解了法律制度的含义，后一种行为产生于诉争请求的对立之中，它由于其目标而不得不解释和描述法律关系的准确界限。

最后，如果这里主张，在具体情形中出现的民族法的实践（Übung）必须被视为认识民族法的手段，那么这就会被认为是

---

③ 如果我在这里特别重视民众法庭（Volksgerichte）的性质，那么这是较之我们当今时代的职业法庭（der gelehrten Gerichte）而言的，此法庭同时由持久性的专业人士组成（§14）。前一个法庭的特点在德意志陪审法庭（Schöffengerichten）中表现得相当明显；在罗马的已决案（res judicatae）中也同样如此，并且在此，并非如同人们很容易想象的那样，是因为审判员（judices）是私人，因此在这个意义上他是从民众中选出来的（因为这里一切所涉及的法律规定是产生于裁判官［praetor］，而不是产生于审判员［judex］）；而是因为，裁判官每年更换，并不恰巧属于学术性法学家阶层，因此代表了普遍的民众观点。这样，罗马人也将作为法律渊源的已决案与裁判官联系起来，裁判官是已决案的创造者。Auctor ad Herenn. Ⅱ.13.——但所有这些只适用于普通的法官，这些法官或者个别或者数量有限地被裁判官为每个案件所特别任命。与之相反，在百人审判团所审理的诉讼情形（Centumviralsachen）中，法律规定产生于判决人员本人（因为在此并没有程式［formula］规定），并且由此而特别发展出了不合义务之诉（querela inofficiosi）。【所谓百人审判团，指的是由一百名法官组成的审判组织，主要审理关于遗产继承和财产所有权方面的案件，例如当事人在不合义务遗嘱之诉中所提出的撤销此遗嘱的请求，百人审判团最初出现于公元前3世纪，公元3世纪之后不复存在。所谓不合义务之诉，主要包含在继承方面的案件中，主要指的是被继承人生前的行为损害了某一继承人的法定继承权或者违反了对某一近亲属的义务时，此继承人或近亲属可以提起诉讼，以撤销被继承人生前的行为，此诉讼的主要种类是不合义务赠与之诉（querela inofficiosae donationis）、不合义务嫁资之诉（querela inofficiosae dotis）、不合义务遗嘱之诉（querela inofficiosae testamenti）。——译者注】

一种间接认识，这种认识对于以下这些人是必要的，即这些人似乎是从外部来观察法，他们本人不属于此共同体的成员，而此民族法恰恰在此共同体中产生并获得了持续性生命（§7.8）。对于此共同体的成员而言，不需要根据实践（Übung）的具体情形作出这样一个推论，因为他们的认识是一种直接认识，这种直接认识产生于直观（§30）。

第十三节 立 法

即使实在法（das positive Recht）极为确定和清晰，但错误和邪恶的意图仍会试图摆脱其控制。因此，有必要赋予实在法以一个外在承认的存在，由此，所有的个人意见可以被清除，而对于不法意志的有效控制也得以被促进。通过语言得以表现出来以及通过绝对力量而得以实施的实在法被称为制定法，其制定属于国家最高权力的最为高贵的权利。立法在公法和私法领域都有其作用；但这里主要对于后一方面进行详细考察。

如果我们首先考察制定法的内容，那么此内容已经通过立法权的起源而得以确定；已经存在的民族法是其内容，或者，同样的意思，制定法是民族法的有机组成部分（Organ）。如果人们对此有所怀疑，那么人们就必须认为立法者是外在于民族（Nation）的；但是，毋宁说，立法者处于民族的中心位置，这样，立法者汇聚了民族的精神、价值观念以及需求，因此我们必须将立法者视为民族精神的真正代表。如果认为立法者的这种地位依赖于立法权在各种国家政制中的不同安排，那么这种观点就是完全错误的。无论制定法是由侯爵（Fürst）制定的，或者是由议院（Senat）制定的，或者由通过选举而形成的大委员会制定的，还是多个这种权力的赞同也许对于立法是必要的，这些都没有改变立法者与民族法之间的本质关系，如果有许多人认为，真正的民族法只被包含在由选举出来的代表制定出来的制定法之中，那么这又是一种在上文中已经被抨击过的概念混淆。

这种关于制定法本质和内容的观点常常被误解，仿佛它认为立法者只具有一种从属性的、与其毫不相配的地位，甚至默认为整个立法行为是多余的、甚至可能是有害的。这种误解可以通过以下方式而被最为确定地清除,即指出,立法对于法形成(Rechtsbildung)的真正影响在于何处,这种影响具有怎样的特殊重要性。这种影响主要表现在两个方面:首先是对于实在法的补充性的帮助,其次是对于实在法渐进发展的支持。

在第一个方面,我们需要回想一下在习惯法这一部分(§12)已经做出的说明。在实在法基础的所有确定性之中,仍然存在许多具体细节的不确定,这种情形特别存在于以下这种民族中,即此民族的禀赋和取向的优秀之处更多体现在其他方面而非法形成方面。这包括大量的规定,基于这些规定的性质,其中存在任意的一些余地,例如,包含作为条件的特定时间的规定。在所有这些情形中,对于民族法进行补充是必要的,尽管这种补充,如同上文所述,可以通过习惯法而实现,但是通过立法而实现确实更为迅速、确定,因此也就更好。

但比对最初的法形成产生影响更为重要的是立法对于法发展产生的影响。如果由于惯习、意识以及需求的变化,现存法(dem bestehenden Recht)也有必要改变,或者如果随着时间变化,全新的法律制度成为必要,那么这些新的要素就能够通过最初产生法的不可见的内在力量而被包含到现存法之中。但恰恰在此处,立法的影响十分有益,甚至是必不可少的。因为,上述起作用的动因只是逐步发挥影响,因此就必然会产生一段时期,在此时期内法是不确定的,这种不确定可以通过制定法的表述而被消除。而且,所有的法律制度相互关联、相互影响,这样,由于新形成的法规定,可能会不被觉察地产生与其他本身未改变的法规定之间的矛盾。因此,有必要进行一种一致性处理,但这种一致性处理几乎只能通过认真的反省以及有意的、因此也是特别的干涉而确定达成。[①] 此理

---

① Stahl,Philosophie des Rechts,II. 1,S. 140.

由在以下情形中获得了特别清晰的重要性,即在此情形中,当前需要改变的法通过先前的立法而被确定下来;因为在此之中,存在成文的始终可以被注意到的、对抗性的力量,所以,逐步发挥影响的内在形成常常完全被阻碍,常常被降低到无法令人满意的程度。② 最后,在每个民族的历史中,都会存在以下发展阶段和状况,即它们不再有利于通过共同的民族意识产生法(§7)。这时,这种在所有情势中都必不可少的活动在很大程度上就自然而然地被移交给立法。在任何其他时期,最后这种变化都没有像Constantin时期那样明显和突然,在此时期,法的发展全部由极其活跃的皇帝立法所承担。

现在根据这些观察可以得出,较之纯粹(也即,没有过渡到

---

② 这才是歌德的常被错误运用的以下篇章的真正含义:
法律和规程可以遗传(Es erben sich Gesetz' und Rechte)
就像永久的疾病一样;(Wie eine ew'ge Krankheit fort;)
它们从一代拖向另一代,(Sie schleppen von Geschlecht sich zum Geschlechte,)
从一个地方悄悄移到另一个地方。(Und rüken sacht von Ort zu Ort.)
理性变成了荒谬,善行变成了灾殃;(Vernunft wird Unsinn, Wohltat Plage;)
你作为子孙,真是不幸!(Weh dir, daß du ein Enkel bist!)
至于我们与生俱来的权利,(Vom Rechte, das mit uns geboren ist,)
遗憾!从来没有人过问。(Von dem ist leider! nie die Frage.)
【这些诗句选自歌德所著的《浮士德》的"悲剧第一部"中的"书斋(二)",这里的译文选自绿原的译本,参见[德]歌德:《浮士德》,绿原译,北京,人民文学出版社1994年版,第60页。绿原先生对此段增加了以下注释:"当其前提改变很久以后,法律仍然继续通行;随后变得弊多利少,于是后人把先人认为明智的法律视之为荒谬。十八世纪曾热烈讨论过成文法和自然法的对立,梅菲斯特后面所说,'我们与生俱来的权利,遗憾!从来没有人过问',即指自然法受到忽视。"([德]歌德:《浮士德》,绿原译,第189页)这一注释有助于理解萨维尼对此篇章所做的评论。——译者注】
并不罕见的是,这段篇章常常被认为是表达了对实在法的一个一般指责,并且表达了对自然法没有独占支配地位的遗憾。我不是主张,诗人的这个篇章清晰地表述了我所表达出来的思想关联。但先知的特权是,直接通过内在直观而表达出以下内容,即我们只有通过长时间的、千辛万苦的持续思考才能发现的内容。

立法）的民族法，立法无论如何都并非无关紧要的，但同样应当避免以下这种完全相反的错误，即民族法只应被认为是对于偶然存在缺陷的立法的必要补充，只要立法存在，就没有必要考虑这种补充。这种观点逻辑一致的发展会导致认为，不可能通过新的民族法（废除性的习惯）改变制定法。如果人们承认法形成的这两种形式具有相同的、独立的价值，那么非常明显的是，民族法的自然发展力量不会因为以下这种本身是偶然的情势而被取消，即此种力量的之前作品已经采取了立法的形式。

除了迄今所谈及的制定法的内容之外，我们现在还需要对于制定法的形式予以特别考虑。其形式既通过其来源于最高权力而得以确定，也通过其发生效力的绝对力量而得以确定。最为适合于其来源和效力的形式就是规则和命令（des Gebots）的抽象形式。所有能与其联系起来的其他事物，发展、描述、对于信念的影响，对于制定法的本质而言都是陌生的，并属于其他传授范围。由此，产生了制定法与法律制度之间的不协调，对于法律制度而言，其有机本质不可能完全体现于制定法的上述抽象形式之中。尽管如此，如果制定法要与其目标相符合，有机法律制度的最为完整的直观必须呈现在立法者面前，立法者必须根据这种总体直观（Totalanschauung）通过人为程序而构造出制定法的抽象规定；同样，制定法的适用者必须通过完全相反的程序重新组织这种有机关联，根据此有机关联，制定法仿佛描述了一个具体的剖面（Durchschnitt）。但是，如果制定法履行上述补充和促进的任务，那么上述不协调和人为程序的必要性就似乎得以减轻，因为这个特别目标同样已经具有抽象的性质，由此能够更为容易地通过制定法的抽象形式而体现。

第十四节　科学法

45　　在持续的发展中，特别的活动和知识分离出来，由此形成了特别阶层的特殊职业，这是民族的自然发展过程。法也是如此，它最初是全民族的共同财产，之后由于活跃生活的更多分支化的关系，它得到了特殊的发展，这样，它就不能通过在民族中得到一致传播的知识而被掌握。然后，一个特殊的法律专家阶层就得以形成，此阶层本身是民族的组成部分，并以其思考代表了整体的思考。在此阶层的特别意识内，法只是民族法的延伸和特别发展。因此法具有双重生命：法根据其基本特征继续存在于民族的共同意识之中，但其更为精确的具体发展和应用却是法学家阶层的特殊使命。

46　　此阶层活动的外在形式描绘了其逐渐的发展。最初，此阶层似乎只是在具体案件中给予建议，或者是通过对于法律争议的裁决提出意见[①]，或者是通过对于庄严的法律行为的完成提供指导。同时，格式、法律行为准确实施的程式化指示通常是最初的文献尝试。此活动逐渐更为智识化（geistiger），并发展成为科学。这时，对于法的描述表现为理论形式，这种描述或者出现在大量的书籍之中，或者出现在口头讲授之中；法庭的判决则是其实践形式，此时的法庭区别于早期的民众法庭（Volksgerichten），这或者是因为成员的科学素养，或者是因为其持续性共事者的传统。

　　据此，人们区分了法学家阶层的双重作用：一是实质上的作用，民族的法产生活动在很大程度上撤交（zurückziehen）给他们，并且他们也作为整体的代理人而不断进行民族的法产生活

---

① 最初是在法庭前的口头咨询（Advocati）意见，之后是书面解答（Responsa）。

动；二是形式上的作用，纯粹科学上的作用，一般而言，即使法已经产生，他们也通过科学的方式将法带入到意识之中并且对其进行描述。在后一个作用中，法学家的作用最初似乎是一种依赖性的作用，其从外部得到其内容。但是，通过具有既定内容的科学形式，此形式力图揭示并且完成其内在的统一性，新的有机生命得以产生，此有机生命对于内容本身具有一种构成性的反作用，这样，一种新的法产生方式就不可遏制地产生于此种科学之中。科学的这种形式上的反作用对于法本身非常重要和有益，这一点一目了然；但它并非毫无危险。在早期，罗马法学家已经试图为许多法律行为的处理确立统一的形式，这些形式通过传统而得到传播，并获得了巨大的、持久性的尊重；特别是盖尤斯为我们保存了许多这种形式。但他们自己（以及优士丁尼使用他们的言辞）注意到了对于此类形式的无限制服从所产生的危险[2]，并且说明了此类形式与法之间的关系，指出此类形式是尝试对法进行阐释，以及对法的内容进行集中，不能将它视为法的基础。[3]近来，此种形式上的反作用范围更广，种类更多，影响更大，这里，在编纂内容全面的法典时，存在着巨大的危险，通过法典，形式上理解的暂时性成果不可避免地被固定下来，不容许通过科

---

[2] L. 202, de R. J. (50.17)："市民法中的任何定义都是危险的，因为轻微的不一致就可能导致其不适用。"（Omnis definitio in jure civili periculosa est; parum (rarum) est enim, ut non subverti possit.）

[3] L. 1, de R. J. (50, 17)："规则是通过简短的言辞所表述的待决事项应当遵循的做法。但法不是起源于规则，而是规则由法所确定……在不适用此规则的其他情形中，此规则不具有效力。"（Regula est, quae rem quae est breviter enarrat. Non (ut) ex regula jus sumatur, sed (ut) ex jure quod est regula fiat... quae, simul cum in aliquo vitiata est, perdit officium suum.）这意味着：我们必须不要在对规则的爱好之中牺牲任何一个本身具有充分理由的具体决定。因此，这里适合在规则之外承认例外，事实上在这里被我们称为例外的东西只不过是对于不完美规则的承认。在普遍规则的形式中被理解的制定法规定具有另外一种性质，我们必须更为谨慎地允许其例外的存在。

学的持续发展进行自然的纯化和改良。

如果人们特别观察法学家阶层与立法之间的关系，那么这一关系通过以下不同的方式而得以表现。法学家阶层对于立法产生影响，或者是因为通过此阶层发展出来的民族法同原始意义上的民族法一起成为立法的素材，或者是因为对于立法产生不同程度影响的个人的法学素养。但法学家阶层也对于立法进行加工，并且促进立法向现实生活的过渡。此阶层所利用的各种自由的、多种多样的形式使他们有可能在制定法的抽象规则与法律制度之间的生机勃勃的相互联系之中来描述上述抽象规则，制定法的出发点事实上也是此种相互联系的直观，但此种直观却并非直接表现于制定法之中（§13）。这样，对于制定法而言，通过科学的处理，其对于生活关系的支配便非常轻易和确定。

因此，在这方面，法学家阶层对于实在法似乎具有多种多样的影响。相对于此种影响的观点，有时会存在对于无理由的自负的指责。此指责只有在以下情形中才是有根据的，即法学家试图形成一个独立封闭的阶层。但每一个在法上耗费了必要力量的人都能够成为法学家，因此，在上述观点中只是包括了一个简单的主张，即如果一个人将法作为他的终身职业，那么他便会由于内行而比其他人对于法产生更多的影响。

我将这种特别的法产生方式称为科学法（das wissenschaftliche Recht），它在其他地方被称为法学家法（das Juristenrecht）。

在这里，精神发展被认为是科学法的条件，但这不能仅仅被理解为科学素养发展到一个特别的高度，毋宁说，一个有限的开端对此而言就已经足够了，在此，根本没有人会设想一个清晰的范围限定。但更为重要的是以下说明，即如果一个国家的政制将一个阶层的法认识放到比其他阶层的法认识更高的位置，那么根据此政制，也会产生出一种类似的关系，尽管此关系是更为受到限制的。因此，在罗马，法学家的权威学说（Prudentium auctoritas）是在以下时期内被承认的，即科学的需求在此时期毫无踪迹，并且此种权威解答与祭司（Pontifices）的独占知识存在联系，因此也同时与贵族阶层（patricierstandes）的特权存在联系。④

---

④ L.2.§5.6. *de orig. jur.* (1.2.).——此历史陈述在何种程度上是真实的，这里不适合对此进行探究。

第十五节　相互关联中的法律渊源；
其内容的本质和来源

50　　根据迄今所进行的描述，可以认为，所有的实在法最初都是民族法，并且此种最初的法产生（常常在早期就）以制定法作为补充和支持。因为民族的持续发展，法学得以产生，这样，民族法便以制定法和科学作为两个有机组成部分（Organe），同时这两个有机组成部分各自都拥有其独立的生命。如果在之后的时期，民族的法形成力量最终不再存在于民族的整体中，那么此种力量也继续存在于上述两个有机组成部分之中。这样，早期民族法就很少体现为其最初的形态，因为其最主要的以及最为重要的部分通过立法和科学而被处理，并似乎只有通过它们而被直接表现出来。通过这种方式，民族法就几乎被制定法和科学所完全遮蔽，其继续存在于制定法和科学之中，现存的实在法的真正起源

51　也很容易被遗忘和被错误认识。[①]　尤其是，立法在其外在力量上

---

① 通过早期素材所被转变成的后期形式，这种对于最初法产生的遮蔽特别表现于后期罗马法一直使用的一个术语之中。早期，法律（Leges）、平民会决议（plebisscita）、元老院决议（Senatus consulta）等被认为是法律渊源。现在所有这些都早已转入到著名法学家的著作之中，只有皇帝所发布的制定法还存在着，并且它还一直因为新的制定法而逐渐增多。因此，所有的法都停留在法律（Leges）或者谕令（Constitutiones）（皇帝所发布的制定法）以及法学（Jus）或者学说（Prudentia）（法学文献）之中。这体现在西哥特简编（Westgothischen Breviar）前的导言（Commonitorium）中的许多篇章中。【西哥特简编，即《西哥特罗马法》（Lex Romana Visigothorum），也被称为《阿拉利克简编》（Breviarium Alaricianum），是罗马法在中世纪的重要文献，它完全以公元5世纪末、6世纪初西欧罗马法学者的知识储备为基础，而没有受到同时代拜占庭的影响，与《民法大全》相比，它只能算是一部罗马法的简缩版，因此被称为"简编"，但它也包含了《民法大全》当中最为主要的三个部分，即法学阶梯、普通法和制定法汇编。——译者注】 Int. L. 2. *C. Th. de. Dot.* （3.13）. Int. L. un *C. Th. de resp. prud.* （1.4.）. Int. Cod. Greg. Ⅱ.2.1.——Edicitum Theodorici in epilogo.——Prooem. Inst. §2.4. Const. Deo auctore §1.2.9.11. Const. Cordi. pr. §1. L. 5. *C. quorum appell.* （7.65.）. Justiniani Sanctio pragmatica §11.——同样，整个英格兰法也完全存在两个基础，即制定法和普通法；在罗马是皇帝发布的制定法的内容，在英格兰则存在于国会法令（Parlamentsacten）之中。

具有如此大的优势，以至于据此而产生了以下幻觉，即立法仿佛是唯一真正的法产生根据，所有其他的形式都可以被认为是次要的，只是起到辅助或代用品的作用。但法的健康状态只存在于以下情形中，即这些法产生的力量协同作用，而并非相互隔绝。并且，立法和科学始终是个人有目的、有意识的产物，因此非常重要的是，关于实在法的起源以及对此具有作用的力量的真正关系的正确观点应被取得和主张。

立法、法学与作为前两者基础的民族法之间的内在关联使得对于民族法内容之特点的精确考察更为必要。在此之中，我们发现了两个要素：特别属于每个民族的特别要素，以及以人类本质的共同性作为根据的普遍要素。在法律史以及法哲学中，都存在对这两个要素的科学的承认以及满足。在始终对于法的本质从事研究的人之中，不少人认为法的理念是绝对的、自在自存的，而不关心其在真实的现存状况中的形式，也不关心其思想对于此种状况的影响。但致力于确定其科学工作与真实的法状况之间的明确关系的人常常只承认上述两个法要素之中的一个，这样就导致了对于法的片面处理：一些人认为法的内容是偶然的、无关紧要的，并满足于对事实进行如此理解；其他一些人则确定一个居于所有实在法之上的标准法（Normalrechts），立即采用此标准法而代替实在法对于所有民族都是有利的。后一种片面性从法之中抽离出了所有的生活，而前一种片面性则错误地理解了其高贵的使命。如果我们承认存在一个共同的任务，而各个民族的历史任务就是以自己特有的方式来解决此共同的任务，那么这两种歧途都必须被避免。关于这些对立观点之间的活跃争论无疑有利于更为清晰和准确地认识这个共同的任务；但此争论却常常导致对于对手观点中真实要素的片面的错误理解。我们不能忽视以下事实，即一个研究在表面上具有特定具体范围，但它也可能对于整体具有意义，也即对于法律制度的更高含义具有意义；同样，在另一方面，一个研究可能是以普遍作为目标的，但它却可能渗透于民族历史生活的直观之中。如果人们不考虑具有派系色彩的言论（将之作为无价值的和暂时的），并纯粹独立地理解我们时代的科学趋向，那么人们可能就会持有一种内在趋近的可喜思考，并且由此而取得真正的进步。

所有法的上述共同任务可以被简单溯归至人类本质的道德规定，如同它表现于基督教的生活观之中一样；基督教不能仅仅被我们认为是生活的规则，事实上它还改变了世界，因此我们的所有思想，无论其似乎与基督教全然没有任何联系，甚至似乎与基督教相对立，事实上都被基督教所支配和渗透。通过共同任务的承认，法并没有溶于一个更为广阔的领域之中，也并没有丧失其独立的存在；毋宁说，它可能是上述共同任务的一系列条件中的一个完全独特的部分，它在其自己的领域中处于绝对支配地位，并且它只有通过与整体的上述联系才能获得更高的真实性。但承认上述一个目标就已经完全足够了，完全没有必要在此之外再承认一个完全不同的具有公共福利（des öffentlichen Wohles）名称的第二个目标，也即没有必要在道德原则之外再承认一个独立于此原则的国民经济原则。因为，这样一个原则只是致力于扩展我们对于自然的支配，它只能增加和改善达致人类本质的道德目标的手段。但在此之中并没有包含一个新的目标。

如果我们从这个角度观察特定民族的实在法，那么我们就会发现，在实在法的产生中，法的两个要素大多不是不同的作用力，而是同一个未被区分的作用力。但并非罕见的是，这两个要素相互处于确定的对立之中，相互对抗，相互限制，以便之后可能溶于一个更高的统一。在这种对立中，特别的或者是国族的要素，以及包含在此要素的逻辑一致发展之中的所有具体部分，对于我们而言似乎是单纯的法的文辞（严格法［jus strictum］，法律理性［ratio juris］）[②]；法在这种封闭状态中是不完美的、受到限制的，但它能够逐渐采用越来越多的与它较为类似的更为一般化的原则，并且它由此而得以扩展。——与之相反，普遍要素则表现为不同的形态。其具有最为纯粹和直接的形态，在这种形态中，法的道德本质在整体上发生作用，此形态为：处处相同的人类道德尊严和自由得到承认，通过法律制度、所有根据实践一致性而起源于此法律制度的本质和规定的事物以及被今人称为事物本质（Natur der Sache）的事物，此种自由也处处得到了体现（公正或者自然理性［aequitas oder naturalis ratio］）。普遍要素的间接的和混合性质的形态为：（1）对于外在于法领域的道德目标的重视（善良风俗［boni mores］），在现代法中，此目标也体现为教会的目标；（2）对于国家利益的重视（公共效用，涉及公共事项的利益［publica utilitas, quod reipublicae interest］）；（3）对于个人福利的家长主义式的考虑（效用理性［ratio utilitatis］），例如促进贸易、保护女性和未成年人等一些群体免受特定的危险。——根据这个观点，法的产生根据可以被区分为下列形态。它或者纯粹取决于法领域自身（严格法以及公正法），或者同时取决于以下原则的共同作用，这些原则尽管与法拥有共同的目标，但却处于法领域的范围之外（善良风俗以及所有种类的效

[②] 在此引用这些罗马法术语，其目的并非是历史地查明罗马人所持有的概念，而是通过对于众所周知的术语的回忆而使得当前的一般描述更为清晰。此描述与在罗马法人中占据支配地位的关于法起源的基本概念之间的关联将在下文第22节中予以阐述。——此逻辑关联在下述篇章中体现得非常明显，L. 51. § 2. ad. L. Aquil. (9.2.)：" 市民法为公共效用而确定了大量规则，这些规则与理性原则不一致。"（Multa autem jure civili, contra rationem disputandi, pro utilitate communi recepta esse.）

用〔utilitas〕）。

通过上述对于任何实在法中的两个要素的承认，即对于普遍要素和特殊要素的承认，立法就同时呈现出新的高贵使命。因为，民族法持续发展的最为重要的动因恰恰已存在于上述两个要素的相互作用之中，在此，最重要的任务就是更为确定地认识到普遍的目标，并且在没有削弱特殊生活之活跃力量的情形下接近这个目标。在此道路上，有许多事物要去平衡，有许多障碍要去克服，在此，立法权可以对于默默起作用的民族精神提供有益的帮助。但在任何行为中，非常大的谨慎也都是不必要的，由此片面的观点和任意并不会抑制法的活跃作用和发展。在此，对于立法者而言，特别重要的是对于真正自由的这种意识，其常常在对它说得最多的人那里最为缺乏。

第十六节　绝对法和任意法，常规法和特别法

在对于客观法的组成进行考察时，我们发现了两种对立，这两种对立应当在此被描述，因为它们对于之后的理论具有多方面的影响。

首先，如果人们考虑法规则与由其所支配的法律关系之间的关联（§5），那么在此就会发现以下区别。——一部分规则的支配具有不可改变的必然性，不容许存在个人任意的余地；我称之为绝对性的（absolute）或者强制性（gebietende）的法规则。这种必然性的根据可能或者存在于法有机体（Rechtsorganismus）本身的本质之中，此有机体表现于实在法之中，或者存在于政治的以及国民经济的目标之中，或者直接存在于道德考量之中（§15）。——另外一部分规则首先保留给个人意志以自由的权力，并且只有在个人没有行使其权力的情形下，为了使法律关系具有必要的确定性，此种法律规则才取而代之；此种法律规则被认为是对于不完整意思的解释，我称之为任意性的（vermittelnde）法规则。——罗马法学家已经非常确定地承认了这种对立。在他们那里，第一种规则最为常见的称呼是 jus publicum（公法）①，另外一些称呼还包括无任何附加词的 jus（法）②、jus commune（公共法）③、juris forma。④ 并非罕见的是，他们特别

---

① L. 38. *de pactis*（2.14.），L. 20. *pr. de relig.*（11.7.），L. 42. *de op. lib.*（38.1.），L. 45. §1. *de R. J.*（50.17.）etc.
② L. 12. §1. *de pactis dot.*（23.4.），L. 27. *de R. J.*（50.17.）.
③ L. 7. §16. *de pactis*（2.14.）.
④ L. 42. *de pactis*（2.14.），L. 114. §7. *de leg.* 1（30），L. 49. §2. *de fidej.*（46.1.）.

表达出这些规则据以拥有此种特性的相关关联，尤其是国家利益⑤，或者是善良风俗。⑥ 第二种规则的本质大多根据其与第一种规则的对立而自然得出，它们没有一个反复出现的常规名称。⑦——在现代人中，如果他们将制定法区分为命令性的（gebietende）、禁止性的（verbietende）以及许可性的（erlaubende），那么这种观点就部分以上述观点为基础。⑧ 但首先，如果将这种区分限制于制定法，那么这是应当受到指责的，因为在习惯法中也同样能够出现此种区分。此外，命令性的和禁止性的制定法只有通过赞同和否定的逻辑形式才能被区分开，这种本身是无关紧要的状况并不能证成任何区分种类。最后，在第三个种类中，其基础根本不是许可，而是对于不完善意志规定（Willensbestimmung）的补充。许可只有在涉及之前所设想的禁止时才有意义，即通过许可，此禁止被废除，或者例外地受到限制。事实上，"许可"这个术语主要涉及以下制定法，即此制定法承认特定人享有一种行为能力，事实上也就是对于此行为能力的否定再次被否定。——另外，在上述被引用的术语中，publicum jus 这个术语需要被细致讨论，因为此术语的多义性产生了大量误解。Publicum 一般而言就是 populicum，而后者与 populus（民众）存在关联。这个基本概念具有以下几种含义。首先，它可

---

⑤ L. 27. §4. L. 7. §14. *de pactis* (2.14.) publica causa（公共原因），res publica（公共事务）。

⑥ Consultatio §4 的许多篇章。

⑦ Res familiaris（家庭事务），privata（私人事务），ad voluntatem spectans（自决事项）。L. 7. L. 27. §4. *de pactis* (2.14.). L. 12. §1. *de pactis dot.* (23.4.). L. 27. *de R. J.* (50.17.).——这两种法规则的区别将在第四章中被论述。

⑧ Glück，Ⅰ.，§14.——此种区分的诱因存在于 L. 7. *de leg.* (1.3.) 之中，但在此篇章中还多出了一个种类："法的价值在于命令、禁止、许可或者惩罚。"（Legis virtus est imperare, vetare, permittere, punire.）但在这里，此情形只是被作为一个关于制定法效力种类的朴素观点，而并非分类的基础。

以被认为是 populus Romanus（罗马民众）（这被认为是这个概念的通常含义），或者是一个城市中的 populus（民众）。⑨其次，Publicum 可以涉及作为整体的 populus（民众）（例如，公田［ager publicus］*，财产充公［bonorum publicatio］**，等等），或者涉及此民众整体中的所有个人成员（例如，处于个人共同使用下的公有物［res publicae］***）。⑩如果特别涉及 publicum jus 这个术语，那么这个术语能够指代 jus 与 populus 之间的完全不同的关联。因此，首先，publicum jus 指的是公法，即以 populus（民众）作为对象的法规则（§9 注 1）；此外，它还可以指代以下客观法规则，即这些规则在 populus（民众）的承认中享有其起源（§7.8.）⑪；最后，它还可以指代以下私法规则，即 populus（民众）在这些规则中享有利益（公共利益［publice interest］，公共效用［publica utilitas］），由此这些规则独立于个人的任意，是绝对性的法规则（注 1）。但 publicum jus 这个术语不仅

---

* 公田，指罗马国家所有、国家允许市民临时占据和使用的土地，最初包括罗马城以外的用于放牧或耕作的土地，之后也包括罗马人征服的民族的土地。之后市民对于公田的占用就不是临时的，而变成了永久的和不可侵犯的，最终部分公田被国家分配给个人。——译者注

** 财产充公，指将犯罪人的全部或部分财产没收归国家所有的一种刑罚。——译者注

*** 公有物，最初指罗马共同体所有的物品，后来也指供民众使用的物品，例如河流、道路、剧院、广场等等。——译者注

⑨ L. 15. *de V. S.* (50. 16.), L. 16. *eod.* L. 9. *de usurp.* (41. 3.).

⑩ L. 5. *pr. de div. rer.* (1. 8.), L. 7. §5. L. 14. *pr.* L. 30. §1. L. 65. §1. *de adq. rer. dom.* (41. 1.), L. 6. *pr.* L. 72. §1. *de contr. emt.* (18. 1.), L. 45. *pr. de usurp.* (41. 3.).

⑪ L. 8. *de tut.* (26. 4.), L. 77. §3. *de cond.* (35. 1.), L. 116. §1. *de R. J.* (50. 17.), L. 8. 14. *C. de Judaeis* (1. 9.).

被应用于法规则（客观法），还被应用于个人的权利（主观权利）。因此，*publicum jus* 可指代所有人对于河流和道路的共同享用⑫；同样，*publica jura* 也指代个人作为元老（Senatoren）、民众会议（Volksversammlung）的成员等所享有的权利。⑬ 对于这些不同但却近似的含义的混淆常常导致了重要错误的产生。⑭

第二种对立则涉及法规则的不同来源，取决于其是起源于纯粹的法领域（这是法［jus］或者公正［aequitas］），还是起源于其他领域（§15）。在后一种情形中，外在要素对于法产生影响，纯粹的法原则便被此外在要素所改变，由此这便违反了法律理性（contra rationem juris）。⑮ 我将它们称为特殊（anomalische）法，罗马人则称之为 Jus singulare（特殊法），并且认为它们的产生根

---

⑫ L. 1. § 16. 17. L. 3. § 4. L. 4. *de O. n. n.*（39.1.）。类似的还有 L. 40. *ad L. J. de adult.*（48.5.）。

⑬ L. 5. § 2. L. 6. *de cap. min.*（4.5.）。

⑭ Burchardi 的著作在很大程度上便产生于此错误：Grundzüge des Rechtssystems der Römer aus ihren Begriffen von öffentlichem und privatrecht entwickelt, Bonn., 1822. 他将整个人法视为 jus publicum（公法），将整个物法视为 jus privatum（私法），而诉法则被视为两者的混合。我认为他的基本思想是错误的，但其敏锐的贯彻实施却使这部著作仍然富有教益。

⑮ L. 14. 15. 16. *de leg.*（1.3.），L. 141. *pr. de R. J.*（50.17.）。——此观点在本质上与 Thibaut 所阐述的观点相同，Versuche, Ⅱ., N. 13.。

据是与法不同的效用（utilitas）或者必要（necessitas）。⑯ 起源于法领域的法被我称为常规（regelmässige）法；罗马人通常不给予它们以特别的称呼，但确实出现了 jus commune（常规法）这个名称。⑰ 迄今为止，jus singulare（特殊法）在罗马人那里最为常见的名称是 privilegium（特法）。这样便出现了军人在遗嘱中的特权（Privilegien）⑱；许多人在监护责任免除时所享有的特权⑲；非常常见的在竞合情形（Concurs）中的对于许多债权人的优待⑳，尤其是国库、未成年人、嫁资请求（Dotalforderungen）等，因此也包括许多之后获得了默示担保权（stillschweigenden Pfandrechts）这个更大优势的其他债权。㉑ 在上述所有情形中，

---

⑯ L. 16. *de leg*. (1.3.)："特殊法是为了某些特别效用，凭借立法者的权威，违背一般原理而制定。"(Jus singulare est quod contra tenorem rationis propter aliquam utilitatem auctoritate constituentium introductum est.) jus singulare（特殊法）这个名称也出现在下列篇章中：L. 23. §3. *de fid. lib*. (40.5.). L. 23. §1. L. 44. §1. *de adqu. poss*. (41.2.). L. 44. §3. *de usurp*. (41.3.). L. 15. *de reb. cred*. (12.1.) ("singularia quaedam recepta")。——Utilitas（效用）（参见上文§15）作为产生根据也出现于下列篇章中：L. 44. §1. *cit*. L. 2. §16. *pro emt*. (41.4.)。——Necessitas（必要）（在本质上与 utilitas 并无不同）出现于 L. 162. *de R. J.* (50.17.) 之中。——有时也称为 benigne receptum，L. 34. *pr. mandati*. (17.1.)，Vgl. Brissonius v. benigne und benignus,。——在其他许多篇章中，这种特殊的、纯粹实证的法被称为 jus constitutum，因此并不涉及皇帝谕令（Kaiserconstitutionen）作为产生根据，L. 25. *de don. int. v. et ux*. (24.1.). ——L. 1. *rer. am*. (25.2.). ——L. 20. §3. *de statu lib*. (40.7.). L. 94. *pr*. §1. *de cond*. (35.1.). Alciati parerg. Ⅶ. 26. （在其他地方，jus constitutum 无疑指代的是谕令法［Constitutionenrecht］，L. 1. §2. *quae sent*. 49.8.。在这方面不确定的是 Fragm. Vat. §278. 以及 L. 22. C. *de usur*. 4. 32.。）——与上述特殊法（jus constitutum）相对立的法规则被称为 jus vulgatum（常规法），L. 32. §24. *de don. int. vir*. (24.1.)。

⑰ L. 15. *de vulg*. (28.6.)。

⑱ L. 15. *de vulg*. (28.6.), L. 40. *de admin*. (26.7.)。

⑲ L. 30. §2. *de excus*. (27.1.). Fr. Vatic. §152.。但在这里，此表述是不常见的。

⑳ 这通过题为 de reb. auct. jud. 的全部内容 (42.5.) 而表现出来，尤其是此题中的 L. 24. §2.3. 和 L. 32.，在这里称之为 privilegiarii。

㉑ "享有特权的担保"（privilegirten Hypotheken）这个表述在我们这里非常常见，但在罗马人那里却不常见。

privilegium（特法）与 Jus singulare（特殊法）的指代和含义完全相同。——如果我们要更为完整地发展出 Jus singulare 的特征，那么它似乎首先是纯粹实证的，并且大多可以被溯归至特定立法者的意志[22]，在罕见的情形中，它也可以是古老国族意识的（uralter Nationalansicht）产物，而没有清晰的起源；对于配偶之间赠与的禁止就是如此，它取决于道德观点，而非法原则。[23]——此外，特殊法与常规法之间的关系似乎就是例外和规则之间的逻辑关系；但这种关系是派生出来的关系，其中并没有包含事物的本质。——最后，特殊法（其已经具有作为例外这样一个特征）似乎始终限制于特定种类的人、物或法律行为；但这种关系首先是一种不特定的关系，因为人们可以随心所欲地构造此种类概念，例如，整个买卖法只在卖方和买方的种类内适用；此外，如同上述的例外关系一样，这种关系是一种从属性的关系，许多人完全错误地认为这是 Jus singulare（特殊法）的本质。如果事实真是如此，那么人们就必然能够将主张颠倒过来，并且每一个特别种类的法都必然始终是一个 Jus singulare（特殊法），这一点无论如何是不能接受的。例如，优士丁尼规定三年的时效取得只适用于动产，但这绝非特殊法。在监护之诉（actio tutelae）* 中未成年人的特权是特殊法，但其不享有行为能力却并非特殊法。《韦勒雅元老院决议》（Sc. Vellejanum）** 中对于妇女的规定是特殊

---

* 监护之诉，指在监护职责履行期限内，如监护人对于受监护人的事务处理没有尽到如同处理自己事务时的注意义务，那么受监护人可以对此监护人提起诉讼，此诉讼可导致此监护人的不名誉。——译者注

** 《韦勒雅元老院决议》，发布于公元 46 年，该决议禁止妇女为他人实行债务承保，并规定由妇女提供的担保是无效的。——译者注

[22] "Auctoritate constituentium"（创立它的权威），参见上文注 16。

[23] L. 1. *de don. int. vir.* (24.1.).

法，但妇女在婚姻法律关系中享有同丈夫一起生活的排他权利，这就不是特殊法。因此，法被限制于某一种类之上，这并非它成为特殊法的理由。——在特定种类人的最为通常的关联中，其目标并非如同在常规法（公正［aequitas］）中那样指向对于所有参与者的同等对待，毋宁说，作为从外部对于法产生影响的utilitas（效用）的结果，它或者对于此特定种类人有利，或者对于此种类人不利。在最为常见的第一种情形中，此法被称为beneficium（照顾）。㉔ 在罗马法的新法中关于异教徒和犹太人的重要的特别法是后一种情形的例证。——根据此种描述，Jus singulare（特殊法）的概念是普遍概念而非历史概念。但它仍然具有历史性，因为最初外在于法的原则能够被法所同化，这样，最初作为utilitas（效用）的事物随着时间的流逝而被认为是ratio juris（法律理性）。这一点的例证毫无疑问包括以自由人作为中介进行占有取得的情形，借款情形中的特殊法似乎也必须被如此理解。㉕

在这个理论中却出现了非常大的混淆，即人们将Jus singulare（特殊法）与我们目前常称为特权（Privilegien）的事物等同看待，后者是通过最高国家权力而确定的法规则适用的特殊例外。为了清楚阐明这一点，有必要准确分析概念和术语之间的关系。㉖——此种特殊例外根本不是常规法的组成部分，由此其与特殊法完全区分开。这些特殊例外与特殊法具有相同之处，它们

㉔ 例如 L. 1. § 2. *ad munic*. (50.1.)。

㉕ L. 1. *C. de adqu. poss.* (7.32). L. 53. *de adqu. rer. dom.* (41.1.). L. 15. *de reb. cred.* (12.1.).【这里所谓的借款情形中涉及的特别法是这样的：如果我命令我的债务人付款给你，那么你应当对我负有义务，即使你拿到的钱并不是我的。这个规则涉及两个人，但在只有一个人的情形中这个规则也应当遵守。因此，如果你因为委托而欠我钱，我们双方一致同意你可以将这笔钱作为借款而保留下来，由此就可以认为，你已经将钱支付给我，而我又将钱给你了。——译者注】

㉖ 此权利本身将在下文制定法的应用中被阐述。

在本质上都是规则的例外；此外，它们都通过立法权的单方发布而产生。但后一种相似性只是偶然的而非普遍的，因为这些特殊例外甚至可以通过契约而产生。——术语的表现形态如下。在最为古老的语言中，特殊例外事实上被称为 privilegia。㉗ 与之相反，在我们的法律渊源中，privilegium 常常指代的是 Jus singulare（特殊法），如前所述，这出现在大量篇章中。但特殊例外很少在法律渊源中被提及，在确实出现了特殊例外的地方，这些例外并没有一个通常术语来指代，而是或者只是对此加以说明㉘，或者被称为 personales constitutiones 或 privata privilegia。㉙

㉗ 在西塞罗的许多篇章中都是如此，Cicero（Ernesti v. privilegium）Gellius X. 20. ——Vgl. Dirksen, Civilistische Abhandlungen, B. 1, S. 246 fg.

㉘ L. 3. *in f. C. de leg*. (1.14.) Const. Summa § 4.

㉙ L. 1. § 2. *de const. princ*. (1.4.). L. 4. *C. Th. de itin. mun*. (15.3.). Vgl. § 24.

第三章　当代罗马法的渊源

第十七节　A. 制定法

迄今在一般意义上对于法律渊源的性质所进行的阐述（§4—16），现在应被应用于当代罗马法以及本著作的特别任务（§1—3）之上。这就有必要对于作为当代罗马法渊源的立法、习惯法和科学法所占据的特别位置进行说明。

当我们考虑制定法时，首先应当考虑四部分优士丁尼立法，这四部分立法常常在《民法大全》（Corpus Juris）这个名称下被统一理解，包括三部法典籍（Rechtsbücher）和一部在此之后颁布的新律（Novellen）。① 但其采取的范围和特别形式是其在博洛尼亚（Bologna）大学中所取得的范围和形式。因为，自博洛尼亚大学之后，罗马法被承认为新欧洲的共同法，这时它才众所周知；并且，四个世纪之后，新的渊源逐渐地被补充进上述渊源之中，这时，对于早期渊源的绝对支配地位的承认已经非常久远和普遍，事实上这些渊源已经完全转变到实际的法状况之中，因此，完全不可能将新的发现仅仅认为是单纯的理论运用。优士丁尼

---

① 此渊源的历史和文献属于法律史的探讨范围，这里只是说明哪些可以被视为有效的法。

之前的法仅仅因为这个理由而被完全排除适用,并且此排除被毫无例外地承认。但如果不将同一原则应用于优士丁尼时期法律渊源范围的界定之上,这就完全不合逻辑。由此,《学说汇纂》中的希腊文本就被排除出去,取而代之的是博洛尼亚大学中所接受的翻译文本;此外,被排除出去的还包括相对不重要的《学说汇纂》中的修复(Restitutionen),以及重要得多的《法典》中的修复。同样,现存的三种新律汇编中②,只有以下这种才能够被承认,即这种新律汇编被我们称为 Authenticum(真本)*,进一步而言,其是在博洛尼亚所取得的简缩本形式,此简缩本在博洛尼亚被称为 Vulgata(通行本)。③ 在另一方面,根据同样的理由,我们必须承认《法典》中的扩展,这些扩展是在博洛尼亚通过接受来源于皇帝 Friedrich 一世和二世的 Authentiken(真本)而实现的,同时也通过接受 Irnerius 的内容更为丰富的 Authentiken(真本)**而实现。④

---

* 在中世纪,注释法学家的研究对象主要是《学说汇纂》[分为三部分:Digestum Vetus(旧法)、Infortiatum(基本法)、Digestum Novum(新法)]、《法典》、Institutiones(《法学阶梯》)和 Authentica(《新律》),Authentica 是一种优士丁尼新律的拉丁文译本形式,其德文名称为 Authentiken。——译者注

** 这里指 Irnerius 的著作,它是由从优士丁尼新律中所选取的一些篇章组成,并且将这些篇章放到优士丁尼法典中与它们相关的地方。——译者注

② 这三种汇编是 Sammlung der 168、Julian、liber Authenticorum。Biener, Geschichte der Novellen Justinians, Berlin, 1824, 8.

③ Biener, S. 258, 259.——虽然有个别法学家,尽管很少,对于这一点持有不同观点(Mühlenbruch, I., §18.),问题本身却不能因此被认为是有疑问的。如果人们放弃了这里所确立的原则,那么无限制的任意就完全不可能被防止。

④ Savigny, Geschichte des R. R. Im Mittelalter, B. 3, §195, 196.——以下做法并不能被认为是不合逻辑的,即之后否定注释法学家注释的权威,但这里却维护 Irnerius 的 Authentiken(真本),尽管恰恰是注释法学家的注释使得《法典》和《新律》之间的对照变得容易。因为注释只有在以下范围内才被认为是制定法规定的一部分,即它们仅仅是摘要而没有任何补充;这样,如果人们能够随意求助于文本或者摘要,那么这只能被认为是方便学习和引用的便利手段而已。由此,如果人们根据注释而反对新律文本,那么这就完全违背了采纳 Authentiken(真本)的意义。

但是，我们只能将博洛尼亚大学的直接影响限制于上述渊源的范围，而不能将其扩张得更远，尤其不能扩张至他们的理论观点，在这些理论观点之中，绝对的普遍性并没有被取得甚至没有被尝试取得⑤；同样也不能将其扩张至对于文本的批判，在这些批判之中，虽然注释法学家的共同努力是显而易见的，但这种努力却没有形成为一个完整独立的成熟作品，而只有对于这种成熟作品的绝对承认才是合适的。⑥——更为重要的是对于可适用性的限制，此种可适用性与上述在一般意义上被承认的法律渊源所包含的内容联系在一起。这种限制不仅仅包括国家法的当代可适用性的重要排除（§1），还包括属于私法的许多法律制度整体的排除，这些法律制度包括奴隶法、殖民区（Colonats）、要式口约等。这种实质上的限制不能如上述形式上的限制那样被归于博洛尼亚大学，而是其他法律渊源（习惯法和科学）对于制定法的反作用。事实上，这些限制并非始终被普遍承认，毋宁说，通过新时期法学的批判精神，在早期常常被尝试进行的罗马法的错误应用才被完全排除出去。皇帝 Friedrich 一世试图适用罗马法为皇帝权力奠定更为坚实的基础，这一事实显示出，注释法学家在多大程度上常常错误地认识了上述自然界限。

对于被作为制定法而予以继受的罗马法所确立的上述限制并非没有反对观点，只要《民法大全》中未被注释过的或者已被修复过的部分在这里被认为不具有效力。事实上，多数理论性和实

---

⑤ 与这里的主张相反的是以下观点，即我们所继受的并非是注释法学家所划定的《民法大全》，而是通过注释法学家所表现出来的意大利的法实践（Seidensticker, Juristische Fragmente, Th. 2., S. 188 - 194.）。此观点更应被拒绝，因为注释法学家只是在进行解释，他们并没有描述实践，而是意图改革实践。Savigny, Geschichte des R. R. im Mittelalter, B. 5., Kap. XLI., Num. I. ——在上述错误观点之中存在真实的部分，即注释法学家的理论观点对于德意志的法实践产生了不小的影响。

⑥ Savigny, a. a. O., §175, 176.

践性作者都赞同上述主张，并认为所有与此基本原则不一致的观点都是明显错误的。⑦ 但此主张并不缺少反对者。个别人甚至过分地认为皇帝 Leo 六世所颁布的新律具有制定法的效力⑧，而没有考虑到，到这个皇帝的时期（大约公元 900 年）时，希腊皇帝对于意大利的统治早已终止，这样就不再存在一个桥梁，通过此桥梁，Leo 六世所颁布的制定法能够同优士丁尼所颁布的制定法一样到达我们这里。更为似是而非的是以下观点，此观点将制定法效力（Gesetzskraft）限制于优士丁尼法被修复过的部分之上，甚至可能只限于其中的一部分之上，或者认为这个问题至少是有疑问的。⑨ 他们是这样理解的，即受限制的有效性以注释版本的绝对使用为基础，但如果此种版本已经不再被使用，并且被更为完整的版本（例如，Gothofred 的版本）所取代，那么后一种版本的全部内容应被认为是所继受的内容。但是事实上，其中的关联并非如此实质性和偶然；毋宁说，继受在特定范围内被承认和确定，这大大早于人们考虑到印刷版本甚至这些版本之间的不同。当然，人们可以认为，同早期一样的继受能力和继受权限持续到 16 世纪仍然存在，此时大部分修复已经发生。但继受是不能被隐藏的事实，它不会在没有重要根据的情形下发生。在实际

---

⑦ Lauterbach proleg.，§ V.，Num. 6. 7. Eckhard hermeneut.，§ 282. Brunnquell hist.，j. Ⅱ. 9，§ 22. Zepernick hinter Beck de novellis Leonis, Hal. 1779.，p. 552 sq. Glück，Ⅰ，§ 53. 56. Weber, Versuche über das Civilrecht, S. 47 – 49.

⑧ Beck de novellis Leonis ed. Zepernick Halae 1779.

⑨ Beck Ⅰ. c. § 48. Mühlenbruch Ⅰ. § 18. Dabelow, Handbuch des Pandectenrechts, Th. Ⅰ.，Halle, 1816，§ 50. Dabelow 表达了以下观点。根据早期的使用，所有未被注释的部分都是没有效力的；根据新时期的使用，在此时期注释版本已经消失，因此，虽然未被注释的新律仍然没有效力，但未被注释的其他部分现在具有效力（S. 199. 200.）。与之相反，现在"所谓的修正法（leges restitutae）不具有实践可适用性"（S. 201），这样早期的使用和新时期的使用就无法区分。因此，他持有一种区分未被注释部分和已被修复部分的独特观点。但是事实上，这两者之间的区分如同学说汇纂（Digesten）和潘德克顿（Pandekten）之间的区分一样。

第三章 当代罗马法的渊源

的继受中，无疑并不缺乏这种根据；例如，如果当时《学说汇纂》仍然是不完整的，并且 Infortiatum（基本法）*在 16 世纪才被发现，那么仍很难缺乏对它的继受。但是，在当时被修复过的篇章以及个别制定法中，部分是含义不明或者完全应受指摘的，这就完全缺少这种继受的动机，因此在整体上继受它们的公共一致意见就不会存在。因此，也就只存在以下问题，即这种个别篇章是否因为其出色的内容而可能被特别继受。这一点尤其适用于 L. 4 C. de in jus vocando（传唤受审）**（被 Cujacius 修复）这个篇章，根据此篇章，未决诉讼（Litispendenz）中的义务违反可能会导致罚金；此篇章在一个帝国法院的认识中被特别引用，并作为一个刑罚威胁的基础。⑩但是如果这个认识并非出于单纯的疏忽，即

72

73

---

* Infortiatum，指优士丁尼《学说汇纂》三部分中的第二部分（其余两部分在中世纪分别被称为 Digestum vetus 和 Digestum novum），即从第 24 卷第 3 题至第 38 卷。这一部分之所以被称为 Infortiatum（基本法），存在两种说法：一种说法认为，这是因为此部分处于《学说汇纂》的中间位置，它被其他部分所支持和巩固；另外一种说法认为，这是因为此部分规定了最为重要和最常用的事项。——译者注

** 传唤受审，即原告向被告发出口头通知，要求其与自己一起向执法官出庭，以便进行诉讼，如果被告拒绝出庭，则原告有权在见证人的协助下采用武力强迫被告出庭。罗马法对于传唤受审规定了一些限制，即对于特定人（例如庇主和庇主的子女），如果不事先获得大法官的准许，则原告不得对他们进行传唤受审，否则原告会被处以罚金。——译者注

⑩ 这样一个命令由帝国高等法院（Reichskammergericht）发布于 1650 年 12 月 23 日，相关案件为 Waldeck v. Paderborn und consortes，其涉及 Piermont 伯爵领地。它被完全记载于 Er. Mauritius de judicio aulico §14（Kilon. 1666 以及 Dissert. et opusc. Argent. 1724. 4. p. 337.）。这里所涉及篇章的内容为："阁下以及你们，由于你们的不服从和上述义务违反行为，我们要认定和宣布你应受到的刑罚判决，其根据是 Poen. l. ult. § ult. C. de in jus voc.。"——许多作者对此事项作出了以下理解，即这种认识大量地出现在帝国法院，例如，Andler jurisprud. qua publ. qua private Solisbaci 1672. 4. p. 434. Pütter de praeventione §19. 90. 135. 但如果人们寻根究底，那么就会发现除了这里所引用的 1650 年的篇章之外，对此不存在任何其他的判例。

使是帝国法院也不能免于此种疏忽⑪，那么对此可能做出以下解释，即帝国法院希望存在这样一个规定，它能够借此规定而更为严格地控制对它最高审判权的尊重；此规定并不会因此而转变为德意志程序的一般规定。法耳次地区（Pfälzischen）高等上诉法院的权威被完全错误地进行了引用，认为此法院以（被修复的）L. 12 C. de aedificiis privatis 这个篇章作为一个裁决的基础，因为此裁决的理由事实上明确地否定了上述篇章的制定法效力。⑫ 如果对被继受的法所确立的上述限制现在并没有根据这些理由而被废除，那么与之相反，对被修复篇章进行的科学运用（这可能会对实践法的形成间接产生影响）则不能被否定；对涉及已被废弃

---

⑪ 人们可能会根据以下方式对待这种疏忽，对于这种方式，Uffenbach de consilio aulico C. 12. p. 155 做出了解释："有时课以刑罚增加引用了 L. ult. C. de in j. voc. 这个篇章，……但是迄今只有很少的人注意到，l. ult. 之规定并非原本，而是经由了 Cujacius 的修复，因此是似是而非的，且由此而无法排除困难安全地获知原本，但这并未妨碍 Du. ab Andler 通常确认 L. ult 之规定。"（additur interdum citatio ad videndum se incidisse in poenam L. ult. C. de in j. voc. …Et quamvis quod pauci hactenus observarunt, praedicta L. ult. non authentica sed a Cujacio restitute, consequenter spuria sit, et hinc adeo secure cum illa neutiquam navigari videatur, hoc tamen non obstante Du. ab Andler quotidianam praedictae L. ult. praxin confirmat.）；对此唯一的证据是前面所引用的 1650 年的命令。——现在人们可能会非常同意 Dabelow 的观点（Dabelow, Handbuch des Pandectenrechts, Th. Ⅰ., Halle, 1816, §50.），即更为完整版本的广泛使用很容易导致这种疏忽，而此疏忽在早期根本不可能发生；但是，通过这种方式，真正和普遍的法庭惯例甚至共同法就不会产生。

⑫ J. W. Textor decisiones electorales Palatinae Francof. 1693. 4. Decisio XX. 原告诚然以上述修正法（lex restituta）作为依据（p. 78），但是法庭却非常明确地主张（p. 81. 82.），此种修正法以及任何其他修正法都完全不具有效力，只要在它们之中所包含的规定没有通过特别的习惯法而被继受。后面这一点最多可能涉及帝国高等法院在 Waldeck v. Paderborn 这个案件中的判决（第 72 页注）。——完全难以理解的是，Beck de novellis Leonis §48 是如何引用了法耳次地区的判决，并在此对 L. 12 C. cit. 这个篇章认为："但是，Palatino 高等上诉法院已准备将其作为决定理由……J. W. Textor 这样指出。"（excitatam tamen pariter ad causae definitionem in supremo appellationis judicio Palatino…docet J. W. Textor）任何人都必然这样理解这些文辞，即法庭本应将制定法作为其决定的基础，但它却采纳了相反的观点。

的法律制度（例如奴隶制）的篇章和优士丁尼之前的法律渊源的科学运用也同样是毋庸置疑的。只是此种科学运用因为其内容的本质而具有更大的限制，并且更为不重要。Gajus 和 Ulpian 在许多事项上给予了我们启示，否则这些事项在学说汇纂中对于我们而言就仍然是晦暗不明的；与之相反，上述被修复的篇章仅仅是具体的改变性的法，它们对于其他的法并不具有新的启示意义，在它们之中，最为重要的问题在于，它们应不应当被直接应用。例如，在 L. 22 C. de fide instrum. 这个篇章之中，问题在于，诉讼当事人是否有权要求第三人向他交付证明文件；在关于超过双倍本金的利息计算这个事项的 Nov. 121. 138. 这个篇章中，情形同样如此。独立于这些制定法而有效的较早的法并没有因为它们而更为清晰。与之相反，可能存在以下情形，即关于一个法问题存在相互冲突的学说汇纂篇章，并且一个未被注释过的优士丁尼新律对此问题表明了自己的观点。即使此新律不具有制定法的效力，但其所享有的至为重要的权威性这种效力却不能被否认，因此实践性的著作者有正当理由考察未被注释的新律。[13]

如果存在以下个别的判决，在此判决中，优士丁尼法的被修复的部分被作为制定法而被直接应用，那么非常明显的是，通过如此罕见和偶然的决定，这里所确立的原则既不会被废除，也不会因此而不可靠，因为此原则的真实性在一般意义上始终被所有年代的理论者和实践者所承认。

除了罗马法之外，在这里被作为制定法而予以考虑的还有教会

---

[13] 属于此的包括未被注释的 Nov. 162，见下文 §164.——这里所承认的对优士丁尼之前和之后的法律渊源的单纯科学运用可以根据两个完全适当的类比而被解释。在共同法邦国中，对于古德意志的法律渊源而言，此种运用方式必然会被主张；在实施新法典的邦国（普鲁士、奥地利和法国）中，对于罗马法而言，此种运用方式也同样必然会被主张。

法，只要它继续和修正了罗马法律制度。因为，此种教会法如同罗马法一样也取得了欧洲的普遍承认。但是，这种承认只能确定地对以下汇编予以主张：《格拉提安教令辑要》（Gratians Decret）*、《格里高利九世教令集》（Decretalen Gregors Ⅸ）**、《卜尼法八世教令集》（Sextus）***、《克里门特五世教令集》（Clementinen）****。[⑭]

最后，如果人们将当代罗马法理解为德意志帝国的共同法这个特别的形式，那么帝国制定法也属于在此可适用的制定法，只要罗马私法制度通过此种帝国制定法而被修正。但是，在其范围内而言，这些修正的重要性比以教会法为根据的修正的重要性还要远远不及。

---

* 《格拉提安教令辑要》，于1139—1142年由博洛尼亚大学的修道士格拉提安（Gratian）所编撰，共分为三部分：第一部分论述法律的来源和神职人员的特性，第二部分列举和分析各种违反教会法的案例，第三部分论圣事的性质。它先把各种违反教会法的情形分类编排，再就每一案件援引圣经、教皇敕令和宗教会议决议进行分析，最后得出结论。因此，本著作实际上是一部法律汇编和法理诠释的整理。——译者注

** 《格里高利九世教令集》，由教皇格里高利九世（Gregory IX，1227—1241年在位）于1234年颁布，西班牙多米尼克修士、博洛尼亚大学法学教授佩纳弗特的雷蒙德（Raymundus de Penafort）主持编撰工作。雷蒙德从1187—1226年的《教令集五编》（Quinque compilationes antiquae）中的2139条教规中抽取1756条，删去了已经被废除或重复的教规，根据需要适当增减其他内容，包括历次宗教会议的法令和教父作品，并加上了195条格里高利九世的教令。本教令集共分五编：第一编规定了教会法院及其管辖权，第二编是诉讼程序，第三编是教士的义务和特权，第四编是婚姻，第五编是对犯罪的惩罚。——译者注

*** 《卜尼法八世教令集》，由教皇卜尼法八世（Boniface Ⅷ，1295—1303年在位）于1298年颁布，本教令集包含了格里高利九世之后的教令和他自己的教令，作为对五编制的《格里高利九世教令集》补充，故称之为《第六书》（Liber Sextus），它也分为五编。——译者注

**** 《克里门特五世教令集》，由教皇克里门特五世（Clement Ⅴ，1305—1334年在位）于1317年颁布。——译者注

⑭ Eichhorn, Kirchenrecht, I, S. 349—360. 此外，有争论是对两部大型汇编的继受；但对这里仅仅涉及的这个问题而言，即对罗马私法的修正，这一点并不重要，这样，这个争议问题对于我们的目标而言是无关紧要的。

第十八节　B. 习惯法

此外，还需要指明的是，上文在一般意义上阐述的民族法或者习惯法（§7.12.）在当代罗马法渊源中占据何种位置。

当优士丁尼执政时，原始意义上的罗马民族法这种形式早已经不再可见。其最为重要的部分在共和国时期就已经转变为民众决议（Volksschlüsse）或者告示（Edicte），在它们之外作为纯粹的习惯法而仍然存在的东西已被法学文献纳入其中，以至于这些东西仅仅是作为科学法而出现。在这些文献消失之后，新的法形成所必需的生机勃勃的国族力量几乎完全缺乏；当外在需求推动此种法形成时，为了赋予新的法律制度以明确形式，所需要的几乎总是皇帝立法。① 因此很难想象，在优士丁尼法典籍之外，纯粹的习惯法还能作为共同的罗马法而继续存在，因为所有之前以习惯法这种方式而产生的重要制度都已经绝对在学说汇纂和法典中找到了位置。与之相反，许多特别习惯法在这种一般立法之外可能仍然存在，但我们无法确定甚至猜测其范围和重要性。——在优士丁尼的后继者那里，相同关系必然继续存在于类似的条件之中，优士丁尼立法是这种方式的最后巨大努力，在他之后，法形成的力量逐渐消失。

完全不同的状况是，在革新的欧洲，罗马法进入了并非产生它的国族之中。此时，这些国族处于以下关系之中，即在此关系之中，一般习惯法的产生非常困难，尤其是以下这种习惯法，通过这种习惯法，外在于它的罗马法得到了完善和发展。尽管如

---

① 所谓的外来特有产（peculium adventitium）和婚姻赠与（donatio propter nuptias）可以作为例子对此予以阐明。【所谓婚姻赠与，即配偶间实行的赠与，这种赠与起初是绝对无效的，但优士丁尼法使此种赠与合法化。——译者注】

此，在此之外也出现了有利于此种一般习惯法的事实状况。通过外来法的采纳，人为的和复杂的法状况得以产生，这种法状况只能通过许多新的辅助性的法形成（neue vermittelnde Rechtsbildung）而得到调整。此种需求可以通过明智的、积极的立法而被满足，如果这一点根据上述国家的特性是可能的。如果这一点无法做到，那么这只能通过习惯法而被补救，此种习惯法的产生自然可以通过富有生机的、朝气蓬勃的国族力量而被促进。但这种需求产生的特别方式必然会使这种习惯法本身具有一种独特的特征。它并非在一定程度上如同其他民族法那样是整个国族的共同财富，而是在一开始就具有科学的性质，此种性质马上就要在下文进行详细阐述（§19）。

在这个新时代的起初，一般习惯法的最主要和最值得注意的作用正是罗马法继受本身，并且此继受是在上文已阐述过的明确范围之内（§17）。但在新欧洲的不同国族之中，此继受具有不同的含义，这样，由此产生的法状况的革新必然是在非常不同的程度上而被感受到。在意大利，优士丁尼法从未消失；因此，在这里属于新事物的部分是其复兴，部分是现在对其所承认的明确的特别限制。在法国，虽然罗马法也未消失，但它在优士丁尼立法中所采取的特别形式在此却已经是全新的。在德意志，上述继受必然更为明显，罗马法本身是由全新的、在此之前未被认识到的法组成；无疑，此种法组成对新产生的生活关系而言是适当的，它也只能因为这个原因才能进入德意志。恰恰在此处，在明确的继受之前存在长期的激烈斗争，由此，习惯法的这种作用既得到了酝酿，也得到了证实。——但是，不仅是罗马法的采纳本身必然要作为习惯法的明确影响而应引起我们的注意，我们同样甚至更要注意的是此种采纳的特定明确方式和限制（§17），因为从中可以得出，此种采纳具有清晰的意识，而不应被视为未经思考的偶然事件的产物。因此，这种以特定明确方式发生的采纳不应被视为即刻完成和一蹴而就的，而首先是部分发生并逐渐发展完成的。这一点尤其适用于以下实质性的限制，通过这些限制，罗马法内容的重要部分被排除于继受之外。——在一般习惯法的这个重要现象之中，此现象同样（尽管不是同时）出现于许多国家之中，整个新时代的独特性质同时得以表现出来。这些国家在整体上采纳了以下这种法，即此法并非产生于这些国家之中，而是产生于一个外来民族之中，这些国家中的一些国家与此外来民族甚至并不具有同源关系。在此表明了，新的国族并非在一定程度上如同早期国族一样具有一种封闭的国族性（Nationalität），毋宁说，共同的基督教信仰把一条看不见的纽带缠绕于所有这些新国族周围，同时并没有消灭这些新国族各自的特殊性。② 在这里存在着新时代的伟大发展进程，我们还无法看到其最终的目标。

在新时代，除了这些一般的习惯法之外，还始终存在着特别的习惯法，此种习惯法在较为狭窄的范围内产生，且其产生的困难较少，如同之前在罗马国中一样。它可以在较为狭窄的范围内通过真正的共同法意识而产生，也即以一种纯粹依据民族的（volksmäßig）方式而产生，而并没有首先通过科学进行预备和促成。在这种特别习惯法之中，特别是原有的关于土地的德意志法律关系（采邑［Lehen］、贵族祖传财产［Stammgüter］、农民地产［Bauergüter］）以及与此相关联的继承法，以一种最为广泛的方式而得以保留和发展；这些关系确定要超越个人生存的年限而延伸下去，并且常常在大量情形中与长期相同的惯例和活动相连接。在城市中，我们也

---

② Savigny, Geschichte des R. R. im Mittelalter, B. 3, §33.

能以同样的方式发现，商人和手工业者中的职业关系共同体常常促使特别习惯法的产生，此种习惯法甚至会特别对继承权（通过多种形式的共同财产制［Gütergemeinschaft］）进行修正；但是除此之外，在这里仍存有罗马法应用的自由空间。另一方面，特别习惯法对已出现于罗马法之中的法律制度的影响要有限得多，在这些法律制度中，仅有很少的法律制度通过日复一日相同的需求以习惯法的方式而获得了新的规定，例如，涉及房屋邻人的建筑权（Baurecht im verhältniß zu den Hausnachbaren）、房屋租赁权（Recht der Miethwohnungen）和家仆关系（Dienstbotenverhältniß）。因此，特别习惯法对于原有的德意志法始终非常重要，但对于罗马法的发展却不那么重要。③

一般习惯法和特别习惯法这两种习惯法不仅在过往被承认为制定法之外的当代罗马法的一种渊源，在将来也同样会对当代罗马法进行发展。

在这种特别的应用中，我们必须赋予习惯法以一种性质，此种性质在上文中被认为是习惯法在一般意义上有效具备的。因此，习惯法同样根据共同信念（Gemeinschaftlichkeit der Überzeugung）而产生，而非根据个人意志而产生，个人的思想和行为仅仅被视为上述共同信念的标志。这样，被我们特别称之为习惯（Gewohnheit）的惯习（Sitte）和实践（Übung）根据其实质是我们认识的手段，而不是上述法本身的产生根据。最后，如果我们考察习惯法在其与制定法关系中的效力，那么我们必须认为这两种法律渊源完全相同。因此，通过较新的习惯法，制定

---

③ 对于这种对立的实质内容的非常优秀的评论，参见 Götze, Provinzialrecht der Altmark. Motive，I，S. 11-13.。

法不仅可能得到完善和修改,而且可能失去效力(§13),并且以下两种情形并没有任何区别,即习惯法可能仅仅使制定法失效,或者再次使一个新产生的规则代替制定法。④

---

④ 这种非常抽象的规定的含义和重要性在下文(§28以下)中才首先根据现代著作者的对立观点而被清晰化。在那里,我会对真正习惯法的条件进行更为详细精确的界定,实际上,此处本可以进行此种界定,但是,由于非常流行的当代法学者的错误,此处并不适于在与这些错误的关联和对立中批判性地确定习惯法的真正条件。

第十九节　C. 科学法

在古罗马，人们想到法学之前很久，民族法就在与立法的早期结合中产生了极为重要和独特的法形成（Rechtsbildung）。但当科学生命产生于国族之中时，它就自然地应用于法，在此之中，它已经发现了如同真正的国族素材一样有价值的素材。同时，现在已经形成的法学家阶层在很大程度上是民族法的承担者（Träger），民族法的最初形式的创造力量更少地呈现出来。因此，虽然法学是产生于国族之中的一般科学生命的一个分支，但它确实拥有完全独特的发展过程。法学比其他科学更为缓慢地达到科学在罗马人那里所具有的成熟程度，并且在科学和艺术已经在一般意义上明显处于衰落之时，法学才达到其发展的顶峰。但这种发展阶段的不一致带给法学很大的好处，因为法学更为缓慢发展的同时会更为细致彻底和更为独特，它对其他国族和之后时代的不朽影响由此得到了保证，这一点是罗马人在其他科学领域中所没有达到的。法学的产生是国族的一般科学推动力的结果，它的发展是自然的，没有被其他外来和偶然的影响所干扰，由此，罗马人在其法律史领域要比其他国族更为优秀。——罗马法学家是如何影响到法发展（而不仅仅是法认识）的，我们对此很难获得一个正确的观念，因为我们很自然地会将我们时代的直观经验觉察不到地带入上述完全不同的时代之中。在罗马人那里，由于法学家职业的自由活跃实践，由于法学家的适度数量，很大程度上也由于法学家的出身阶层，法学家享有非常卓越的地位。他们大多共同生活于主要城市之中，与裁判官和之后的皇帝非常邻近，因此不可避免会对裁判官和皇帝产生影响。最为自然的是，这个阶层的共同观点在很大程度上确定了法的发展，任何个体法学家,尤其是其中精神出色的法学家,都值得注意地参与到此种不可见的力量之中。在我们这里,法学家指的是任何研习法学的人,他们的目的是作为法官、法律顾问、著作者或教师而实践法学,因此其目的几乎总是将其与一个能有所获利的终生职业联系在一起。这些法学家的数量很多,他们遍布于整个德意志,并且构成了一个极度混杂的团体,在这个团体中,内在价值的层次非常不同。在这里很自然的是,其所发挥的影响要不确定和普通得多,并且,一种独特的文化形成方式(Bildungsweise)或者观点如何在此处或彼处对于立法产生影响,或者据此对法发展产生影响,这一点在共同观点取得明确的承认之前需要更长的时间,并且必然要更多地依赖于偶然事件。

在中世纪,罗马法被大部分欧洲邦国所采纳,但我们中世纪的情势与古罗马的情势完全不同。这种罗马法的采纳产生了一种人为的法状况(§18),其困难只能通过一种较高程度的法知识而被克服,此种法知识的程度比在国族的共同精神财富中可以想象的程度要更高。因为此种需求,法律学校和法学文献产生出来,此产生并非通过民族的一般文化发展阶段而被引发。① 如同在古罗马一样,法学在这里同样具有独特的、与一般文化发展时期不一致的发展时期,只是在这里其顺序是相反的。因为,在罗马,法学的全盛时期出现得要比其他科学晚,而在中世纪,较之民族的一般科学生命,法学觉醒得要早得多。法学因此长时期处于一种孤立状态之中,这大大增加了其存在的困难性,使得它在许多方面不可能完全发展。注释法学家据此而不得不对其所付出的巨大努力而使他们的工作具有一种重要性和有价值性,并且此种工作在如此困难的状况下所取得的卓越成果现在仍然值得我们

---

① Savigny, Geschichte des R. R. im Mittelalter, B. 3, §32.

钦佩。②

  在这种状况中，只要民族法不自我限缩于狭窄的范围之内，它从一开始就与科学法一致，以致在科学法以外没有什么是有效的，民族的实践需求只有在科学中才能得到表达和满足（§18）。由此，法学本身取得了一种独特性，并且与以下这种状况相适应，即在法学者的工作中，理论和实践内在联系在一起，且实践的反作用并非罕见地有助于防止理论完全败落。③——在之后的数个世纪中，法学经历了一些不同的发展阶段，并享有了变化的命运。但它和法产生本身的一般关系仍然与上文对中世纪时代所描述的相同。

  但是，自从采纳罗马法以来指向相同的精神活动成果具有非常巨大的范围，且其种类多种多样，以致需要对以下问题进行特别的研究，即这些成果在何种意义上可被认为是法律渊源，并且我们应如何对待它们。基于此目的，我们可将所有呈现于我们面前的法学者的工作分为两大部分，理论性的和实践性的。但是这两种表述之间的对立常常在非常不同的方面上被理解，因此需要对它们进行更为准确的界定。

  在这里，我将任何纯粹科学的研究称为理论性的工作，它指向的可能是渊源文本的确定，或者渊源文本的阐明，或者是对它们进行法体系结果的预先处理，或者是此种体系的内在实现。由此并不产生新的法，而只是赋予现存法以更为纯粹的认识，在这一点上，此项工作首先不能被列入法律渊源之中。尽管如此，此项工作作为巨大的权威而享有一种类似的性质。因为，虽然对于每个想要独立检验此项工作的人而言，决定的自由并不会被限

---

② Savigny, a. a. O., B. 5, S. 215.
③ Savigny, a. a. O., B. 6, S. 20.

制，而非常多的著作者仍可能会一致同意一个新建立的观点，但还始终存在着数量巨大且非常值得尊重的法律公职人员们，他们并不适于在细致的预先教育之情况下将自己独立的批判应用于新的观点之上并由此取得自我确信。对于这些公职人员们而言，绝对遵循上述权威就不仅是自然的，甚至是值得称赞和值得追求的。因此，在这里推荐此种处理方式，就不是基于方便这种利益，而是基于法本身的安定性这种利益。因为，如果一个法官在不可能进行全面研究的情况下仍试图在任何具体的法问题上形成自己的判断，而此判断由于其产生的片面性而取得了非常偶然和可疑的成果，那么法本身的安定性就不可能被取得。尤其是，这个原则单独可以防止以下危险，即法官被某一新理论的表面现象所匆匆吸引，从而对于司法造成极大的不利。[④] 如果在某一时刻，一个特别博学之士成为法官，那么他的以下这种权利应当不能被否认，即他可将其具有良好根据的并经过检验的确信有效应用于司法之中。——何时才能承认此种真正的良善权威的存在，这无疑并不能通过外在的形式化规则而被确定。对此表示一致同意的著作者的数量不能作为依据，对持续争议问题的表决的计数更不能作为依据。最为重要的毋宁是，享有审慎和细致研究之声誉的法学者对此观点表示一致同意，在这些法学者之中，没有人能够持续提出显然非常重要的、有根据的反对意见。如果一个新观点在一段时间内是公共检验的对象，尽管没有人能够对此确定一个明确的年限，此时这个新观点才自然能够被采纳。因此，理论工作本身在这个相对的意义上才能被列入法律渊源之中，因为此工作在上述条件之下必然会被赋予真正具有充分根据的支配性。在

---

④ 关于权威在司法中的价值和本质，请参见以下这篇优秀的小文章，Möser, patriotische Phantasieen，Ⅰ, N. 22.。

90 　这里，两种程度的过失（Culpa）这个理论可以作为一个例子，这个理论在我们当今已经获得了普遍的承认，如同三种程度的过失理论在之前很长一段时间内都被认为是真实的一样。但根据这里所描述的权威的性质，此理论从没有被视为结论性的、不可变更的理论，因为将来更为深入的研究会再一次改变现在所采纳的观点，之后它自然会享有与之前所承认的观点迄今所享有的权利相同的权利。

第二十节 科学法（续）

与之相反，我在这里将任何以下这种研究称为实践性的工作，此种研究并不仅仅限于渊源的内容，而同时注重此渊源内容与此内容能在其中发挥影响的生机勃勃的法状况之间的关系，因此也就注重当今时代的状况和需求。此种研究具有何种外在推动——所取得结论的获知是通过理论和著作而得以实现，抑或通过对出现的法争议进行裁决的需求而得以实现，这一点可被视为是无关紧要和次要的。因此，此种研究在以上这两种情形中都是习惯法的组成部分，同时也是科学法的一部分，因为在博学的特别是学院性（collegialisch gebildeten）的法院之中，每一个裁决都具有科学的性质（§14）。因此在这里表明了习惯法和科学法之间的本质同一性，这种同一性在上文中被认为是近来世纪的独特性。因此，我所说的此种意义上的实践性工作不仅包括具有此种特定指向的教义性著作，也同样包括对决议（Consilien）、解答（Responsen）或裁决的汇集，后者可能由个体的法学者完成，或者由法律团体完成，例如法学家委员会（Juristenfacultät）或者高等法院。但在著作者的实践性工作和理论性工作这种对立之中，绝没有意味着，任何具体的作品必然排他地属于这两种工作的一种。非常多的作品同时具有理论性特征和实践性特征，大多数情况下会有所侧重，但也同样可能会对这两个领域同等注重。

如同在上文所述的理论性工作中一样，在实践性工作中也会产生以下问题，即我们何时才必须承认有效之物和真正之物，以便以更为确定的方式将其与无效之物和虚假之物区分开。这个问题在这里极其重要，因此需要更为精确的阐述。

如果人们将一个争议提交给一个法律外行做出裁决，那么这个外行在大多数情形下会根据一个混乱的整体印象而做出裁决，不过他仍有可能坚信自己的观点是一种健全的理解且明确无误。但是，同样外行的第二个人会做出同样的裁决抑或相反的裁决，这是非常偶然的。科学则应当详细处理和分析裁决的法律关系和规则，以便据此将上述混乱转变为清晰，同时消除产生于上述混乱的裁决的不确定性和偶然性。罗马法学家的非常卓越的技能在这一点上得以表现出来，非常明确的术语尤其是具体诉讼的准确描述无疑会对他们提供帮助；但是，如果认为应将这个优点评价为偶然的，那么这种观点就是错误的，因为此优点毋宁是通过内在于国族之中的法形成动力而得以产生。我们不具备这个优点，同时我们也缺少完全本土化的随着国族而成长的这种更为重要的法；但我们的任务以及解决任务的可能性也同样出现于我们面前。如果我们公正地考察以下这种法的范围，这种法从之前的时代那里流传给我们，它们是实践法，与罗马法并不一致，但却是罗马法律制度的改造，那么我们就能够在这种实践法之中区分开两种完全不同的组成。其中一种组成具有健全的性质，以新的需求为根据，它自然产生于状况的改变，另外还产生于法院本质的极大变化，还部分产生于因为基督教而被极大改变的伦理生活观；根据刚刚阐述过的观点，对于此种组成，我们必须赋予其一种根据科学途径而被承认的习惯法所具有的效力和现实性。以下这一点无关紧要，即较早期的法学家试图错误地从罗马法中推导出这些规定。这种错误并不会削弱这些规定本身的真实性；只是我们不能用以下观点欺骗自己，即错误的推导在这里仅仅是单纯的形式。上述这些法学家极其真诚，并且我们必须在此种情形中将对真正罗马法的研究视为我们任务的重要组成部分，这并非是为了维护罗马法，而是为了确定革新的真正范围。——与之相反，另外一种组成仅仅产生于上文所提及的无原则的混乱，也即产生于有瑕疵的科学；我们必须将这种组成作为一种错误而予以揭示和遏制，而不要试图使它保持一种长时间的、不受妨碍的占有状态；我们更要在很大程度上指出它内在的矛盾，也即基本的逻辑错误。具有此种性质的法只徒具实践法的表象；它是糟糕的理论，必须要随时让位于更好的理论。① 这两种组成的一种批判性的分离迄今并没有被尝试做出，因为人们大多局限于以下做法，即通过任意选择而对于个别实践者的陈述进行引用，从而支持或反对某一法规定的当代效力。事先对于上述分离确定一个一般规则，这是不可能的；毋宁说，此项工作必须以个别作为出发点，在此期间可以提出以下疑问，即个别的批判到什么程度才能被总结为一般的观察角度。因此，此种对于实践的细致批判性审查就成为本著作的一个主要任务；此任务的巨大困难是这个或许非常不完备的解决方案的一个申辩理由。从另一方面来看，此任务可以被如此表述：在罗马法中，将已经枯萎的内容与仍然继续存在并在很大程度上将始终存在的内容分离开来。——解决此任务的主要条件是纯粹的、公正的寻求真理的意识。以下这种人对此是不合适的，即这种人因为偏爱罗马法而仅仅力图在各个领域都恢复罗马法的纯粹性；还有一种人也同样不适合，即这种人对新的实践具有一种幻觉，并认为其具有一种彻底的独立性，而其创立者却从未想到这一点。这两种人的错误观点都是应当被反驳的：第一种人的错误在于，他将历史中已逐渐消亡的部分作为有活力的部分；第二种人的错误在于，他将自己的幻想作为现实。

我将其作为健全部分而予以描述的那种实践法组成所具有的重要性，与上文中所认为的理论工作所具有的重要性完全不同。

---

① 此种情形的一个说明性的例子是简易诉讼（Summariissimum），它在当代实践中并非罕见。Vgl. Savigny, Recht des Besitzes, §5, der sechsten Ausgabe.

它不仅是作为对所出现的权威的一种尊重而生效,而且它事实上还包含了新形成的法。尽管如此,我们不能认为它是独立的、不容变更的存在。通过以下这种理论性审查,即在此种审查中,实践法的此种规定被证明与符合渊源的法并不一致,此组成的效力并不会被剥夺,因为它作为真正的习惯法取得了一种独立的存在。但不应怀疑的是,通过与其产生方式相同的方式,它会再次丧失其效力。

人们常常还以完全不同的方式来解释实践法的影响,因为人们认为,通过一个法院的较多次类似的观点,此法院就一定要使它所遵循的规则在将来也保持不变。② 在此事项之上的真实观点是,在此种情形中,法院为自己塑造了一个权威,较之在轻率的变动不居之中再次被放弃,此权威更为有价值和有益从而应被尊重;因此,它如同任何习惯一样,再次以已被注意到的延续性法则为依据(§12 注 1)。与之相反,如果多次重复的严肃审查提供了迄今未被考虑的新理由,那么放弃之前所遵循的规则不应被指责;尤其是,完全任意地采纳一个如此产生的不可变更的规则,不存在任何理由因为上述采纳而排除此种放弃。——高等法院的裁决对隶属于它的法院的影响则具有某些不同的性质。因为,在此发挥作用的不仅仅是对有资格权威的尊重,而且还有高等法院所享有的权力,即通过变更性的裁决而使得其确信观点生效。下级法院应服从这种不一致的观点,此时,它并非屈服于外在的权力,毋宁说,起作用的是法院等级或审级所具有的意义和良善意图。

在这个整体研究中,一些术语有意被回避使用,这些术语的

---

② Thibaut,§16,以及许多早期著作者。——对此进行了非常好的论述的是,Puchta, Gewohnheitsrecht, II, S. 111.。

高度不确定和游离不定的使用大大导致了此领域之中支配性的概念混淆。现在，简要地说明这些术语在现代著作者那里的不同含义以及它们与这里所确立的概念谱系之间的关系，这就已经足够了。

属于这些术语的首先是"法院惯例"（Gerichtsgebrauch）这个表述。在此术语之下，人们所理解的有时是通过裁决而被表达的真正习惯法，有时是同一个法院的类似观点，这些观点据称对未来具有约束力。如果仅将这个表述以及"实践"（Praxis）这个表述运用于第一种情形，也就是真正的习惯法，只要它能够根据裁决而被认识到，那么这是合适的。——但此外，应特别防止对此表述的一个很常见的并且有害的误用。许多人都是如此误用这个表述，如果他们证实了在具体的裁决中存在对法规定的承认，那么他们就想要把实践作为此法规定的根据。但是，如果法官和著作者臣服于错误之下，那么此裁决就也可能产生于对法的单纯无知。因此在法官和著作者之中，一个更为普遍的一致观点毋宁是必要的，此一致观点可通过多个不同的裁决而被完全排除。③

此外，属于这些术语的还有"惯例"（Observanz）或"习俗"（Herkommen）等表述，此种表述的运用要比上一个表述的运用还要游离不定得多。此表述有时被限制于国家法之上，由此它在这里指代的是在私法中被称为习惯（Gewohnheit）的事物。④在私法中，它常常是在与习惯法完全相同的含义上被使用，因

---

③ 关于著作者的一致观点，参见§19，关于裁决对于建立习惯法的并非无条件的有用性，参见§29，第173页。——因此，人们必须对于以下常使用的表达形式保持怀疑，即"审判实践证明"（Praxin testantur）等。

④ Pütter inst. jur. publ. §44.

此，此术语并非必须，最好应回避使用。⑤ 这个语词最为确定的使用可能是对习惯法的指代，但它指代的仅仅是有限的一类人的特别习惯法，例如，一个特定阶层或者社团成员们的特别习惯法。⑥ 如果在此表述之下，所指代的是默示的、通过行为而表达的、以社团所享有的自治权为根据的社团条例（Statut），那么这仅仅是上述含义的一个变更。⑦ 与之相反，如果"惯例"（Observanz）这个语词指代的是社团成员之间的默示契约，那么这就是对此语词的上述最为确定的含义的一个彻底变革。⑧ 在此，最好的方式同样是完全避免模糊的表达，而只使用"契约"这个最确定的表达。如果人们更为细致地考察，那么人们就会发现，在大多数人使用"惯例"（Observanz）这个名称的情形中，所存在的仅仅是习惯法，而非契约，但是，人们在此情形中想到契约的诱

---

⑤ Hofacker, §127. Thibaut, §16.——在法律渊源的一些篇章中也同样如此。§7 J. de satisd. (4.11.)："所有的行省必须统一于……这一都城，同时应遵循其惯例。" (cum necesse est omnes provincias … regiam urbem ejusque observantiam sequi.)——L. 2 §24 de O. J. (1.2.)："古老的法律惯例。"（vetustissima juris observantia.）Clem. 2 de appell. (2.12.)："遵循古老、通常的法律惯例。"（antiquam et communem observantiam litigantium sequi.）——在其他篇章中，这个词被写作更为常见的 observatio，即"遵守或遵循规则"，因此，它与这里所论述的事项并无关联。更加没有关联的是这个词在古典著作者那里最为常见的含义，即"对个人的尊敬"，Cicero de invent. Ⅱ. 22. 53. 。

⑥ Eichhorn, Deutsches Privatrecht, §35. Mühlenbruch, §40.——因此，相对于地域特殊性的人的特殊性是这个概念的基础，这样，人们可能会提到贵族的惯例（einer Observanz des Adels）、某一类贵族的惯例或者教会全体成员的（eines Domkapitels）惯例或者同业公会的（einer Zunft）惯例等等，但不会提到一个行省或一个城市的惯例（Observanz）。

⑦ Eichhorn, Kirchenrecht, B. 2, S. 39—44.——Puchta, Gewohnheitsrecht, Ⅱ, S. 105. 他比其他人更精准地将"惯例"（Observanz）与其他类似概念区分开来，此处所述的情形（自治的运用）被单独有效作为真正的"惯例"。事实上，如果术语应用按照 Puchta 所阐述的方式被确定下来，那么这些概念之间的混淆就会得到最好的防止。

⑧ Meurer, Abhandlungen, Num. 6. Hofacker, §127. Thibaut, §16.——相反的观点请参见 Eichhorn, a. a. O., S. 41.

因是更深层次的。也即，存在很多法律关系，在这些法律关系中，对其的规定是通过习惯法还是毋宁仅通过各参与者的默示契约而实现，这在事实上是有疑问的。对这个疑问或者对这个对立本身不清晰的把握而言，人们通过运用上述游离不定的表达可以最为容易地摆脱它们。但是，弊端并不能据此而被消除，毋宁是无法消除了，因为对上述疑问的承认以及对此疑问的必不可少的决定被阻碍了。

最后，属于这些术语的还有"共同观点"（communis opinio）这个表达，此表达在早先的数世纪中常常被赋予了非同寻常的重要性。在此表达之下，人们会想到法律理论者的一致观点，通过此种观点，每个法律理论者都必然被视为是相互联系在一起的，由于这个结果的重要性，人们寻求通过形式规则确定一般性（Allgemeinheit）的概念和条件，如同 Valentinian 三世曾通过制定法所做的那样。⑨ 无疑，人们在此处于完全的任意这个领域之中，对这些规则的常常是非常奇怪的理解与其起源是非常一致的。共同观点的正确含义和其真正的效力在上文中已经被阐明了（§19）。另外，这个术语在现代已不再被提及。

---

⑨ Puchta, Gewohnheitsrecht, Ⅰ, S. 163.

第二十一节　并存的法律渊源

在迄今对当代罗马法渊源的描述之中，这些罗马法渊源被假定为单独存在和独立自足的。如果要纯粹和完整地理解这些罗马法渊源，那么这种观察方式是必要的。但是，在存在这些罗马法渊源的国家中，这些罗马法渊源事实上都并非享有如此个别化的存在。因此，还需要对罗马法渊源之外的其他渊源进行一个概述，这些渊源与罗马法源存在联系，并在生活本身中共同对法律关系进行支配。

首先，在继受罗马法时就已与罗马法并存的是本土法（einheimisches Recht）；因此，尤其在德意志，并存的就是最初的日耳曼法，在大多数其他国家——特别是法国——之中也同样如此。这两种不同种类的法在应用于生活中时所具有的关系在所有时代都是困难和复杂的，对其冲突的调和始终都是科学法——尤其是其实践部分（§20）——的最为重要的任务。

然后，与所继受的外族法并存的是继续发展的邦国立法（Landesgesetzgebung），这些邦国立法或者是通过刚刚提及的与日耳曼法之间的调和这种需求而被激发出来的，或者是在不考虑此种冲突的情形下通过最近的实践而被激发出来的（§20），这些实践在这种邦国立法中常常得到了承认和确定。因此，在德意志的一些地区中，所有的地方法（Territorialrecht）就都属于这种邦国立法，这些地方法或者是涉及整个地区，或者是涉及此地区的一些组成部分，其范围和重要性视各个邦国而非常不同。与此种地方法相对立的是上文（§2）所确立的共同法（des gemeinen Rechts）概念，共同法在各处相对于地方法而言都是一种补充性法，因此，只有在不存在地方法的不同规定的情形下，共同法才能被应用。此种关系自然甚至必然地产生于以下事实之中，即此种近代立法恰恰是通过现存法的发展这种需求而产生的，此种发展因此具有相当特别的目的。但是，如果对这种补充法的关系做出如下理解，即在实际生活中，争议关系的裁决通常通过地方法而得以确定，共同法只在很少的情形中被应用，那么这是不正确的。毋宁说，只要共同法这个概念被保留下来——无疑，在新法典被引入之处，共同法这个概念就被终止使用——共同法的实际应用就在各处都保持了很大的优势。

在欧洲的大部分地区，法律渊源在近代都通过新的本土法典（neue einheimische Gesetzbücher）而被进行了本质性的变革。在普鲁士和奥地利，涉及法状况本身的、仅仅是内在的原因对此提供了动力，而在法国，还存在特别的政治诱因参与其中，这些政治诱因部分是革命所导致的对如此多的法律关系的撼动，部分是从法律层面消除地域差异这种需求。在所有这些法典之处都有效的内在原因与在许多邦国之中推动了大量的具体制定法的原因是相同的：人们想要消除以下困难，这些困难部分产生于罗马法律制度和日耳曼法律制度之间的冲突，部分产生于不灵活的理论与最近一些世纪之中的常常是游移不定的实践（§19.20）。只有在法学通过深入的批判性研究预先消除了这些瑕疵的情形中，这个目标才能真正达到；但这个条件并不具备，法典的起草由此是在法学的相同瑕疵状态所具备的影响中而被进行的，而人们恰恰想要弥补这种瑕疵状态，因此，改善仅仅是外在的、偶然的和有限的，同时内在的和本质的瑕疵状态被固定下来，对未来而言，通过法学的内在力量所能进行的消除由此被阻碍，或者至少会变得非常困难。

这些法典与所有迄今的具体制定法之间的很大区别是法典的完备性和排他性。这些法典包含了无遗漏的、自成一体的法律体系。例如，尽管在普鲁士邦法之中，其目的根本不是改变现存法的内容，而是改善其形式，但是，在任何法理论所具有的有机形成力量之中（§14），确实存在以下事实，即人们有时会无意地超越之前所设立的目标，并达致以下结果，即此结果在最初的意图中并不存在，如果人们从一开始就能够注意到此结果，那么整个计划就可能会遭到怀疑。——通过这些法典所具备的排他性，立法者赋予了其邦国的实在法以全新的基础：就形式而言，它是新的，因为在其领域之中，罗马法的直接应用不会再被涉及；就其内容而言，它不是新的，因为植根于早期渊源中的概念和法规则也继续存在于新的法典之中。因此，对这些法典的细致省察只有通过以下途径才是可能的，即将其内容溯归至最初的起源，这样，对早期法律渊源的彻底研习并不会变得可有可无，尽管许多人常常会非常喜欢法学工作的此种减轻。

105　　在此同时存在以下根据，即本著作为何要选择当代罗马法作为立场（§1）。因为，从这个立场出发，不仅在早期渊源保持一种支配性地位的邦国之中，直接的应用是可能的，而且，在引入新法典的邦国之中，对于新法典的细致省察也是可能的，因此，这个立场最为有助于法律科学和与其相联系的法律实践的生机勃勃。

第二十二节　关于法律渊源整体的罗马法观点[①]

在描述了我们法律渊源的性质之后，还需要描述关于这个主题的罗马法观点以进行比照。只有在对这些观点进行分类编排之后，我们才能研究应赋予这些观点以何种意义。在教会法和帝国制定法之中，也有一些涉及此事项的内容，但是非常少，这样就有理由将其补充作为罗马法观点的附属。

对于法律渊源的列举出现于罗马法学家的许多篇章之中，但却没有一个确定的概念作为基础。它们所把握的毋宁仅仅是法外在现象的形式，而不涉及其内容的本质和来源，也不涉及其分类，而此分类只能产生于内容的相似或差异。在此，这些列举完全适合于其实践意义，具有对法官作出指示的性质，法官必须求助于这些列举以获得关于某个法问题的教导。成文法（jus scriptum）和不成文法（jus non scriptum）这种法的区分多次出现，此种区分非常适合于这种外在的把握方式[②]，对此种区分的采纳仅仅是字面上的，且罗马人本身对它也并没有赋予特别的重要

[①] Puchta, Gewohnheitsrecht, Buch. 1, Besonders Cap. 4. 5. 6.

[②] § 3.9.10. *J. de jure nat.* (1.2.), L.6 §1 *de J. et J.* (1.1.), L.2 § 5.12. *de orig jur.* (1.2.).——最为确定地排除了任何人为解释的篇章是，Cicero de partit. orat. C.37："但尤其属于法，即成文的法和由万民法或传统习俗保存下来的不成文法。"（sed propria legis et ea, quae scripta sunt, et ea quae sine litteris, aut gentium jure aut majorum more, retinentur.）

性。因此，成文法指代的是其产生与书面记载联系在一起的法。③近代的法律理论者认为不应满足于此种简单的词义，毋宁是将成文法解释为被立法者所公布的法，不成文法则是没有被公布的法，因此是习惯法，这两者都没有考虑书面的使用与否。④还有其他一些人认为这两种观点都是正确的，他们区别开了此种区分的法学含义和文法含义，人们可以对之随意使用。⑤

Gajus 对于法律渊源做出了如下分类：制定法（Lex）、平民会决议（Plebiscit）、元老院决议（Senatusconsult）、皇帝谕令（Kaiserconstitutionen）、告示（Edicte）、法学家解答（Responsa）。⑥ 优士丁尼的法学阶梯也同样如此，只是它还补充了在 Gajus 那里缺少的不成文法。⑦ Pomponius 首先做出了一个法产生的按年代顺序的梗概，之后对在此出现的产生根据做出了如下分类：制定法、法学家的权威学说（Prudentium interpretatio）、法

---

③ 因此，裁判官告示是成文法，即使此告示是以古老的习惯法作为基础，因为通过被采纳入告示之中，此习惯法以此种方式——也即，在其与实践的关系之中，人们可将其视为新产生的——得到了承认，变得确定化，或许也被进行了改变。法学家的解答（responsa）同样也是成文法，因为它通过书面撰写而取得了约束力。但习惯法的规定不会通过以下方式成为成文法，即法学著作者在其法体系中采纳了此规定并证明它是真实的。因为这仅仅是此法规定的科学获知，而与此规定的产生没有关系。——Vgl. Thibaut，§10.——Zimmern，Ⅰ，§14. 中的解释不仅是错误的，而是也是难以捉摸的，因此并不适合于此事项。

④ Hübner, Berichtigungen und Zusätze zu Höpfner, S. 152.

⑤ Glück，Ⅰ，§82. 在此，此事项得到了过分详细的论述，同时之前的著作者也得到了引用。——此种错误观点的诱因存在于 L. 35. 36. *de legibus* (1.3.) 之中，但这绝不能作为托辞。——此外，此错误观点中的真实之处在于以下这一点，即成文法可在固定的字词中被外部认知，由此其存在和内容较之习惯法获得了更大的确定性。只是立法者的权威在此并非必须，例如裁判官可通过其告示创设成文法，此时并不存在立法者。

⑥ Gajus，Ⅰ，§2-7.

⑦ §3-9 *J. de j. nat.* (1.2.).

律诉讼（legis actiones）*、平民会决议、告示、元老院决议和皇帝谕令。⑧最后，Papinian完全同意Gajus所作出的分类，只是他（Pomponius也同样如此）用更为一般化的"法学家的权威学说"（auctoritas Prudentium）取代了特别化的"解答"（Responsa）。⑨——因此，这些分类之间的区别首先在于具体组成的顺序；其次是，不成文法有时缺少，有时被采纳；再次是对法学家法的不同理解；最后是，只有Pomponius列入了法律诉讼。最后一个区别很容易通过以下事实而被理解，即Pomponius可能在法律史的一个梗概中适当地处理了一个事项，而此事项在关于生效法的著作中却并非适当。

法律渊源的其他分类存在于修辞学的著作者那里。在此之中，Cicero的"论题"（Topik）这部作品所采取的分类与所引用的法学篇章中所采取的分类最为相似，这通过这部著作的目标就可以得到解释。⑩其他一些分类则致力于对法概念的原初产生进行特别推测。⑪但是，这不仅是非常混乱和不能令人满意的，而且还

---

* 法律诉讼，是罗马法中最为古老的诉讼形式，该诉讼分为法律审（in jure）和裁判审（apud judicem）两个阶段，前者是由执法官确定需要裁判的事项和请求并进行调解，后者是在不能达成和解的情形下由双方当事人选择的审判员对有关争议作出裁决。此种法律诉讼主要包括以下五种：誓金法律诉讼（legis actio sacramenti）、请求审判员或仲裁人之诉（legis actio per judicis arbitrive postulationem）、请求给付之诉（legis actio per condictionem）、拘禁之诉（legis actio per manus injectionem）和扣押之诉（legis actio per pignoris capionem）。——译者注

⑧ L. 2 § 12 *de orig. jur.* (1.2.).

⑨ L. 7 *de J. et. J.* (1.1.).

⑩ Cicero top. C. 5.："当人们提及市民法时，市民法包括制定法、元老院决议、已决案、法学家的权威学说、执法官的告示、习俗以及公正。"(ut si quis jus civile dicat id esse, quod in legibus, senatus consultis, rebus judicatis, juris peritorum auctoritate, edictis magistratuum, more, aequitate consistat.)

⑪ Cicero, de invent, Ⅱ, Cap. 22. 53. 54.——de partit. Oratoria, C. 37.——Auct. ad Herennium, Ⅱ, C. 13.

109 如同上述法学家那样满足于对法外在现象的把握，尽管这种处理方式并不适合于其整体取向；事实上，这些分类推进了此种混乱，以至于它们混淆了具体法律关系的实际产生根据与法律渊源，上述法学家无疑是完全不会这样做的。⑫

较之法律渊源的上述一般分类，早期一些法学家更为谨慎地处理了法产生中的两个对立，它们与明显的实践利益联系起来。我所指的是市民法（Jus civile）和万民法（Jus gentium）以及市民法（Jus civile）和荣誉法（Jus honorarium）* 这两个对立。——第一个对立具有如下意义。⑬与邻邦之间的早期交往使得以下情形成为必要，即在本土法之外，罗马法庭也要应用和研习异邦人的法：这不仅包括某一异邦的法，而且包括许多异邦所共同拥有的法。罗马的统治越延伸，罗马与异邦之间的交往越多元

110 化，则视野就必然会越扩大，通过这种方式，人们就会不知不觉地取得一种罗马人和所有异邦人——因此也就是所有人类——所共同拥有的法这种更为抽象的概念。⑭这个概念首先是从经验中创造出来的，因此并没有被完全证实，罗马人事实上也没有弄错这种归纳的不完全性；因为，一方面，他们无法认识到所有的民

---

* 荣誉法，也被称为"法官法""裁判官法"，指的是执法官在审判过程中创立的法律规范，由于执法官在罗马是荣誉职位，因此此种法律规范被称为"荣誉法"。——译者注

⑫ 例如，Cicero, de part. or. C. 37. 。所有的法产生于自然（natura）或约法（lex）。后者或者是成文的，或者是不成文的。成文的约法或者产生于公共机构的行为，例如制定法（Lex）、元老院决议或者条约（foedus）；或者产生于私人行为，例如遗嘱（Tabulae）、简约（pactum conventum）或者要式口约（stipulatio）。在不成文法中也再次出现了契约。在这里，其他被引用的篇章与此相类似。

⑬ Vgl. Dirksen, Eigentümlichkeit des Jus gentium, Rhein. Museum, B. 1, S. 1-50.——Puchta, Gewohnheitsrecht, Ⅰ, S. 32-40.

⑭ "所有人类"（omnes homines）、"所有民族"（omnes gentes）、"全体人类"（gentes humanae）。Gajus, Ⅰ, § 1. L. 9. L. 1 § 4 *de J. et. J.* (1. 1.).。

族，另一方面，对任何万民法规定而言，此规定是否在所有认识到的民族之中都是有效的，这一点无疑并没有被彻底地探询过。尽管如此，在这种仅仅是相对的普遍性之中，溯归至其产生根据是很自然的，此根据通常被认为存在于自然理性（naturalis ratio）之中，也即存在于植根于人类本质的共同法意识之中⑮，由此这种法的恒定不变性就被视为必然的结果。⑯但是，人们满足于在一般意义上承认此产生根据，而没有对万民法的具体规定从这方面进行检验。

本土法和普遍法（dem allgemeinen Recht）之间的对比本身产生了如下结论。一些法律制度以及涉及此制度的法规则，事实上始终是共同的，因此同时是万民法和市民法。日常交往中的大多数契约就属于此，例如买卖契约、租赁契约和合伙（Societät）契约，等等。此外还包括大多数不法行为，只要此种不法行为导致了赔偿义务。让渡（Tradition）*作为所有权的取得，其对略式物（res nec mancipi）的适用也已经在市民法中得到了承认。最后还包括由于出生而被延续取得的奴隶身份。——但是，多得多的制度是本土法所特有的。例如，最为自由的婚姻形式事实上只在罗马市民之间才是可能的，由此受到了完全明确的限制。父权和以父权作为根据的宗亲关系（Agnation）就更是如此。同样如此的还包括绝大多数最为重要的所有权产生根据，例如要式买卖（Mancipation）、时效取得（Usucapion）等等。此外还包括债之中的口头契约之债（verborum obligatio）和文字契约之债（liter-

---

* 让渡，也被称为"交付"，是一种最简单的转移所有权的方式，在罗马法中它只适用于略式物。——译者注

⑮ Gajus, Ⅰ, §1.189.; Ⅱ, §66.69.79. L.9 *de J. et J.* (1.1.). L.1 *pr. de adqu. rer. dom.* (41.1.).——修辞学的著作更经常称之为自然（Natura）（注11）。——此观点的更为普遍的根据已经在上文§8的结尾被证实了。

⑯ L.11 *de J. et J.* (1.1.). §11. *J. de j. nat.* (1.2.).

atum obligatio)*，以及导致了任意确定一定程度的处罚的不法行为。最后还包括全部的继承权。——但尽管如此，大多数实在法律制度仍具有一个普遍化的核心，因此这些制度根据其普遍化的本质也同样出现于异邦法之中，只是其形式有所不同。这样，通过与异邦之间的逐渐增多的交往，出现了以下情形，即在上述许多实在法律制度之外，罗马法庭也在实践中承认了普遍法的类似制度。因此，在市民婚姻（Civilehe）之外，根据万民法也可以有效缔结婚姻，只是其效力有所减损。在宗亲关系之外，还承认了自然血亲关系（naturalis cognatio）。在市民法所有权（Eigentum ex jure quiritium）之外，还承认了万民法所有权（Eigentum in bonis）。在要式口约最为严格的形式（spondes spondeo）之外，还承认了异邦人也可以进行的更为自由化的形式。在继承法中则最少发生此种情形，继承法一般而言具有最多的严格实在性；被允许的并且始终被扩张的血亲继承权取决于自然的法发展。——根据这种分类编排可以得到清晰阐明的是，人们仅仅是部分地承认了国家法和普遍法（市民法和万民法）之间的对立，因为前者的很大部分内容同时也是后者的内容。⑰因此，上述不完全的对立必然随着时间的流逝而不断缓和，因为在两个法体系之间的不断实践交流之中，这两个国家的法庭不可避免地采取了某种程度的同化立场。

---

* 口头契约之债，指当事人通过特定的套语表达其权利义务的债，包括以誓约（sponsio）、要式口约（stipulatio）等方式而产生的债。文字契约之债，指当事人以书面形式表达其权利义务的债，包括债权誊账（nomen transcripticium）、亲笔字据（chirographum）和约据（syngraphae）等。——译者注

⑰ 如果人们从这个立场出发理解这种对立，那么与此相类似的——尽管并非完全一致的——对立是严格法（Jus strictum）和公正法（Jus aequitas）之间的对立以及法（或者法律理性）和效用（utilitas）之间的对立。因此，这也表现于特别的历史应用之中，关于这种对立的历史应用在上文中（§15）已经得到了一般性的观察。

根据这些观察，在完全相同的含义上被使用的两个名称就可以非常简单地得到解释：万民法（Jus gentium），它指代的是存在于所有被认识到的民族中的法；自然法（Jus naturale），它指代的是产生于共同法意识之中的法，此种法意识以人类本质作为其根据。[18]——但是，在这样理解的两个名称之中，第一个名称应被视为占据优势地位，这样，根据罗马人的观点，万民法同市民法一样都是完全实在的、历史产生的并且继续发展的法。当罗马民族统治了许多不同民族之时，虽然它们之间进行了同化，但是罗马民族同时在很大的和不确定的程度上丧失了其个性，万民法适合于这个新的形势，因此它就成为支配性的法，并实际出现于优士丁尼的立法之中。因此，这个巨大的变革应被视为内在必然性的结果，而不应将之作为任意从而横加指责，也不应将之作为智慧而大加赞扬；但是，上述必然性的渐进且静默的作用在当时被正确地认识到，而之前从未如此，法的文辞与被改变甚多的法的精神和本质得到了结合，此种结合比此时代所能预期的还要令人满意，就这一点而言，它理应得到最高的赞扬。——与此对立相联系的最为重要的实践利益在于，两个法体系的可应用性取决于个人的身份关系。市民法的独特法律关系只能由罗马市民取得，之后拉丁人也能部分取得，但异邦人（Peregrinen）绝对不能取得；万民法的法律关系可由所有并非不受法律保护的人取得。——对法规则应用产生影响的一个类似区别也存在于土地的情形中，因为物权的法律制度和规则或者只适用于意大利，或者也适用于行省，据此，它们或者属于市民法（例如要式买卖和时效取得），或者属于万民法（例如让渡）。——在此，人们还可以

---

[18] 以这里所引用的二元区分作为依据的术语，可被视为在罗马法学家之中居于支配性地位。但除此之外，还存在一种三元区分：自然法、万民法和市民法。本卷附录一将对此进行论述。

提出以下问题，此种对立与不成文法和成文法之间的对立是何种关系。通常而言，后一种对立仅仅在市民法的情形中被提及，这样它就是市民法的下位区分。但此限制的内在根据并不存在，并且，对万民法的认识事实上依赖于对许多异邦法的持续收集和比较，因此也就依赖于以下这种处理方式，即在此方式中，成文的证明是不可想象的，尽管异邦的成文制定法在此之中可以被使用，这样，对于罗马法人而言，全部万民法最初（也即，如果它没有偶然被采纳入告示之中）也就属于不成文法，除了本土习惯法或传统习俗（mores majorum）之外，万民法构成了不成文法的第二个组成部分。另外，这种分类方式没有被法学家所采取，而是被 Cicero 所采取。[19] ——最后作为结束，这里所阐述的两类法之间的如下关系要被注意到。万民法在罗马成为一个独立的法体系，具有实在性，并且可应用于实践，那么市民法的规定必然会不可避免地影响到万民法。因此，如果市民法禁止某事，例如一定亲等的亲属之间的婚姻，那么此种婚姻在罗马也不能根据万民法而存在和具有效力，尽管此种禁止在其他民族中可能并不存在，因此在这些民族中，此种婚姻是有效的。[20] 同样，一项自然债务（naturalis obligatio）也极其明确地从不会产生于市民法所禁止的契约之中（例如，赌债或者高利贷）。Cicero 在以下篇章（de partit. orat. C. 37.）中论及了市民法对于万民法的这种反作用："这一点也最为重要，它是一种我们应当在我们自己的习俗和制定法中加以保存的自然法。"（atque etiam hoc imprimis, ut nostros mores legesque tueamur, quodammodo naturali jure prae-

---

[19] Cicero, de partitione oratoria, C. 37., 参见上文注 2。

[20] § 12 *J. de nupt.* (1. 10.). Vgl. 下文 § 65 注 2。——因此，在此情形中，一定程度上表现出了对万民法的双重观察方式：推断性的观察方式，它仅仅关注重法规定的起源；实践性的思考方式，它涉及万民法在罗马法庭中所必须呈现出来的形式。

scriptum est.）这种反作用是显而易见的，但是，它只能被赋予具有绝对法（§16）性质的市民法规则。

第二个重要的对立是市民法和荣誉法之间的对立。[21] 此对立的实践重要性并不在于，荣誉法效力更弱，例如在发生冲突的情形中，荣誉法的效力劣后于市民法，从而绝对不能被采纳，而是在于，荣誉法的有效性被限制于其创造者的职责管辖区和职责期限之内，而在帝国的所有地区内，任何属于市民法的形式则能够在任何时间都具有效力。[22] 如果此种市民法经常也被称为制定法（Lex）和具有制定法效力的规定（quod legis vicem obtinet）[23]，并且早期法学家非常谨慎地在具体法律渊源中注意到，后一种称呼能够在它们之中出现[24]，那么就应当采纳上述观点。但是，这

---

[21] L. 7 *pr. de J. et J.* （1.1.）. L. 2 §10 *de orig. jur.* （1.2.）. §7 *J. de j. nat.* （1.2.）. ——因此，市民法具有非常不同的含义，即：（1）私法（§1）；（2）某一国的实在法；（3）尤其是罗马法，§1.2.3. *J. de j. nat.* （1.2.）. L. 6 *pr.* L. 9 *de J. et J.* （1.1.）；（4）更为狭窄的含义是，除荣誉法之外的罗马法，L. 7 *de J. et J.* （1.1.）；（5）更为狭窄的含义是，不具有特别名称的法，L. 2 §5.6.8.12 *de orig. jur.* （1.2.）.。

[22] 我并不是认为它在任何地方都生效，而是认为它有能力做到这一点。例如，虽然皇帝的诏谕制定法（die Edictalgesetze der Kaiser）通常在帝国的各个地方都生效，但是，它也可能因为其内容而被限制于某行省或某城邦之内。解答（Responsa）以及最初的批复（Rescripte）只对于具体事项具有效力，因此也受到极大的限制，但此种受到限制的效力能够涉及帝国的任何地区。与之相反，市政的告示根据其性质只在其创造者享有审判权的管辖区内具有效力。

[23] Gajus, IV, §118.："抗辩……都是从制定法或者具有制定法效力的规定中获得根据，或者是根据裁判官的司法权而创设的。"（Exceptiones…omnes vel ex legibus, vel ex his quae legis vicem obtinent substantiam capiunt, vel ex jurisdictione Praetoris proditaesunt.） L. 14 *de condit. inst.* （28.7.）. ——Gajus 在这里偶然地论及了抗辩，但其论述同样也适用于诉。

[24] 具有制定法效力的包括：（1）元老院决议，Gajus, I, §4.；（2）皇帝谕令，Gajus, Ⅰ, §5. L. 1 *pr. de const.* （1.4.）（甚至包括 imperiales contractus [治权契约]，L. 26. C. *de don. int. vir.* 5.16.）；（3）解答，Gajus, Ⅰ, §7；（4）习惯法，L. 32 §1. L. 33 *de leg.* （1.3.）："如同制定法一样。"（pro lege） L. 38 eod.："制定法效力。"（vim legis） L. 3 C. *quae sit longa consu.* （8.53.）："制定法效力。"（legis vicem） §9 *J. de j. nat.* （1.2.）："模仿制定法。"（legem imitantur）

种纯粹实践的区分具有如下更深层次的基础。通过民众决议（Volksschlüsse）、元老院决议和皇帝谕令，新法事实上被创造出来。与之相反，裁判官在其告示中并未宣布什么规定之后应当作为法（他根本没被授权这样做），而宣布了他将把什么规定视作法并加以实施，这样，他仅仅是预先宣布了他自己的职责活动。因此，前一种法规定被称为有效的 ipso jure（当然的法，法本身），而后一种法规定被称为有效的 jurisdictione（司法权）、tuitione Praetoris（裁判官的教导）。如果将这种对立与已经出现过的其他对立加以对照，那么这种对立会显现得更为清晰。——非常明显的是，荣誉法完全属于成文法，因此不成文法只存在于市民法之中。荣誉法与万民法之间的关系则存在疑问。如果认为两者是一回事，那么这种观点就是错误的，因为城市裁判官（Praetor urbanus）的告示或者包含了许多严格的罗马法，或者并非罕见地保护与自然理性的规则并不一致的效用（utilitas）。㉕同样，市民法与荣誉法之间的对立也不能被视为（与万民法相对的）市民法的下位区分。因为，行省告示（Provinzialedicte）* 除了包含单纯的特别法之外，还包含许多万民法，并且在外事裁判官（Peregrinenprätors）** 的告示中，后者必然占据优势地位。只是这两种概念可被认为实际上具有很大的关联性，在万民法所包含的一般要素中，有许多转入罗马人的市民法之中，对于这种在上文中已注意到的转变而言，荣誉法经常作为中介性工具。最后，

---

* 行省告示，指罗马帝国的各个行省总督发布的告示。——译者注

** 外事裁判官，指负责审理发生在罗马市民与异邦人之间或者发生在异邦人之间的争议案件的裁判官。——译者注

㉕ 对告示与万民法之间的此种冲突的一些事例的收集，参见 Düroi Auchiv., B. 6, S. 308. 309. 393. 。

人们还可以提出以下这个更为一般化的问题,即如果裁判官法包含了新法,尤其是它改变了市民法,那么它是制定法还是习惯法?我们现在可以明确地认为,裁判官法取得变更效力的根据只是习惯法而非裁判官的特别权力(§25注19)。尽管如此,如果我们因此将裁判官视为习惯法的单纯记录者,那么我们就是错误的。无疑,民族法(Volksrecht)向裁判官提供了素材(Stoff);但是,具体而言,裁判官仍然享有很大的自由去阐明和执行由此而产生的法发展(corrigendi juris civilis[修正市民法]),在市民法不完备时,裁判官同样享有很大的自由去补充市民法(supplendi juris civilis[补充市民法])。㉖ 因此,法发展事实上大部分由裁判官进行,但是,通过裁判官的年度更换,此项工作的成果事实上再次有几分合乎民族,尽管它仍然具有贵族化的性质。

所有迄今所阐述的关于法律渊源的罗马法总体观点只在以下时代才有效,即在此时代中,法学仍然拥有一些自己的生命。在这个时代之后,即自基督教皇帝以来,这种观点被根本改变。此时,被作为法律渊源的只有法律(Leges)和法学(Jus),也就是皇帝诏谕(kaiserliche Edicte)和经过科学化处理的法(§15注1),所有的早期法都转变为这两种形式。Valentinian三世对文献在法庭中的运用规定了固定的规则(§26)。法律渊源通过优士丁尼立法而变得更为简单。优士丁尼将一部分现存的法学文献认可为制定法,从而其余更大部分的法学文献不再具有效力,并且他禁止新文献在将来的产生(§26)。这样,学说汇纂不再是作

㉖ 以下这两种篇章似乎是矛盾的,其中一种篇章将告示的内容溯归至习惯法(§25注19),另一种篇章将告示与习惯法对立起来,例如Gajus,Ⅲ,§82:"既不是由《十二表法》确定,也不是由裁判官告示确定,而是由人们一致接受的法则确定。"(neque lege Ⅻ tab., neque praetoris edicto, sed eo jure quod consensu receptum est);以及§3-9 J. de j. nat. (1.2.).。这个矛盾已通过以下补充而得以解决,即在后一种篇章中,习惯法指代的是这种保留了其最初形态而并没有被采纳入告示的法。

为法学（Jus）而有效，而是作为制定法（Lex）而有效，因此人们可以认为，除了皇帝谕令之外，不再存在其他的法律渊源；另外还有一些习惯法，其形式很少，马上就要对之进行详细的阐述。——在优士丁尼立法之中，市民法和万民法以及市民法与荣誉法这两种一般对立只是作为历史而被提及，如同这里所发生的情形一样，因为这两种对立即使不是丧失了所有的实践可应用性，也完全丧失了实践重要性。以下这些规则，即只有罗马市民才能缔结完全效力的婚姻、取得父权、制定遗嘱、被指定作为继承人，此时仍然存在。但是，无疑，被拒绝承认其能够享有这部分权利能力的异邦人仅仅只是从罗马人的立场而言的外国人而已，并且对于罗马法庭而言，异邦人身份此时已经不再重要。此外，对于这些规则而言，很大部分实践差别因为以下事实而被消除，即自新律 118 这个篇章以来，继承权不再以宗亲作为条件。——新的荣誉法早已不再产生，因此荣誉法所适用的地域范围不会再被涉及。

第二十三节 关于制定法的罗马法观点

渊源：Dig. I. 3. 4.

　　　Cod. Just. I. 14. 15. 19. 22. 23.

　　　Cod. Theod. I. 1. 2. 3.

关于立法的早期形式，得以保留在法律渊源中的形式很少，几乎仅仅包括套语（Gemeinplätze）、对立法者行为的指示，从中很少能够得到教益。[①] 无疑，关于以下事项的富有教益的说明在早期法学家那里是存在的，即任何形式的民众决议在早期国家法中的地位，以及元老院的立法权力；但是，这些说明很少与优士丁尼时代相关，以至于我们很难期待这些说明能够被采纳入优士丁尼的汇编之中。[②]

关于皇帝制定法的说明和规则要更为重要和相关；它们在优士丁尼帝国中仍然可以被应用，并且其对于我们当今状况的应用部分而言也至少是可以想象的。Gajus 和 Ulpian 一致认为，所有的谕令（Constitutiones）都具有制定法效力（legis vicem），因为所有皇帝都通过制定法（lex）而取得了治权（imperium）[③]；他们列举了三种谕令：诏谕（Edicte）、裁决（Decrete）和批复（Rescripte），我们对此还可以增加训示（Mandate）这种形式。

Ⅰ. 诏谕。诏谕的名称和制定权限都与共和国的国家法直接联系在一起。它是皇帝根据其所享有的执政权（Magistratur）而颁布的规定，在帝政时期以前，甚至在帝政时期的很长一段时间内，裁判官和行省执政官（Proconsuln）等同样也可以基于执政

[①] L. 3 - 6. 8. 10 - 12. *de leg*. (1.3.).

[②] Ulpian. *tit. de leg*. §3 这个篇章中的很少且残缺不全的语词已经证实了此种猜测。Vgl. Blume, Zeitschrift f. geschichtl. Rechtswiff., IV, 367.

[③] Gajus, I, §5.——L. 1 *de const. princ*. (1.4.).，据此形成了§6 *J. de j. nat*. (1.2.). 这个篇章。在学说汇纂和法学阶梯中，君王法（lex regia）是如何获得了不同于其最初含义的含义，对此的研究不属于这里的任务。——constitutio 通常指代全部种类的谕令，偶尔只指代诏谕，从而与批复相对，L. 3 *C. si minor*. (2.43.).。

权而颁布规定。诏谕这种形式并非一开始就被用于最高权力的最为重要的行为，这一点首先可根据以下事实而得到阐明，即皇帝长期以来持续不断地致力于通过早期常见形式进行统治；其次也可根据以下事实得到阐明，即只要诏谕这种形式严格遵守传统界限，那么它并不完全适合于一般性立法。因为，如果皇帝依据他的平民护民官权力（tribunicia potestas）或者行省执政官权力（proconsularis potestas）而颁布诏谕，那么在前一种情形中，此诏谕如同护民官权力本身一样仅适用于罗马；在后一种情形中，此诏谕只适用于行省，且只适用于分配给皇帝的行省。只是在皇帝的概念被发展和承认为是整个帝国的至高无上的执政者之后，皇帝诏谕才能被视为帝国制定法，因此非常值得注意的是，Gajus 已认为皇帝诏谕具有制定法效力，并认为它们独立于任何行政区划，而所有其他的告示都具有此种区划限制这个基本特征，由此区分开制定法（lex）和具有制定法效力的规定（quod legis vicem obtinet）（§22）。尽管如此，在第一个世纪之中，完全确定的皇帝诏谕并不少见；但是，我只将以下这种诏谕视为确定的诏谕，即法律渊源引用这种诏谕时使用了"诏谕"这个名称，因为在历史著作者那里，无法相信他们会同样严格地遵循技术性术语。④

---

④ 在这里，我会对确定的诏谕列出一个清单，这个清单的内容无疑还可被增加。August 的四个诏谕：L. 2 *pr. ad. Sc. Vell.*（16. 1.），L. 26 *de lib.*（28. 2.），L. 8 *pr. de quaest.*（48. 18.），*Auct. de j. fisci* §8.——Claudius 的四个诏谕：L. 2 *pr. ad Sc. Vell.*（16. 1.），L. 15 *pr. ad L. Corn. de falsis*（48. 10.），L. 2 *qui sine man.*（40. 8.），L. un. §3 *C. de lat. lib.*（7. 6.），Ulpian. Ⅲ §6.——Vespasian 的两个诏谕：L. 4 §6 *de legat.*（50. 7.），L. 2 *C. de aed. priv.*（8. 10.）.——Domitian 的诏谕：L. 2 §1 *de cust.*（48. 3.）.——Nerva 的诏谕：L. 4 *pr. ne de statu*（40. 15.）.——Trajan 的四个诏谕：L. 6 §1 *de extr. crim.*（47. 11.），Gajus Ⅲ §172，§4 *J. de succ. lib.*（3. 7.），L. 13 *pr.* §1 *de j. fisci*（49. 14.），*Auct. de j. fisci* §6.——Hadrian 的两个诏谕：Gajus I §55. 93. L. 3 *C. de ad. D. Hadr.*（6. 33.）.——Pius 的诏谕：L. 11 *de muner.*（50. 4.）.——Maucus 的三个诏谕：§14 *J. de usuc.*（2. 6.），L. 24 §1 *de reb. auct. jud.*（42. 5.），L. 3 *C. si adv. Fiscum*（2. 37.）.——Severus 的诏谕：L. 3. §4 *de sep. viol.*（47. 12.）.——但是，以下这种对民众的公告（Bekanntmachungen）也表现为诏谕，即在此种公告中，根本没有确立任何法规定，例如 Nerva 颁布的公告，Plinius epist. Ⅹ 66.。

第三章 当代罗马法的渊源

既然诏谕作为真正的制定法应具有普遍约束力，从而与其他种类的谕令相对，那么诏谕应具备一些确定的特征，这一点就很重要了。在皇帝 Theodosius 二世和 Valentinian 三世的诏谕中，这些特征被表述为：具有 edictum（诏谕）或 generalis lex（一般法）这个名称；通过诏书（oratio）告知元老院；通过行省的行政长官进行公告；最后是在谕令中做出以下规定，即此谕令应对所有人都具有约束力。这四个特征中的任何一个单独特征本身就已经足够了，不需要具备其他特征。⑤ 因此，通过以下事实，即诏谕的特别诱因存在于某具体的法情形之中，诏谕的特性并不会被排除，所引用的谕令明确地这样认为；同样，通过以下情势，即其内容并非指向所有罗马人，而是指向某类罗马人，诏谕的特性也不会被排除⑥，因为即使是这种规定也应被所有人认识到和尊重；最后，即使诏谕是向某政府部门作出的，此制定法也许是因为这个政府部门的询问而被颁布出来，诏谕的特性仍然不会被排除。⑦ 除此之外，这个皇帝还同时阐明了，他未来如何在元老院的共同作用下拟定他的诏谕⑧，但是他并没有因此而试图认为，

124

125

---

⑤ L. 3 *C. de leg.* (1.14.).

⑥ 我们的法学家称之为"特殊法"（jus singulare）。例如，August 和 Claudius 的诏谕涉及女性作出的保证（Bürgschaften），August 的一个诏谕禁止剥夺军人的继承权，L. 2 *pr. ad Sc. Vell.* (16.1.), L. 26 *de lib.* (28.2.)。尽管如此，（根据之后的术语）它们仍然是一般法（generales leges）。对此错误的观点，Güyet, Abhandlungen, S. 42.。

⑦ 到目前为止，绝大多数皇帝制定法，尤其是优士丁尼制定法，都是向公职人员（例如大区长官 [Praefectus praetorio]）做出，根据此种形式，人们可称其为批复；但是，没有人怀疑，它们是真正的诏谕、一般法和诏谕法（leges edictales），在此情形中，本身是合适的"批复"这个表达并不常见。与近代制度的比较会使这一点更为清晰。由普鲁士制定法委员会（Gesetzsammlung）公布的法可以被称为制定法或者条令（Verordnung），它们具有完全相同的制定法效力，它们直接指向所有的臣民和公职人员，但它们也可能存在于向国务部门或一个国务大臣做出的枢密院命令（Kabinetsordre）之中。参见§24 注5。

⑧ L. 8 *C. de leg.* (1.14.).

制定法的效力应依赖于此种形式的遵守。——最后，对制定法进行公告（Bekanntmachung）的必要性也得到了承认，但是却没有为以下形式作出规定，即公告本身就可能具有实践价值。[9]

Ⅱ．裁决。人们认为，裁决指代的是皇帝司法职责的任何行使，不仅包括中间裁决（Interlocute）还包括终局裁决（Endurteile）。[10] 如果裁决同所有其他谕令一样，被赋予对具体情形的制定法效力，那么这似乎是不合逻辑的，因为它毋宁必须被视为法官的裁决，它始终享有既判力（rechtskräftig），因为它产生于帝国内的最高审级。上述思考方式可以根据以下事实而得到解释，即皇帝的整个裁判权非常特殊，审判（judicium）和既判力（res judicata）的早期概念并不能直接适合于此种裁判权；因此，人们想要相当明确地表明，皇帝的裁决的效力并不弱于审判员（judex）的裁决，甚至比后者更强，它不可改变地确定了争议法律关系。——事实上，皇帝裁决与法官的具有既判力的裁决并没有本质区别；因为，皇帝裁决的效力也被限制于当前法情形之上，包含于此裁决之中的规则并不能如同制定法所确定的规则那样被应用于其他法情形。无疑，对于在裁决中被应用的规则而言，人们不能否认很大的权威力量；由此可以对以下事实做出解释，即法学家进行此种裁决的汇编[11]，并且具体的裁决有助于全新法规定的形成和承认。[12]

---

[9] L. 9 *C. de leg*. (1. 14.).

[10] L. 1 § 1 *de const. princ*. (1. 4.).："因此，皇帝……或者通过案件审理后所决定的，或者通过中间程序所宣布的……所有规则，都构成了制定法。"(Quodcunque igitur Imperator... vel cognoscens decrevit, vel de plano interlocutus est…legem esse constat.)

[11] Pauli libri tres decretorum. 此外还有 Dositheus 所进行的 Hadrian 皇帝裁决的汇编。

[12] 例如，D. Marci 皇帝关于自力救济的裁决，L. 13 *quod metus*（4. 2. ），L. 7 *ad L. J. de vi priv*.（48. 7.). 。

第三章 当代罗马法的渊源

就中间裁决而言，优士丁尼部分保留了中间裁决的此种有限效力；因为一个早期的谕令被采纳入法典之中，而此谕令明确规定了中间裁决享有此种有限效力。⑬ 与之相反，优士丁尼规定了皇帝的终局裁决具有更为广泛的效力，这样，终局裁决所表述的法规则也应作为制定法被应用于所有未来情形之中。⑭ 根据这个规定的文本可以得出以下推论，即另一个法到那时为止具有效力，因此这里应当是引入了一个新的观点；如果皇帝在此以早期法学家的一致意见作为依据，那么他就赋予了这些法学家的文辞以任意的含义，因为这些法学家无疑只想到了裁决对于具体情形的制定法效力。⑮ 但是事实上，许多人支持此种革新，至少不存在以下异议，即此异议阻碍了对批复的类似处理。因为，在双方的陈述都被听取的情形下，皇帝由于单方的陈述而受到蒙蔽是不可能发生的，并且皇帝法庭所具有的庄严性和公开性一定程度上弥补了公开通告（einer öffentlichen Bekanntmachung）的缺乏。⑯

127

128

---

⑬ L. 3 *C. de leg*. （1.14.）："我们作为裁判者对一些事项所已经提供或者今后也许会提供的中间裁决，不应损害共同的法。"（相对于之前对诏谕所确定的制定法效力）（...interlocutionibus, quas in uno negotio judicantes protulimus vel postea proferemus, non in commune praejudicantibus. ）

⑭ L. 12 *pr. C. de leg*. （1.14.）："如果皇帝陛下基于裁决的目的审理了一个案件，并在当事人都出席的情形下做出了一个裁决，我们所有的法官都应清楚，它不仅适用于所处理的案件，也适用于所有类似的案件。"（Si imperialis majestas causam cognitionaliter examinaverit, et partibus cominus constitutis sententiam dixerit, omnes omnino judices…sciant hanc esse legem non solum illi causae, pro qua producta est, sed et omnibus similibus. ）人们通常认为本篇章与前注中所引用的篇章存在矛盾；但是，这两种裁决事实上在这里得到了清晰的区分，如同 Ulpian 所做出的区分一样清晰（注10）。

⑮ L. 12 *cit*.："……早期法的创造者已经认为，产生于皇帝的谕令清晰无疑地具有制定法效力。"（...cum et veteris juris conditores, constitutiones quae ex imperiali decreto processerunt, legis vim obtinere, aperte dilucideque definiant. ）在这里被最为直接地想到的是，Gajus, I, §5. 。

⑯ 可以将这种裁决与我们的高等上诉法院（Oberappellationsgerichte）所作出的决定进行比照。

因此，在优士丁尼之前，所有的裁决只在当前法情形中具有制定法效力；通过新规定，终局裁决具有了更为广泛的效力，因为包含于终局裁决中的法规则应被视为一般性的制定法。

此种对立的性质在很大程度上被许多近代法学家所误解。首先，他们将其与被限制于此程序中的当事人之上的既判力混淆在一起。既判力仅涉及具体的法律关系，即使在此处，它也不应被扩张；因此，如果在两个人之间的继承争议情形中，皇帝做出了裁决，那么即使这个是最高裁决，对于第三人而言，它也既不会有利也不会有害。其次，他们将此种对立与严格和扩张解释混淆在一起。这里并没有涉及严格和扩张解释，毋宁是涉及以下这个问题，即是否容许这个（未被扩张的）法规则适用于完全相同的将来法情形。

第二十四节　关于制定法的罗马法观点（续）

Ⅲ. 批复。① 批复的字面含义是"回复"和"书面答复"。在外在形式上，它可以通过不同的方式而被颁布，包括：仅仅写于所收到函件的页边空白处（adnotatio［旁复］，subscriptio［旁署］）；通过单独的信件（epistola［诏书］）；最后是通过非常庄严的文本（pragmatica sanctio［法律意见］）②，其官方形式我们已经无法确切认识到。所有批复都具有制定法（Lex）的效力，但由于其效力范围更为狭窄而与诏谕的效力存在本质上的不同。哪些应被理解为批复呢？批复具有有限的效力这个特性，由此我们必然要补充考虑，哪些不能被包含入上述通过形式和动因而被界定的概念之中。因此，存在效力更弱的皇帝书函，一般而言，它根本不能如同制定法那样生效；也存在效力更强的其他皇帝书函，其效力不受上述狭窄范围的限制；我们必须扣除这两种皇帝书函，而在这里只能考虑居于这两者之间的其余的皇帝书函；对我们而言，只有后者才能被有效作为技术意义上的批复。

因此，首先，所有非正式的书函比真正的批复效力更弱，每个人都会不声不响地撇开这些书函不予考虑，尽管这些书函的名称和形式不会将这些书函排除在外。但是，即使在能够被我们称为"命令"

129

130

---

① Schulting diss. Pro rescriptis Imp. Rom. (Comm. acad. Vol. 1 N. 3). Güyet, Abhandlungen, N. 4.
② 只是在较为重要的情形中才应使用此种形式，也即关于公法事务的批复，更准确而言，涉及社团（Corporation），L. 7 *C. de div. rescr.* (1. 23.)。。但是这个限制并没有被普遍遵守，这在以下篇章中非常清晰，Const. Summa §4："'法律意见'这一形式被特许给某些人使用。"(Si…pragmaticae sanctiones…alicui personae impertitae sunt.) 关于此研究的非常丰富的资料参见以下著作，J. H. Böhmer ererc. ad Pand. I. Ex. 12. C. 1.，但错误的是，它将法律意见（pragin. sanct.）应用的制定法限制作为法律意见的概念本身。

(Verfügungen) 的正式书函之中，我们必须还要进一步地区分，哪些书函根本不是要应用一个规则，而仅仅是单纯的行使任意，例如例外地对某个人不应用制定法（§16）以及对某个人的救济和惩戒。③ 但是，对于引起发出这些书函的人和事而言，这些书函具有和制定法同等的效力，且每个法官都必须将这些书函尊重为制定法。相反，对于其他情形的处理而言，这些书函绝对不能作为权威从而提供一个规则，因为这些书函本身事实上并没有以规则作为根据。

在另一方面，比真正的批复效力更强的是以下这些书函，即这些书函规定了这样的一个规则以便普遍遵守，并且为了这样的目的而被公布。这些书函是真正的制定法，其效力不受限制，而其书函形式是被偶然选择的，即使它们是在立法上回应询问和呈请等动因，这也绝对不能造成它们与其他制定法之间的区别。在早期，根据这些书函的外在形式，人们也将它们称为"一般性书函"（Generalbriefe）或者"一般性批复"（Generalrescripte）④，

---

③ 它们被称为"针对个人的谕令"（personales constitutiones），L. 1 §2 *de const.* (1.4.)，§6 *J. de j. nat.* (1.2.)。。近来的著作者将它们称为"恩赐的批复"（Gnadenrescripte），但这个名称过于狭窄，例如，这个名称无疑并不适合于惩戒和惩罚。

④ L. 1 §2 *de fugit.* (11.4.)："也存在一个一般性的书函，此书函由神圣的Marcus和Commodus皇帝发出，它宣告，在所有权人寻找逃亡奴隶时，长官、执法官和军人必须提供帮助。"（Est etiam generalis epistola D. Marci et Commodi, qua decalratur, et praesides et magistratus, et milites stationarios dominum adjuvare debere in inquirendis fugitivis）L. 3 §5 *de sepulchro viol.* (47.12)："神圣的Hadrian皇帝在一个批复中规定，如果某人在城市中埋葬尸体，则他应被处罚向国库交纳四十个金币，允许此种行为的执法官也应受到同样的处罚……因为此批复具有普遍性的适用范围，且帝国法规具有自己的效力，应适用于各处。"（D. Hadrianus rescripto poenam statuit quadraginta aureorum in eos qui in civitate sepeliunt, quam fisco inferri jussit, et in magistratus eadem qui passi sunt…quia generalia sunt rescripta, et oportet Imperialia statuta suam vim obtinere et in omni loco valere）——Hadrian皇帝关于保证的书函可能也同样属于此，§4 *J. de fidej.* (3.20.)。Gajus Ⅲ §121. 122.——在前两种情形中，因为其事项内容具有治安（polizeiliche）的性质，因此它适合于这种处理方式。这些批复与我们所称的同时向多个政府机构发出的"公告批复"（Circularrescripte）是一回事。

但并没有由此想暗示其效力的有限。但在后来，当这种立法形式居于支配性地位时，人们不再对它们使用这些名称，而是将它们包含于 leges、edicta、edictales constitutiones 这些一般性名称之中。⑤ 公告（die öffentliche Bekanntmachung）大多不能根据这些书函的形态而被看出，但它却是必然发生之事，并且它是由这些书函所发向的国家机构根据一般规定所完成，而不需要在具体情形中做出特别指示；但是，这种指示偶尔在命令（Verordnung）本身之中被表明。⑥ 法律意见（pragmaticae sanctiones）也同样可能是真正的制定法⑦，这样，在法律意见以及不那么正式的诏书（epistolae）的情形中，如果它们应当属于效力受限的真正批复，那么还始终必须对之进行补充思考。

那么，什么可以成为真正批复的特征，并将其与诏谕严格区分开呢？批复的目的仅在于对具体的法情形发生效力，自然与之相关联的就是不存在任何公告（öffentliche Bekanntmachung）。相反，批复与其他谕令的共同之处在于，它们以规则作为依据，并表达这个规则，但却只具有具体应用这个目的。另外，它们具有以下重要的区别点。

1. 批复的发布或者是基于具体当事人的询问（libellus〔诉

---

⑤ 例如，在 L. 5 pr C. de receptis (2.56.) 这个篇章中，优士丁尼将他自己的早期命令（L. 4 eod.）称为 lex（制定法），尽管这些命令都曾是向大区长官（Praefectus praetorio）发出的书函。在这一点上更为明确的是《特奥多西法典》（Theodosische Codex），它几乎全部由此种书函组成，因此其组成部分被创立者本人称为 "constitutiones…edictorum viribus aut sacra generalitate subnixae"（重要神圣、一般性遵守的edictales constitutiones）和 "edictales generalesque constitutiones"（一般性的 edictales constitutiones），L. 5. 6 C. Th. de const. (1. 1.) ed. Hänel. ——Güyet 在这一点上是错误的（Güyet, S. 84），他被这些书函的外在形式所误导，从而将它们列为批复并对立于诏谕，并在之后据此进一步推导出关于真正批复的结论，请参见上文§23 注 7。

⑥ 例如，L. un. C. de grege domin. (11. 75.)。其他篇章被收集于 Güyet, S. 74 之中。

⑦ 例如，优士丁尼的 sanctio pragmatica pro Petitione Vigilii 这个法律意见，它涉及完成征服后的意大利的制度。

状］），或者是基于法院机构的询问。⑧后者特别出现于被发展成为特别程序形式的重要应用情形之中，此时法官请求皇帝向他指定有待做出的判决（relatio, consultatio［提请，谘请］）。在此，皇帝不亲自作为法官，而是为另一个法官设定判决，这完全类似于我们的案卷递送制度（Actenversendung）中的法学家委员会（Juristenfacultäten）。*因此，这样一个命令和批复不能被列入裁决（Decrete）之中。优士丁尼禁止这种谘请（Consultationen），但是对此不能做出像其文辞所表明那样的绝对理解。⑨

2. 包含于批复之中的规则或者是与具体裁决交织在一起，或者是被单独表明，然后被作为裁决的基础，因此，这种形式的规则本可以被确立为制定法，只是在此没有这样做而已。此种批复被称为"一般性批复"（generalia rescripta），但这个术语的含义与此术语在上文中所出现的含义并不相同。⑩

3. 被批复所应用的规则常常已被完全包含于迄今的法之中，

---

　　* 案卷递送，指在德国法院遇到疑难案件时，德国法院将本案件的案卷递送给大学中的法学家委员会做出鉴定意见，法院通常按照此鉴定意见判决。这一制度在德国一直延续到1878年。——译者注

　　⑧ L. 7 *pr. C. de div. rescr.* (1. 23.).

　　⑨ 关于谘请，vgl. Hollweg, Civilprozess, Ⅰ, § 10. ——对谘请的废除被包含于公元544年的新律125之中。此种废除并非绝对生效，这一点将在制定法的解释理论（§48）中才被指明。但此外，很显然的是，如果法官不顾此种禁止而提出询问，且皇帝决定做出答复，那么法官应如同新律125颁布之前那样受到约束。如果皇帝自己主动或者应当事人的请求向法官发布了一个批复，情形也同样如此。因此，虽然批复对于具体法争议的效力现在是有限的，但绝对没有被完全废除。

　　⑩ L. 89 § 1 *ad L. Falc.* (35. 2.)； "generaliter rescripserunt", L. 1 § 3 *de leg. tut.* (26. 4.)； "generaliter rescripsit", L. 9 § 2 *de her. Inst.* (28. 5.)； "rescripta generalia", L. 9 § 5 *de jur. et facti ign.* (22. 6.)； "initium constitutionis generale est"。——在这些篇章中所引用的批复涉及具体的法情形，由此与注4中所引用的一般性批复区别开来。但是，在另一方面，generale rescriptum（一般性批复）这个表述应当比这个含义——即对立于"针对个人的谕令"（personales constitutiones）（注3）——意味得更多。

这样，皇帝就如同做出回答的法学家那样行事；但是，迄今的法常常会在批复中通过自由解释（freie Interpretation）而被发展。这尤其发生于以下情形中，即治安或国家经济方面的考虑确定了新的规则，以及其他人的权利不会因此而受到威胁。⑪

批复的效力可以被概括为以下规则：（1）对于据其而发布批复的具体情形而言，这些批复应当具有制定法效力；（2）对于所有其他情形而言，批复应当不具有这种制定法效力；（3）相反，即使对于其他情形而言，批复也具有很大的权威力量。

对于具体情形的制定法效力可以根据以下事实而被得出，即在学说汇纂和法学阶梯中，批复在总体上被赋予制定法效力，但是在法典中，对于据其而发布批复的情形之外的其他情形而言，批复的制定法效力被否认，这样，制定法效力就仅仅还可以适用于此种具体情形。这在此处具有以下含义，即任何批复向其发出的、判决此具体情形的法官都有义务严格遵循这个批复，而没有自主判断的空间。这种重要效力在以下情形中尤其重要，即不是法官，而是当事人促使了批复的产生；在此，批复表现为当事人所取得的权利，此权利也可被继承人和共同诉讼人（Streitgenossen）有效主张，即使在较长时间之后也同样可以被有效主张。⑫但是，在这种情形中，批复也特别危险，其原因是可能的伪造，但更为常见的原因是，批复因为不真实和片面的事实陈述而产生。人们试图通过对批复的形式和特征做出精确的规定而避免伪

---

⑪ 这两方面的考虑同时阐明了，特别是"豁免"（Excusationen）理论为何常常通过单纯的批复而被扩展。Fragm. Vatic. § 191. 208. 247. —— § 159. 206. 211. 215. 246.——特别值得注意的是§236，在这个篇章中，变革的意图被直接表明出来："批复宣明之前不被考虑之豁免"（quo rescripto declaratur ante eos non habuisse immunitatem.）。

⑫ L. 4. 12 (sonst 2 und 10) *C. Th. de div. rescr.* (1. 2.), L. 1. 2 *C. de div. rescr.* (1. 23.).

造。⑬由于不正确的事实陈述，对方当事人进行特别的诉讼程序是始终被允许的。⑭与此相关联的是以下规定，即任何与国家利益或者被承认的法规则存在矛盾的批复都应当是无效的。⑮通过后一种规定*，皇帝并非是要放弃通过他的批复而进行法发展；毋宁说，这里所想到的是以下这种批复，即在这种批复中，皇帝被不真实的陈述所误导，从而违背其意志而损害了现存的法规则。——如果人们考虑到与批复的制定法效力所联系在一起的危险，那么以下做法就当然会被认为是更为合理的，即在法事务中，至少根本不向当事人发布批复，事实上，Trajan 就应当是这样认为的；也是因为这个考虑，优士丁尼最后禁止法官尊重私人性批复（Privatrescripte），因此私人性批复的制定法效力就被完全废除了。⑯

相反，对于据其而发布批复的情形之外的其他情形而言，批复的制定法效力被一再地和最为确定地否认。这特定应用于因法

---

* 即"与被承认的法规则存在矛盾的批复应当是无效的"这个界定。——译者注

⑬ L. 3. 4. 5. 6 *C. de div. rescr.* (1. 23.)，L. 1 *C. Th. eod.* (1. 2.)。

⑭ L. 7 *C. de div. rescr.* (1. 23.)，L. 2. 3. 4. 5. *C. si contra jus* (1. 22.)。这里涉及被允许反对批复（也即反对以此批复作为依据的判决）的这种上诉。L. 1 §1 *de appell.* (49. 1.)。

⑮ L. 2 (sonst 1) *Cod. Th. de div. rescr.* (1. 2.)，L. 6 *C. si contra jus* (1. 22.)，L. 3. 7. *C. de precibus* (1. 19.)，Nov. 82. C. 13。

⑯ Capitolini Macrinus C. 13.："因此，Trajanus 从不批复回答当事人之询问。"（quum Trajanus nunquam libellis responderit.）因此，他只向政府机构发布批复，而不向当事人发布批复。Trajan 所发布的更多批复在以下著作中被汇集在一起，Schulting diss. pro rescriptis §15.。——在公元 541 年的新律 113 中，优士丁尼禁止尊重私人性批复。

官谘请而发布之批复⑰,在这种批复的情形中,更为广泛的效力似乎本应是最没有疑问的;对于私人性批复而言,此种限制就可以很明显地据此得出了,以至于似乎从未有必要特别表明此种限制。这个限制首先具有以下原因,即如果考虑到具体的法情形,特别是考虑到当事人也许完全不真实的陈述,被表明的规则本身也可能很容易获得一个非常片面的形态,以至于此规则的普遍应用必然是非常令人疑虑的。但是,在此还存在一个更为根本的原因,即批复缺少公告。对于解释性批复和所有其他批复而言,这个原因都是适用的;如果许多人赋予了解释性批复以对

137

138

---

⑰ L. 11 (sonst 9) *C. Th. de div. rescr.* (1. 2.), L. 2 *C. de leg.* (1. 14.):"任何根据提请……或谘请……做出的决定……并不是一般性的法,而只适用于作为公布动因的人和事。"(Quae ex relationibus…vel consultatione…statuimus…nec generalia jura sint, sed leges faciant his duntaxat negotiis atque personis, pro quibus fuerint promulgata) L. 13 *C. de sentent. et interloc.* (7. 45.):"审判员或仲裁人不要认为他有义务遵循皇帝谘请结论,皇帝并不认为它的规定是适当的和与法相一致的……判决的基础并不是事例而是法。"(Nemo judex vel arbiter existimet, neque consultationes, quas non rite judicatas esse putaverit, sequendum…cum non exemplis sed legibus judicandum sit.) 后一个篇章在两方面的考虑上是特别重要的:其一,这个篇章在这里所引用的文辞中明确涉及了曾被采纳的规则在同类新情形中的应用;其二,这个篇章将谘请(即,因谘请而发布的批复)与一些高等法院所做出的判决相提并论,但并不包含皇帝本人的裁决。通过省略皇帝本人的裁决,这个篇章与 L. 12 *pr. C. de leg.* (1. 14.) (§23 注 14)这个篇章之间的所有矛盾都被谨慎地避免了。因此,以下区分被做出,即一方面是皇帝本人关于他所处理之事项的裁决,另一方面是法官的裁决,此裁决仅仅是以皇帝的批复作为基础。因为后一种裁决不具有前一种裁决所具备的公开性和可信赖性,因为在后一种裁决中,对批复的含义发生误解始终是可以想象的。——许多人想例外地赋予批复一种普遍的效力,如果批复包含了一个正式解释(eine authentische Interpretation),因为 L. 12 §1 *C. eod.* 这个篇章认为:"解释,无论它是在对请示的回答中,还是在判决中,抑或具有其他任何形式,都应被认为是有效的,且没有任何不明确之处。"(interpretationem, sive in precibus, *sive in judiciis*, sive alio quocunque modo factam, ratam et indubitatam haberi.)(Glück, Ⅰ,§96, N. Ⅲ.)但是,批复事实上是有效的,甚至是如同制定法那样有效,只是被限制于具体情形之上。如果优士丁尼在此想赋予批复以一种普遍的效力,从而与所引用的其他篇章存在矛盾,那么他本不会在"sive in precibus"(在对请示的回答中)这个附带性的文辞中暗示这一点,而是会明确认为,如同他就在此篇章之前对裁决实际上所认为的那样。

其他情形的约束力，那么这就是错误的，但这一点在后文中才能得到完全清晰的论述（§47）。——如同在裁决情形中一样（§23），在批复情形中，这个限制近来也经常被误解。在这里，人们也经常将此限制与对扩张性解释的禁止混淆在一起，但此限制仅仅涉及批复——而根本不是被扩张的规则——对于同类新情形的应用。人们也将此限制与以下法规则混淆在一起，即具有既判力的判决仅在当事人之间有效。较之裁决情形，这里更少涉及这一点，事实上这里根本就不涉及这一点。因为，例如，如果遗嘱继承人将一个效力有疑问的遗嘱呈交给皇帝，并且皇帝通过批复承认了此遗嘱的效力，那么遗嘱继承人就能够以之对抗任何法定继承人，因为没有任何必要在提请书中列明特定的反对者。

但是，批复只是不被容许对其他情形具有制定法效力，而并非不具有任何影响，批复能够作为很大的权威而对于其他情形具有影响。⑱ 此影响不可能被禁止，事实上这种禁止也不可能是值得追求的。毋宁说，正是在这里存在法发展的重要方式，并且在学说汇纂中，我们可以看到，早期法学家是如何坚持运用此种方式的。在这种使用中，糟糕批复所产生的危害并不显著，因为单纯权威的特征从未排除对具体批复的批判和摒弃。尽管如此，由

---

⑱ 许多人似乎将 legis vis（制定法效力）——Gajus 和 Ulpian 赋予批复以这种 legis vis——理解为这种作为权威的影响，但这是肯定不正确的。这些法学家对他们表述的选择，肯定比人们所信赖的还要更好。如果他们所意欲的是例如一般意义上的影响和效力这类非常不明确的事物，那么 Gajus 就不会在荣誉法的情形中遗漏这种 legis vis；同样，他在§7中就不会仅仅使用"法学家的解答"（responsa prudentium），而是会使用范围更广的"法学家的权威学说"（Auctoritas Prudentium）。——同样，在另一方面，对 Gajus 的这个不明确的表述（Ⅰ§5）做出如下理解也是不正确的，即Gajus 想赋予批复如同皇帝诏谕那样普遍的约束力。同样，他在§7中很明显地一般性赋予解答以"legis vicem"（制定法效力），这只有根据下文中的对立才能大致得以清晰化，即这里应当仅仅涉及对具体法争议的审判员的法定约束力。

于这种危害，Macrinus 皇帝曾认为要废除所有早期的批复，这很明显只涉及这种权威。[19]

从这个观点出发很容易解释我们在批复中所看到的所有现象。以下事实可以得到解释，即法学家能够对批复拥有非常全面的知识，因为大多数法学家本人与皇帝生活得很临近，常常进行批复的撰写，更为经常的是，他们能够更为自由地接触到档案文件。[20] 以下事实也可以得到解释，即法学家已经通过书籍的形式公布对批复的早期汇编。[21] 以下事实同样也可以得到解释，即法学家并非罕见地表明与包含于一个批复中的观点相反的观点，这或者是因为他们偶然地不知道这个批复，或者是因为他们认为这个批复中的观点是不正确的从而予以摒弃。[22]

根据对不同时代关于批复所发布之命令的这种总结，可以

140

141

---

[19] Capitolini Macrinus C. 13.："在法律中并非没有道理的是废弃所有过去君主的批复，使得法律而非批复作为根据，给予 Commodus、Caracalla 以及其他外行人的意志以制定法的效力是罪恶的，而 Trajan 皇帝从不批复回答当事人之询问，以免似乎出于仁慈而做出的批复被用于其他事实情形。"（Fuit in jure non incallidus, adeo ut statuisset omnia rescripta veterum principum tollere, ut jure non rescriptis ageretur, nefas esse dicens leges videri Commodi et Caracalli et hominum imperatorum voluntates, quum Trajanus nunquam libellis responderit, ne ad alias causas facta praeferrentur, quae ad gratiam composita viderentur.）皇帝的上述意图仅能涉及批复在将来的权威，因为这种法情形——即在此法情形中，过去的君主（veteres principes）发出了批复——事实上在那时早已被解决和忘记。

[20] 因此，由于对批复的这种非常常见的熟悉，没有必要如同以下著作那样认为要对批复进行公告，Güyet, a. a. O., S. 74.。

[21] 例如，Papirii Justi libri XX constitutionum.，依据保存下来的片段，它是批复。之后的《格里高利（Gregorianische）法典》和《赫尔摩根（Hermogenianische）法典》至少大部分是批复。——此外，Marcus 皇帝的 Semestria 无疑也属于此，它是对这个皇帝半年内最为重要的批复（可能还包括裁决）进行挑选所形成的汇编，可能是由私人进行的，也可能是由皇帝本人主持进行的，在后一个情形中，它能够有效作为一种制定法的公布。Vgl. Brissonius v. Semestria, Cujacius in Papin, L. 72 de cond. Opp. Ⅳ. 489，我不认为它对于 Semestria 的解释是正确的。

[22] 对这种篇章的整理参见以下著作，Güyet, a. a. O., S. 55. fg.。

得出以下结论，即虽然至优士丁尼法典籍的时代，批复仍然具有很大的重要性，但它们的影响通过新律的立法几乎完全被废弃。

Ⅳ. 训示。训示是皇帝对官员们的指示，这些官员们在行使职责时必须按照指示行事。训示通常出现于使节（Legaten）的情形中，这些使节在皇帝的行省内作为皇帝的代理人行事，并且通常的行省执政官（Proconsuln）也可以发布训示（例如，司法权训示［mandata jurisdictio］就属于此）。训示在行省内拥有如同行省诏谕（Provinzialedicte）那样的威望。较之其他种类的谕令，对训示的提及要少得多，这一点可以根据以下事实而得到解释，即行省在其与整个帝国的关系中具有更为独立的地位，因此共同罗马法的发展很少能够在行省中得到开始。我们所知的大多数训示涉及刑法或警察法规定。[23] 在私法的新规定中引用训示的一个重要情形涉及军人遗嘱（Militärtestamente）[24]；但这很容易根据规定对象的性质而得到解释，因为在此种遗嘱情形中被作为前提的战争只能出现于行省之中，因此这个法规定主要在行省之中得以应用。同样，罗马行省官员和这个行省的女性之间的婚姻禁止也以训示作为根据。[25] ——Gajus 和 Ulpian 在列举谕令种类时忽略了训示；这同样是因为——如同已被提及的那样——训示享有较小的重要性；可能也因为，训示被限制于具体行省的范围之内，这样，训示同荣誉法一样很难具有其他谕令所享有的制定法效力（legis vis）。

这个关于皇帝谕令之效力的研究结论可被总结为以下规定。

---

[23] Brissonius de formulis Lib. 3 C. 84.

[24] L. 1 *pr. de test. mil.* (29.1.)：" 之后这样一个内容被插入到训示之中：我已经注意到的是……"（et exinde mandatis inseri coepit caput tale: Cum in notitiam…）

[25] L. 2 §1 *de his quae ut ind*. (31.9.), L. 6 C. *de nupt*. (5.4.).

诏谕和训示是真正的制定法，对法官和当事人都具有约束力；训示自然只在训示向其发布的行省内如此。批复只对于据其而发布批复的具体情形而言具有制定法效力；自从优士丁尼的最新规定以来，批复的效力受到了很大的限制，因为向私人发布的批复完全不应被重视，但是根据规则（有疑问的制定法解释这个情形除外），禁止法官提请批复。对于具体情形而言，裁决如同具有既判力的判决；在这一点上，它只包含终局判决（不包含单纯的中间裁决），在此之中被表明的法规则如同真正的制定法那样具有普遍的效力。——但是此外，没有任何区别和限制，所有种类的谕令在各处都对任何偶然获得对它们的认识之人具有很大的权威这种自然力量。

143

优士丁尼法典对于所有这些种类的皇帝制定法都进行了切割。在法典中被采纳的皇帝制定法获得了制定法效力，尽管批复或裁决迄今对将来发生的情形不具有这种制定法效力；没有被采纳的皇帝制定法由此不再被作为制定法。㉖ 因此，这里所确立的规则自此以后应适用于以下这些谕令，即这些谕令在法典颁布之后由优士丁尼或其后继者发出。

大区长官（Praefecti Praetorio）的告示或者一般性决定（generales formae）能够被视为是皇帝立法的一种附属或替代。Alexander Severus 已经赋予了它们普遍的约束力，如果它们没有与制定法相矛盾，并且皇帝没有做出不同的规定。㉗ 优士丁尼如同引证制定法那样引证了它们中的其中一些。㉘ 它们中的一些片

144

㉖ Const. Summa § 3.——但通过批复而给予社团或个人的特权（Privilegien）并没有因此而被废除，ibid. § 4.。

㉗ L. 2 C. de off. praef. praet. Or. et Ill.（1.26.）. 这在当时应被理解为对于整个帝国而言，自 Constantin 以来应被理解为特别对所有行政长官（Präfectur）而言，如同之前在行省执政官的行省告示中一样。

㉘ L. 16 C. de jud.（3.1.）. L. 27 C. de fidejuss.（8.41.）.

113

段仍然留存在我们的新律汇编的后面。[①] Cassiodor 赋予了行政长官（Präfecten）类似的立法权力。[②]

[①] Nov. 165. 166. 167. 168. Vgl. Biener, Geschichte der Novellen, S. 98. 118.
[②] Cassiodor. Var. VI. 3. Formula Praef. Praet.："（行政长官）能够作出法律规定"（Pene est ut leges possit condere）等等。

第二十五节 关于习惯法的罗马法观点

渊源：Dig. I. 3.

Cod. VIII. 53.

Cod. Th. V. 12.

在 Cicero 的一个相当混乱不清的思考之中，存在关于习惯法的以下值得注意的表述。"他认为，存在一种生活规则，它并非产生于个人的观点，而是产生于一种植根于我们伦理本质之中的必然性。在共同生活的人所构成的共同体（Gemeinschaft）之中，这种规则或者在它仅作为一种不确定的取向（Richtung）而存在之处被发展成为确定的形态，或者得到扩展，或者被作为不变的惯习（Sitte）而得到巩固。"之后，他认为，对立于所有这种规则的是制定法（lex），或者是通过任意而形成的实在规则。[1]——在早期法学家那里，我们发现，习惯法所享有的范围和重要性并没有得到承认。这一点很容易根据以下事实而得到承认，即在他们那个时代，绝大部分早期国族习惯法早已经转变成为其他法律形式，而不再具有其最初形态（§15.18）。他们那个时代很难适合于以纯粹民族的（rein volksmäßigen）方式产生普遍的新习惯法（§7）。因此，对他们而言，实际生活中的习惯法绝大多数只是特别习惯法（partikuläres

---

[1] Cicero de inventione II 53.51.："自然法并非产生于人类观点之中，而是植根于我们的内在力量之中，如宗教和仁爱……习惯法要么在很轻微的意义上起源于自然，之后又通过使用而得到加强，如宗教；要么，如同我们已说过的是产生于自然，但又通过习惯而得到增强，要么，经过一段时期作为习俗而得到普遍认可。"（Natura jus est, quod non opinio genuit, sed quaedam innata vis inseruit, ut religionem, pietatem…Consuetudine jus est, quod aut leviter a natura tractum aluit et majus fecit usus, ut religionem; aut si quid eorum, quae ante diximus, ad natura profectum, majus factum propter consuetudinem videmus, aut quod in morem vetustas vulgi approbatione perduxit.）

Gewohnheitsrecht），他们著作中所包含的绝大多数关于习惯法的篇章也仅涉及这种特别习惯法。② 尽管如此，早期法学家们就此所确定的观点在整体上仍是令人满意的，只是近来的著作者不要被此观点中的不明确的表述所误导从而采取错误的观点。根据罗马人的这个理论，如果一个法规定出现于长期的多年习惯（consuetudo）之中，且此规定有效性的基础是民众——也即，使用这个法规定的民众（utentium, auch omnium［全体使用人］）——的默示同意（stillschweigende consensus des populus）③，那么此法规定就被认为得到了确立。对这一点的误解如下，即习惯包含了法的产生根据，且这种法的形成被个人的任意决定——也即，在民众会议中进行立法之人的意志——所引起。后一个含义因为以下原因而具有特别的重要性，即习惯法似乎由此与特别的国家政制直接联系在一起，这样，它就丧失了对帝制罗马和我们君主制国家的可适用性。但是，对于早期法学家而言，习惯（consuetudo）并非这种法的产生根据，而仅仅是这种法的可感觉的现象，也即认识这种法的手段，成文法的形式事实上也常常从这个方面被理解（§22）。这个观点的正确性可以根据以下事实而得出，即在较多的篇章中，理性（ratio）——也即关于一个法规则之存在和有效性的共同直接信念——被认为是在习惯本身之外的真正产生根据。④ 同样，con-

---

② Puchta, Gewohnheitsrecht, Ⅰ, S. 71 fg.

③ Gajus Ⅲ §82. Ulpian. tit. de leg. §4. L. 32—40 *de leg*. (1.3.). §9. 11 *J. de j. nat.* (1.2.).

④ L. 39 *de leg*. (1.3.)："如果一个规范最初不是基于理性而是基于错误而产生出来，随后通过习惯而具有了效力，那么此规范在其他类似的情形中没有效力。"(Quod non *ratione introductum*, sed errore primum, deinde *consuetudine obtentum* est: in aliis similibus non obtinet)（alia similia 的含义是完全类似的未来情形）L. 1 *C. quae sit. l. c.* (8.53.)："如果存在一个习惯，那么应考虑到确立此习惯的理性。"（Nam et consuetudo praecedens, et ratio quae consuetudinem suasit, custodienda est.）Vgl. Puchta, S. 61. 81.

sensus（同意）也并非任意决定，这恰恰可能在相反的方向上被思考，而是产生于内在必然性的一致态度。由此，对此表示同意（consensus）的 populus（民众）也并非全体于某一时刻在部落（Tribus）和百人团（Centurien）中被登记的市民，而毋宁是延续于所有世代的理念性的罗马国族，它在极不相同的政制中可以始终被做出同样的理解。⑤ 此种解释的正确性首先表现于极高的确信度之中，这个极高的确信度被认为是习惯法的基本特征⑥，它很明显更为适合于共同的民族信念，而非适合于对重复出现之具体行为的个人任意决定。上述解释的正确性也在我们对于习惯法所陈述的条件和标志之中得到了证明。

也就是说，习惯法可在法律内行们——法学家权威学说（Prudentium auctoritas）——的共同信念中而被认识到。⑦ 此共同信念很可能成为一个组成（Organ），共同的民族意识在此组成中存在和作用着，并具有特别的力量和确定性（§14）；相反，如果通过法学家的任意决定而使得整个国族受到约束，那么这就是非常不合适的。事实上，习惯法对于整个国族都具有效力，而不仅仅对于法学家具有效力。——此外，法官认识的一致意见被

---

⑤ L. 32 §1 *de leg.* (1.3.) 这个篇章可能会被引用以反对后一个观点，在这个篇章中，是根据制定法（lex）中的"民众明示同意"（expressus populi consensus）得出了习惯（consuetudo）中的"民众默示（tacitus）同意"。但是，首先，在这里，通过这种比较所阐述的并非是习惯本身的有效性，毋宁是此有效性的种类（legis vice [制定法效力]）(Puchta, S. 84.)。其次，我根本没有认为，早期法学家始终清晰地意识到了 populus 的含义之间的对立。这里所维护的观点仅仅在以下情形中才能被反驳，即早期法学家具有此种对立的清晰意识，他们将全体 cives（市民）而非理念性的国族承认为习惯法的主体。

⑥ L. 36 *de leg.* (1.3.)："因为它不需要写为成文法就被认可了。"(quod in tantum probatum est ut non efurit necesse scripto id comprehendere)

⑦ L. 2 §5. 6. 8. 12. *de orig. jur.* (1.2.).

认为是我们认识习惯法的重要手段。⑧ 在此存在对于我们解释的证实，因为，法官认识能够对民族信念的存在提供一个特别可信的证明，而法官的任意决定却不可能约束国族。但是，如果要赋予分离于习惯法的既判事项（res judicata）本身以此种力量，那么这就是完全错误的，因为相反的观点被明确规定下来，即任何法官都不能仅通过先例而做出决定。⑨ 这一点仅具有以下含义，即先例本身并不具有任何影响，但它作为习惯法的证明却具有极大的影响。——以下规则属于对这些条件的补充，即一个可证明的错误排除了习惯法的存在⑩；此外，以下这个规则也同样是对这些条件的补充，即如果习惯太新了，那么皇帝应当作出确定，以便自然而然地使得共同信念的存在不具有任何疑问。⑪——关于习惯法条件的更多罗马法规定没有被发现。尤其是，以下观点在罗马法中是完全不存在的，即习惯必须作为一个单纯的事实由以此习惯为依据的人进行证明。⑫

最后，对于习惯法的效力，罗马法确立了以下原则，即习惯法代表了制定法的效力（legis vicem）。⑬ 这意味着，根据上文所作出的解释（§22），习惯法不仅具有同制定法（Lex）一样确定的力量，而且以同制定法一样的方式而生效，这样，根据其性

---

⑧ L. 38 *de leg.* (1.3.), L. 1 *C. quae sit l. consu.* (8.53.). 尤其在特别习惯法的情形中，L. 34 *de leg.* (1.3.) (Puchta, S. 96.)——值得注意的是，res judicata（既判事项）非常常见地出现于修辞学著作者们而非早期法学家们对法律渊源的一般性列举之中（§22）。此外，这一点在所有时代都是得到承认的（§12注2）。

⑨ L. 13 *C. de sent. et interloc.* (7.45.). 参见上文§24注17。

⑩ L. 39 *de leg.* (1.3.), 参见上文注4，Puchta, I, S. 99.。其非常自然的基础在于，习惯此时是错误的可证明的结果，因此其并非共同民族信念的表达和标志，而恰恰是这些赋予了习惯以力量。

⑪ L. 11 *C. de leg.* (1.14.).

⑫ Puchta, I, S. 110.

⑬ 参见上文§22注23。

质，习惯法的效力就没有像荣誉法那样被限制于特定的行政区划和时间。但是，可能具有此种限制性质的特别习惯法与此并不矛盾，正如制定法事实上也可能是为了具体的城市或行省而被发布一样。

此种效力可能以双重方式而表现出来。首先，如果制定法的表述不明确或者模糊[14]，或者一个法问题完全缺乏制定法的相关规定，那么此效力就仅仅是一种补充。[15] 特别是在城市交往的情形中，后一种情形就可能具有必要性，在此，拥有某一固定的规定是绝对必要的，而此规定的内容可能是相当无关紧要的。如果一个城市在此情形中缺少明确的习惯，那么罗马城的习惯就应被遵循[16]，其原因不仅在于罗马城所享有的作为帝国第一城市的这种重要性，而且更多地在于罗马城最初构成了这个国家。因此，在这样一个时代，即国家作为一个整体，由于其不确定的延伸范围，很难存在有力的共同法意识，如果新民族法不可或缺，那么罗马作为国家的代表就有理由在此新民族法的产生中发挥作用。在东罗马帝国中，这个特权转由君士坦丁堡享有[17]，这仅仅是以下事实的结果，即罗马和君士坦丁堡这两个城市在总体上享有相同的地位，而绝不能通过相同的历史关系而得以证成。另外，这种补充的范围是不同的：有时是对于一个已被认识到的法律制度的某迄今未被注意到的具体方面进行补充，有时是全新法律制度的产生，因此是法体系本身的扩展。在后面这个更为重要的方式

---

[14] L. 38 *de leg.* (1.3.).

[15] L. 32 *pr.* L. 33 de leg. (1.3.). Vgl. Puchta, Ⅰ, S. 87.

[16] L. 32 *pr. de leg.* (1.3.).: "如果对某事缺少习惯的规范……就应遵守罗马城所适用的法。" (si qua in re hoc defecerit…tunc jus, quo urbs Roma utitur, servari oportet)

[17] L. 1 §10 *C. de vet. j. enucl.* (1.17.), §7 *J. de satisd.* (4.11.).

中，习俗（mores）被认为是浪费人保佐（cura prodigi）*、配偶间的赠与禁止以及未适婚人替补（Pupillarsubstitution）**的产生根据。⑱

其次，习惯法的效力可表现于与制定法内容存在矛盾的情形之中，此时，习惯法或者确定了一个代替制定法规则的其他规则，或者仅仅是废除了制定法规则。根据表述上的完全相同（legis vis），我们已经有必要赋予习惯法此种效力。但是，这一点也被清晰地表述为普遍的规则。⑲必然完全消除所有疑问的是以下这个事实，即在罗马史的所有时代之中，习惯法都以最为广泛的方式行使这种效力。所有的裁判官告示就是如此，在裁判官告示中，市民法，尤其是《十二表法》，得到了修正，这些裁判官告示只不过是变更性的习惯法，罗马人从未怀疑过它们的有效性。⑳同样，时效婚（des usus in der Ehe）***的有效性也部分地通过习

---

　　* 浪费人保佐，指对随意浪费财产的人实行的保佐，最初该保佐人管理的财产范围只限于该浪费人通过无遗嘱继承所获得的财产，后来扩展到该浪费人的所有财产之上。——译者注

　　** 未适婚人替补，指家父为尚未至适婚期的继承人指定候补继承人，如该未适婚人在未满适婚年龄时死亡，则该候补继承人接替该未适婚人继承遗产。——译者注

　　*** 时效婚，是妇女归顺夫权的一种方式，表现为丈夫或丈夫的家父因某一妇女与丈夫连续同居1年而取得对该妇女的夫权。——译者注

　　⑱　L. 1 *pr. de curat.* (27. 10.), L. 1 *de don. int. v. et ux.* (24. 1.), L. 2 *pr. de vulg. et pup. subst.* (28. 6.).

　　⑲　L. 32 §1 *de leg.* (1. 3.)："……因此很正确地接受了这个原则：制定法不仅通过立法者的表决而被废除，而且可以通过全体默示的同意而被废除。"(...Quare rectissime etiam illud receptum est, ut leges non solum suffragio legislatoris, sed teiam tacito consensu omnium per desuetudinem abrogentur) Vgl. Puchta, a. a. O., S. 86. 90.

　　⑳　Cicero de invent. II. 22.："但是，习惯被认为是经过一段时期由所有人在无制定法的情形下所认可的法。但是……这种习惯中的最主要部分常常已被裁判官纳入告示之中。"(Consuetudinis autem jus esse putatur id, quod voluntate omnium sine lege vetustas comprobavit. In ea autem... sunt... eorum multo maxima pars, quae praetores edicere consueverunt.) 可以认为，早期法律史中关于这一点的误解可能已被清除。

惯法而被废除；《阿奎利亚法》（Lex Aquilia）的第二章以及询问之诉（interrogatoriae actiones）*也同样如此。[21]优士丁尼在许多特别规定中承认了习惯法的上述效力，而没有表达出对此的任何疑问，这样就很难想象，如何才能够在优士丁尼立法的立场上对此提出疑问。[22]但是，有两个理由常常能够使不一致的观点有效。首先，在许多已被引用的篇章中存在以下观点，即习惯在缺乏制定法时有效，这一观点常常被理解为习惯只在缺乏制定法时有效。在当前情形中，这一非常令人疑虑的解释方式通过上下文的相互关联而被完全驳斥。[23]第二个理由存在于法典篇章所采取的观点之中，它具有更多的表象，此观点认为，习惯绝不能战胜制定法。但是，这里根本没有论及一般意义上的习惯，而只论及了特别习惯，在特别习惯与邦国的绝对性制定法发生冲突时，特别习惯应被放弃。[24]

对于普遍性罗马习惯法中的产生于优士丁尼之前的规定而言，所有这些观点不再具有意义。因为，根据优士丁尼的意图，这些规定或者被采纳入法典籍（Rechtsbücher）之中，或者根本不再有效。相反，这些观点可适用于任何未来产生的习惯法，事实上也可适用于已经存在的特别习惯法，只要此种习惯法根据上

---

* 询问之诉，指原告在执法官面前或者通过执法官直接询问被告，要求被告对他自己是否具有某种资格作出确认的诉讼。——译者注

[21] Gajus I §111, L. 27 §4 *ad. L. Aquil.*（9.2.），L. 1 §1 *de interrog. act.*（11.1.）.

[22] §11 *J. de j. nat.*（1.2.），§7 *J. de injur.*（4.4.）——L. 1 *pr. C. de cad. toll.*（6.51.），L. 1 §10 *C. de vet. j. enucl.*（1.17.），Const. *Haec quae necess.* §2.——Nov. 89 C. 15 Nov. 106.

[23] L. 32 *pr.* L. 33 *de leg.*（1.3.）. Vgl. Puchta, I, S. 88.——特别是在上述第一个篇章中，此种反面论证（argumentum a contrario）是完全不可理解的，因为编撰者紧接着就在下一个篇章的文辞（§1）中采取了相反的观点。

[24] L. 2 C. *quae sit l. consu.*（8.53.）. 对此请参见本卷中的附录二。

文刚刚提及的限制具有效力。因为，这些习惯法根本不属于新法律汇编的计划之中，因此汇编的排他性并不会妨碍这些习惯法的继续存在。

154　　另外，在教会法和帝国制定法中，这种法律渊源也被提及，因此这里应当附带地对此加以论述。

在教会法中，较多的罗马法篇章被逐字逐句地采纳，其中并没有产生新的内容。㉕ 以下规定可被认为是新的独特规定：

（1）为了具有效力，习惯法必须是理性的（rationabilis）。这个非常不明确的表述——虽然它可能是通过罗马法篇章而被引起——似乎确实包含了独特之处，即要对内容进行实质性审查，并且只有在内容是良善的和合理的情形下，此内容才能被承认；更为有可能的是，这个条件并没有被一般性地确立，而仅仅是为了与制定法存在冲突这个情形而被确立。㉖

（2）习惯必须具有 legitime praescripta 或者 canonice prae-
155　scripta。㉗ 许多人据此认为存在真正的时效，但是真正时效的性

㉕ C. 4 D. XI = L. 2 C. quae sit l. consu. (8.53.), ——C. 6 D. XII = § 9 J. de j. nat. (1.2.), ——C. 7 D. XII = L. 1 C. quae sit l. consu. (8.53.).

㉖ C. 11. X. de Consuet. (1.4.). C. 1 de constit. in VI (1.2.). 关于这个篇章的意义，将在附录二中进行论述。

㉗ C. 11. X. de Consuet. (1.4.), C. 3 de consuet. in VI (1.4.); C. 9. de offic. ord. in VI. (1.16.), C. 50. X. de elect. (1.6.). ——关于这些篇章的意义，参见以下著作中的研究，Meurers, jurist. Abhandlungen, Leipzig, 1780, N. V.，它认为，这些篇章虽然涉及时效，但并不涉及习惯的确立，而是涉及具体权利的取得。但是，它事实上最后采纳了正文中所确立的解释，至少在关联到 C. 11. X. de consuet 这个篇章时是如此。采纳了上述第一个观点的是，Glück, I, § 86, Num. V. ——Eichhorn, Kirchenrecht, S. 42. 43 并没有将上述这些篇章理解为真正的习惯法，而是理解为"惯例"（Observanz），也即默示的条例（einem stillschweigenden Statut），只要能根据此默示条例引申出第三人权利（§ 20. f.）。对此情形的考虑可能是上述表达的动因。但是，很明显的是，所有这些表达都是在普遍意义上被使用的，事实上确实有可能的是，不精确的表述是以不清晰的思考作为基础的。【Praescripta 的含义是"时效"或"期间"——译者注】

质根本不适合于普遍法规则的确立。如果这个规定被如此理解，则它并没有允许任何明确的适用，因为时效具有非常不同的期间，但是这里并没有规定明确的时间。因此，非常有可能的是，与罗马法相一致，这个表述只是在一般意义上指明了一个长的期间，因此，legitime praescripta 在这里的意思是 longa（长期）或者 diuturna（长时间持续）。

最后，较多的帝国制定法论及了习惯法，但是，这些制定法都只是在一般意义上指示法官遵从习惯法，但是却没有详细确定习惯法的条件或效力。㉘

㉘ C. C. C. art. 104.——Conc. ord. cam. Tit. 19 provem. Tit. 71, Rec. Imp. nov. §105.

第二十六节　关于科学法的罗马法观点

从早期开始，法律专家的威望以及法律专家对于通过惯习（Sitte）而实现的法发展的影响，就已经被认识到。① 显而易见，当科学素养的优势与对法律专家具有业务经验的这种信赖联系在一起时，上述影响就必然得到了发展。

August 皇帝加强和改变了这种影响，因为他赋予了个别被认可的法学家以出具法律意见（Gutachten）的权利，只要同样被授权的法学家的相反法律意见没有被提出，法官就必须如同遵循制定法那样遵循上述法律意见（legis vice［制定法效力］）。② 除此之外，法学理论者和著作者的一般性的、不确定的权威仍然继续存在，但是，此种权威并不享有制定法效力（legis vicem），如果在一个法争议中，或者根本不存在法律意见，或者存在相矛盾的法律意见，则此种权威只是通过其内在的精神力量影响所有法官。

Gajus 将这些特许的法律意见作为一个仍然存在的制度予以提及。它们的终止很可能伴随着法的一般性的科学存在。因为，

---

① L. 2 §5 *de orig. jur.* (1.2.).

② Gajus Ⅰ §7, §8 *J. de j. nat.* (1.2.). ——L. 2 §47 *de orig. jur.* (1.2.). ——因此，我做出了以下区分，即解答（Responsa）与当今和之前的著作者的观点，前者是被授权的现在仍然活着的法学家对呈交给他的具体法争议做出的法律意见，后者是全部的法律文献。解答如同制定法一样对法官有约束力，其影响是完全实证的（Positives），所引用的篇章也是这样描述的。而文献的影响是自然的（Natürliches），但也是不确定的，并且文献对法官不具有约束力。Gajus 所说的是第一种完全实证的影响，但并没有想排除第二种影响。Hugo, Rgesch., S. 811, ed. 11. 认为所引用的篇章涉及的是第二种影响，从而否定（或者至少是怀疑）了第一种影响。但是，在我看来，这种观点与 Responsa（解答）这个特别表述完全不一致。但是，这里不对这个争议问题进行论述。

当著名法学者的数量急遽减少并且此种特许只能被给予少数几个人之时，这少数的几个人就会取得对司法的过大影响，这个考虑可能促使了以下事实的产生，即这种特权不再被给予。

但是，至为重要的法学文献所具有的一般性影响并没有随之而被废除。相反，继续存在于书籍中的过往（Vergangenheit）所具有的这种影响必然发展到以下程度，即当前（Gegenwart）所具有的精神力量被减少。这些文献的规模非常庞大，并且它们之间存在许多争议，这样，关于应用这些文献的形式规则的需求必然很快就非常明显了。从 Constantin 皇帝开始，就似乎已经对此确立了一些具体规则。③ 但是，完备的规定是由 Valentinian 三世皇帝首先发布的④，由此，法学家的共同观点这个概念以一种方式具有了实践效力，这种方式不同于之前关于一致的法律意见之规定所试图采取的方式。在优士丁尼执政时，这个制定法仍然存在。这时，通过此制定法，虽然应用科学法的困难性得以减少，但却并没有被消除⑤，这个考虑促使优士丁尼制定了一个更为有力的全新规则。

不考虑 Valentinian 三世皇帝所做出的限制，优士丁尼从全部法学文献中选择出了以下内容，即这些内容对于法的完整概览——尤其是司法——而言非常必要。这些内容被汇编于一部书籍中，并被作为制定法而予以公布，但所有其他内容都被废除。因此，法学（Jus）的摘要现在就被提升为制定法（Lex），在最初形态中作为法学（Jus）而具有效力的内容不再存在。但是，对于未来，优士丁尼完全禁止了新法学文献的产生。所被允许的只有拉丁语文本的希腊译本以及对标题内容的简短说明；但是，如

---

③ L. 1. 2. *C. Th. de resp. prud.* （1.4.）（新发现的篇章）。
④ L. 3（sonst un.）*C. Th. de resp. prud.* （1.4.），这个篇章发布于公元426年。
⑤ Savigny, Gesch. des R. R. im Mittelalter, I, §3.

果某人撰写了一部注释制定法的特别书籍，那么这部书籍应被销毁，并且此著作者应按照伪造罪名而被施加刑罚。⑥ 因此，法学保存和传播的唯一途径应当是法律学校中的口头传授，由此，优士丁尼对此种口头传授提供了一个新的教学计划。⑦ 但是，如果人们将此与上文所提及的禁止结合在一起考虑，那么教学课程是何种状况就无可置疑了。它肯定不是通过学者的自由精神工作而对法典籍进行的处理，通过这种处理，类似的自由精神工作就在学生中被激发出来，而这种方式很明显与上述禁止存在矛盾。毋宁说，全部教学课程必然处于一种机械性的死记硬背这种状况之中，学者的作用必然被限制在帮助不熟练的学生克服主观困难这个活动之中，而这种主观困难必然是不熟悉内容庞大的陌生素材。因此，所有这些规定的基础都是以下这个想法，即被选择和整理的先辈精神成果对于法状况而言是足够的；任何新成果对法状况而言都是不必要的，并且只会再次破坏现在所创立的作品。

许多人可能会认为这些观点在字面含义上过分奇怪，由此寻求一种形象化的或者缓和化的解释方式；这在我看来是不正确的。当优士丁尼执政时，他很可能注意到了一些意见，这些意见如同普鲁士皇帝 Friedrich 二世在公元 1740 年所注意到的意见一样强烈，它们认为法处于一种无可救药的混乱状况之中，并认为迫切需要进行彻底的改革。优士丁尼非常幸运地偶然拥有了一些非常聪慧的法学家，这些法学家已经一个多世纪没有出现过了，并且优士丁尼本人既不缺乏自己的法知识，也不缺乏积极性和争名的欲望。因此，人们试图对首先被认为是不幸的一些事物进行补救，包括数量极为庞大的法学文献，以及出现于法学文献之中

---

⑥ L. 1 § 12, L. 2 § 21, L. 3 21 C. de vet. j. enucl. (1. 17.).
⑦ Const. Omnem.

的许多矛盾。不存在任何可以据此审查这项工程的相似经验，由此宫廷人士真诚地相信能够通过这种方式创造出一个非常出色的社会状况，并且只有通过制定法禁止才能杜绝早期不幸事物的重新出现。因此，人们对于以下情形并不害怕，即实存的精神生命被这种禁止所压制，如果 Hadrian 皇帝或 Marc Aurel 皇帝具有类似的想法，那么这种情形可能就会发生；而当前（Gegenwart）所具有的力量和素养很显然是绝对充分的，因此很难会破坏什么。事实上，施加刑罚和销毁书籍这种威胁，甚至是禁止写作书籍这种规定，对于我们的惯习而言是完全陌生的，在印刷术已经出现以及许多欧洲国家之间存在活跃的交往这种情形下，仅仅是考虑这些做法就已经是非常荒诞的了。但是，如果我们将这种暴力的实施方式作为一种偶然而不予考虑，那么这里的基本想法就是一种自负，这种自负深深植根于人类本质之中，它不断再现于所有的精神领域，尤其是宗教领域；如果我们通过我们自我力量的真诚努力产生了思考的具象（Verkörperung），那么我们就相信可以将此种具象确立下来，使得它对其他人而言也是绝对有效的，始终排除错误，但是同时无疑也排除了精神自由。优士丁尼确立了这种法的和谐一致形式，没有人应冒险破坏此形式所确定带来的和平。在这一点上，我们会对他作出严厉的评判吗？我们的视野通过一千年至两千年的经验而得到了很大的扩展，但优士丁尼的上述思考中的重要之处现在仍然存在于以下这些人那里，这些人抱有编纂新法典的醉心希望；但是，无疑没有力量，也没有意愿通过优士丁尼所寻求的那种严厉强制来实施他们的想法。

这些观察并非为优士丁尼的处理方式进行辩护，我肯定不倾向于那样做；这些观察只是和缓地描述这种处理方式，尤其是在以下范围内使之可被理解，即这一部分所首先涉及的事实应在字面上被真正接受，并免于遭受任何人为的或者勉强的解释方式。

第二十七节　关于法律渊源的罗马法观点的实践价值

162　　在描述了关于法律渊源的罗马法观点之后（§22—26），应当对以下问题做出回答，即从我们的立场出发，这些观点具有何种实践价值。这个问题涉及所有发生了罗马法继受的国家，并且它必须在以下两个不同的应用中被理解和回答：第一，自继受以来迄今所发生的法发展（§21）应根据上述规则而被审查和评判吗？第二，这些规则适用于这些国家中的未来法发展吗？第一个应用涉及以下事物，即这些事物被我们作为目前有效之共同法的真正内容而得到承认；第二个应用涉及这些内容的未来变化。但是，这两个应用仅仅涉及同一个问题，对这个问题的回答并不会根据这两个方面而有所不同。

　　乍一看来，最为自然的做法是对这个问题做出肯定回答。因为，如果罗马法在这些国家中一般而言是有效的，那么它为何在持续的法发展这个重要方面就没有效力了呢？近来的著作者常常
163　根本没有提出这个问题，而只是默不作声地对这个问题做出了肯定回答，并在这个前提下使用罗马法的篇章；无疑存在以下保留，即在罗马法篇章似乎过分可疑之处，放弃对它们的使用。

　　我将首先简短地对以下这一点做出总结，即对上述问题所作出的肯定回答是如何构成的。

　　在真正的制定法（§23）中，我们可以放弃元老院在制定法编纂中的参与作用，因为这种罗马帝国意义上的元老院在现代国家中是不存在的。但是，我们必须根据皇帝 Theodisius 二世所作出的规定提取出真正制定法的绝对标志。——但是，更为重要的问题是邦国统治者在具体法事务中的批复（§24），这些批复必须被所有法官承认为制定法，至少是以优士丁尼新律所采取的那

种限制方式。近来的著作者对此明确反对。① 其他人则严格坚持罗马法规则的适用，有时甚至不考虑通过新律所作出的限制，但是却默示地赋予这些规则以完全不同的含义。也即是说，他们默不作声地忽略了最主要的方面，即对于具体情形的制定法效力，并仅赋予了批复对未来相似情形的制定法效力②，根据罗马法，批复并不具有此种效力，而只有裁决才具有此种效力（§23.24）。

在习惯法的情形中（§25），罗马法的可应用性在总体上根本没有被怀疑。只是可能存在以下事实，即如果个别著作者一般性地抵抗了习惯法的某种特别应用，而此种特别应用在罗马法中得到了承认，那么他们就试图通过对于上述法的可应用性的批判性质疑而消除疑虑。③

最后，在科学法的情形中（§26），人们常常完全默不作声地忽略了优士丁尼的反对法学书籍这个并非不重要的制定法，我也不知道有哪个近来的著作者主张服从上述制定法，且此种书籍现在仍必须被销毁。对自己的著作缺少关爱事实上是不负责任的。那么，较之关于类似问题的其他制定法而言，此制定法为何应具有更弱的效力？

如果人们将所有这些进行概括，那么就可以得出以下结论，即对罗马法中所包含的关于法律渊源的规定，我们完全任意地有时予以采纳，有时默不作声地予以忽略。所有这些规定的绝对应

---

① Mühlenbruch，Ⅰ，§35.
② Glück，Ⅰ，§96，它也对支持和反对其观点的其他著作者进行了引用。
③ 例如，Schweitzer, de desuetudine, p.52.53.85.。整部著作指向了纯粹的"不使用"（desuetudo）的影响，并由此主张，罗马法在这个问题上不具有可应用性；对其余全部习惯法而言，尤其是对通过习惯所实现的"废除"（obrogatio）这个非常类似的问题而言，罗马法是有效的。【不使用，即习惯由于共同体成员长期和普遍地不使用而实际上消亡。——译者注】

用是完全不可能的,所以据此产生出了反对任何应用的两方面异议。第一个方面的异议是这种处理方式在逻辑上不一致,人们只能通过以下方式避开这个责难,即对法学书籍的禁止再次被废除了。第二个方面的异议在于,如果现在被认为仍然有效的那些规定与已被抛弃的那些规定之间的关联不再存在,那么前者也许就具有了完全不同的性质,甚至有可能成为不合适的规定。

但是,如果人们对此事项进行更为深入的研究,并且提出以下问题,即这样的一些规定,尤其是涉及制定法的那些规定,为何必须被明确地认为不具有可应用性,那么人们很快就会认识到其根据在于,这些规定属于国家法,而国家法一般而言不属于外来法的被继受部分(§1.17.)。但是,这个根据不仅适用于立法,而且同样适用于一般法的任何其他构成方式,这样,如果某人坚持这个原则,那么他就必须承认,罗马法一般而言不应用于法律渊源。由此,其他人就 L. 2 C quae si longa. consuet. 这个篇章的含义所发生的争论对于实践法而言就完全是无关紧要的。

对于教会法而言,这里关于罗马法对法律渊源理论的不可应用性所进行的所有阐述也同样是有效的。

在德意志国家中,帝国制定法的情形有所不同,因为这些帝国制定法对于公法和私法而言都毫无争议地同样具有制定法效力。但是,这里并不论及帝国制定法,因为这些制定法一般不包含关于法律渊源的规定,仅对习惯法的存在进行了普遍的和不确定的承认(§25),但是习惯法的存在事实上不需要这种承认。

第三章 当代罗马法的渊源

第二十八节 关于法律渊源的现代观点

现在要对一些重要方面进行说明，关于法律渊源的现代通说观点与这里所确立的观点在这些重要方面上有所不同。在此，以下做法很大程度上就已经足够了，即仅确立这种对立，而不对具体著作者进行说明，也不对争议进行论述。

立法与法律渊源之间完全不同的关系通常被一般性地确定下来。人们常认为立法是唯一真正和良好的法产生根据，所有其他的法产生根据都应当是在紧急状况下对立法的补充，它们最好根本不存在。同时，法学由此取得了非常偶然的和可变的素材，并取得了一个从属性的存在，以至于法学在立法的持续完善中始终无关紧要，它在理想的立法状况中最终必然会消失。——在这个基本观点的进一步发展之中，存在着一个绝对的价值，人们在现代将此价值附加到完备的新法典和与此新法典之编纂联系在一起的灿烂期望之上。上述基本观点也可能被以下这些人所接受，即这些人并不持有后一种观点，或者至少不认为后一种观点具有如此的重要性，在大部分值得尊重的实践者的意见中，这一点很容易被发现。

与立法紧密联系在一起的是科学法。在现代学者那里，对早期著作者的论述常常是任意的和不同的，这样，他们观点的重要性就在具体情形中根据个人判断而被赞同或否认，而甚至没有试图对这种变动不居的处理方式寻求一个指导性的原则。尤其是，早期实践者的观点并非罕见地被如此理解，即对所有时代而言都是不容变更的结论仿佛通过这些观点而被做出，并且不是所有时代都能如同早期时代那样通过内在力量成功地实现法发展。人们常常并非任意地对我们时代与上述早期时代之间的关系作出如下理解，即这种理解如同皇帝 Valentinian 三世对其之前的时代所实际确立的那样。但是这种确立完全是实在性的，它在任何时代都并非不言自明；同时，这种确立的内在根据完全特别地存在于法学以及一般意义上的精神生活的实际枯萎之中，而在我们的时代，无论人们对其作出何种思考，一种很大的活跃性都肯定是不能被否认的。

在习惯法的情形中，对现代通行观念进行总结式概览并不足够。毋宁说，我已将我自己关于我们实践性习惯法的观点（§18）推迟到这个地方进行更为详细的阐述，因为它只有在其与他处的通行观点之关联中才能被理解。

根据通行观点，习惯法并非法产生的自然方式，因此，为了得到承认，习惯法需要一个完全特别的法证成（Rechtsfertigung）。在共和政体中，此种法证成存在于以下情势之中，即以一种特定方式做出相同行为的民众（populus）（§10），同时也是立法权力的享有者。因此，这导致了任何习惯都始终并且必然包含了立法者对被行使的具体规则的默示同意（consensus tacitus specialis［特别的默示同意］），由此，任何习惯在共和政体中也都是默示的制定法。在君主政体中，情形则有所不同，民众此时表明了习惯，但却不享有立法权力，立法权力的享有者是君主，但他却不参与到习惯之中。君主立宪政体中的情形并无本质不同，因为立法机关（Kammer）的具体成员并不曾参与到习惯之中，此外，立法机关本身在没有君主参与的情形下并不能立法。因此在这里，习惯法似乎是臣民与执政权之间的一种对立方式，是对部分最高权力的篡夺，这样一个非常危险的事物需要一个特别慎重的法证成。此种法证成只能在立法者的同意中被探寻，但此种立法者的同意并不能像在共和政体中一样已经包含于习惯本身之中，而必须是从外部被附加上去。这在罗马法具有效力的邦国中并没有困难，因为罗马法事实上极其清晰地认为，习惯法应得到遵循。因此，所有未来的习惯中都存在"一般性的明示同意"（consensus generalis expressus）。只是，如果习惯要废除制定法，L. 2 C. quae sit longa consuetudo 这个篇章似乎使得其他根据成为必要。此种其他根据被认为存在于君主对具体情形的"特别的默示同意"（consensus specialis tacitus）之中。但是，这里仍然存在两个不同的变化：有时认为，此种同意已经根据对习惯的单纯容忍而被推测出来；有时又认为，必须存在对以下事实的特别证明，即立法者已经认识到这个习惯。① ——这涉及习惯在一般意义上的有效性。在任何具体情形中，单纯的习惯，也即"相同的行为"（die gleichförmige Handeln），被视为法规则的真正产生根据，这样，人们就会承认，此种产生根据必须始终被分解到可证实的特定具体行为之中。这个有限的视角最多可被应用到特别习惯之上，人们大多常常只会想到此种特别习惯。与之相反，在现代习惯法为数众多的困难情形中，习惯法与科学法是一致的（§18.20.），这个有限的视角就根本不被允许应用。

对于涉及习惯法的具体问题的实践性处理而言，这些基本观点具有极大的影响。它们或者涉及习惯法的条件——或者涉及习惯法的证明——或者涉及习惯法的效力。

---

① Glück, I, §85. Guilleaume, Rechtslehre von der Gewohnheit, Osnabrück, 1801, §24-27.

第二十九节　关于法律渊源的现代观点（续）

171　　人们为习惯法的产生所经常采纳的条件无论如何也会涉及被认为产生习惯法之具体行为的性质（§28）。由此，这些条件只能够片面地应用于特别习惯法之上，甚至在特别习惯法的情形中，这些具体行为也不能被真正视为产生根据，毋宁被视为现存共同法信念的现象或标志。但是，通过这种修正，上述这些条件自然能够具有真实性，这样就必须对这些条件具体地进行审查和确立。也就是说，如同人们所认为的那样，为了适合于确立习惯法，上述这些行为必须具有以下特征。

（1）必须存在较多数量的行为。行为的数量要有多少，这一点被长期争论。但一个行为肯定是不足够的，两个行为通常也不足够，但也可能例外地发生效力。最终，大多数人倾向于将这个问题交给法官作出判断，人们只要做到这一点就行了。根据行为的不同特性，法官有时要求更多数量的行为，有时要求更少数量

172　的行为，但应始终严格坚持以下这种观察角度，即通过行为的较多数量，个别情形和偶然情形的影响被防止，这些情形呈现出行为产生于共同法信念的虚假外观。[①]

（2）不间断的同样行为。也即，如果在上述这些行为之间，出现了以相反规则作为依据的其他行为，那么习惯就会被破坏。这个界定是毫无疑义的。[②]

（3）行为应在足够长的时期内重复出现。到底需要多长时期，这一点争论极大。一些人要求 100 年，longaevum（长期）

[①] Lauterbach，Ⅰ，3，§36.；Müller, ad Struv.，Ⅰ，3，§20；Glück，Ⅰ，§86，N. 1.。但尤其是 Puchta, Gewohnheitsrecht，Ⅱ，S. 79 fg. S. 85. 。

[②] Puchta，Ⅱ，S. 89 fg.

这个表达在某处曾具有这个含义。更多的人根据教会法的表达，要求通常的时效期间，更准确而言是 longum tempus（长期时效），也即 10 年，但却没有提及 20 年，因为，被取得的法所似乎要对抗的君主或民众都始终是现实存在的。*只是如果要对抗教会法，因此要对抗教会，那么就要求有 40 年；如果要对抗邦主，则要求具备一个无法被追忆的极长时期。之后，大多数人倾向于不接受一个确定的时期，而将这个问题交给法官作出判断，这是一个令人放心的做法。如同行为的较多数量这个问题中的情形一样，所有一切的目的都是要防止个别情形、偶然情形和以下暂时情形，通过虚假外观，此种暂时情形可能会被错误地看做是作为基础的共同法信念的标志。③

（4）法官判决对于此种行为特别有用，这一点被普遍承认。与之相反，一些人主张，此种判决对于习惯法而言是完全必不可少的，这个观点被大多数人正确地予以抛弃。④但是，我本人不同意判决绝对具有这个目的所需要的资格。毋宁说，上文关于法学家的实践性工作所阐述的内容（§20）——情形当然有所区别——在这里也同样是有效的。因此，如果判决特别以习惯法作为根据，那么此判决就有效作为此习惯法存在的重要证明。如果判决只是一般性地承认一个法规则是真实的和确定的，而并没有明确地表明此法规则的来源，那么情形也同样如此。如果判决根据一个理论——更准确而言，根据一个错误的理论——而推导出

---

* 这里涉及"长期取得时效"（longi temporis praescriptio）这个制度，根据这个制度，当某人占有居住在同一城邦或行省的人的物品经过 10 年或者占有失踪者的物品经过 20 年后，即可对所有主的返还请求提出抗辩。萨维尼这里的意思是，君主和民众都始终不是失踪者，因此不会涉及 20 年这个时效期间。——译者注

③ Puchta，Ⅱ，S. 93 fg.

④ Lauterbach，Ⅰ，3，§35.；Müller, ad Struv.，Ⅰ，3，§20；Glück，Ⅰ，§86, N. V.；Guillaume, a. a. O.，§31.。尤其是 Puchta，S. 31 fg.。

一个法规则，那么情形就完全不同了；因为，判决本身此时仅具有理论特征，根据此判决，并不能认识到上述规则在共同法意识中的存在。

（5）行为是在法必然性（necessitatis opinio）这个感觉下被做出的。因此，如果有些人在较长的时期内以同样的方式行使一种慷慨大方，那么由此并不会产生习惯法，因为施与者和接受者都始终理解，行为是任意的，也同样可以被停止或采取不同的形式。——在所有条件中，这个条件是最为重要的，其重要性在与紧接着的下一个条件的关联中会更为明确地显现出来。明确承认这个条件的罗马法篇章已经在上文中（§5注4）被说明了。根据这个基础，法官的判决尤其适合于认识习惯法，因为判决只能产生于法官的法信念，而不能产生于任意。契约就较少能适合于认识习惯法，因为契约始终具有任意的成分。尽管如此，如果契约预先确定了一个法规则是真实的，或者单纯认可了这个法规则从而予以接受，那么此种契约也能够作为习惯法的认识手段。⑤

（6）行为并非依据错误而产生。罗马法明确承认了这个条件⑥，但是这里却存在一个无法化解的矛盾。因为法规则事实上应通过习惯才初次产生，因此在第一个行为之时，法规则肯定仍然不存在。尽管如此，根据前一个规则，第一个行为应当已经伴随了一种"法必然性的感觉"（necessitatis opinio）。因此，此行为是依据错误而产生的，在习惯法产生的情形中，此行为根本不应被计入。但是，这一点也有效适用于第二个行为，这个行为现在是第一个行为，也同样有效适用于第三个行为以及所有之后的行为。因此，如果人们不放弃上述条件之一，那么习惯法的形成

---

⑤ Puchta，Ⅱ，S. 33 fg.
⑥ 参见下文注11。

就是完全不可能的。在这里，矛盾是显而易见的，这样，一些人事实上不仅容许错误的存在，而且完全逻辑一致地认为错误必然与任何习惯法都联系在一起，而没有考虑到以下这一点，即这个观点与 Celsus 的观点并不一致。[7]——从我们的立场出发，这里根本不产生任何矛盾，因为通过习惯法，法规则仅是得以表现，而非得以产生，因此，在第一个可被证实的行为之中，没有任何错误的"法必然性的感觉"（necessitatis opinio）已经可能而且必然存在。但是，这个条件并没有被承认为是绝对真实的。例如，如果在实际存在的民族信念之外，理论性的错误仅仅用于一种外在证实（§20），那么这个错误并不会造成任何阻碍。如果行为具有一种外在的、本身无关紧要的性质，以至于内在信念没有被真正涉及，那么情形也同样如此。因此，例如，以下事实现在被视为确凿无疑的，即自从中世纪以来，一个外在于罗马法的形式被错误地引入到证人的签名和盖章之中。通过完全相同的长期使用，这个最初错误的形式事实上成为一个法的形式。[8]

（7）行为应是符合理性的（rationabiles）。作为这个条件之推导依据的教会法篇章已经在上文中被引用了（§25 注 25）。如果这个条件在肯定的意义上被理解为习惯所表达之规则的合理性和有益性，那么对于法的确定性而言，由法官对这个很不确定的特征做出判断就是非常令人疑虑的。因此，这个条件更为经常的是在单纯否定的意义上被理解，由此，只有完全不合乎理性的、违

---

[7] Schweitzer, de desuetudine, p. 78.；Hübner, Berichtigungen und Zusätze zu Höpfner, S. 164.。后者试图通过以下方式而与 L. 39 de leg. 这个篇章达成妥协，即它将这个篇章限制于错误的制定法解释之中，并且否认这种制定法解释具有习惯法的效力。但是，首先，这个限制必然是被任意地附加于这个篇章之上；第二，如果任何其他错误都不能阻碍真正习惯法的产生，那么为什么错误的制定法解释就能阻碍呢？

[8] 关于习惯中的错误，vgl. Puchta, II, S. 62 fg.。

反道德感的习惯才应被否定。⑨ 关于刑法的法院规定（der peinlichen Gerichtsordnung）中的一个篇章似乎支持了这种在实践中较少疑虑的含义，在这个篇章中，一些"极其不符合理性"的习惯被陈述和否定。⑩ 但是，这个篇章并没有确立以下原则，即在这个原则中重要的是，不符合理性的习惯本身是无效的，并且不适合于形成法规定；这个篇章的观点毋宁是，皇帝认为有必要根据其权力废除不符合理性的习惯，因此，其前提就是这些习惯在此废除之前具有法效力，除非人们愿意采纳这个制定法中的极其不精确的表达。

如果人们将后三个条件理解为一个整体，那么由此就可以得出以下产生于习惯法本质的含义。通过共同的法意识，或者通过关于真实和规则的独立（无外在制裁的）约束力之直接信念，产生出了法规则。此种信念可以通过同样的个别行为——也即习惯——而表现出来。但是，这些行为必须不能伴有任意性意识（Bewußtsein der Willkührlichkeit）——例如，慷慨大方，这些行为也不能是经常出现的违法行为，在这种违法行为情形中，任何行为人都不会怀疑他的不法，因此不会怀疑他所作所为的个人任意。同样，这些行为也不能产生于可证实的错误，因为，在这种

---

⑨ Glück，Ⅰ，§ 86，N. Ⅲ. Vgl. besonders Puchta，Ⅱ，S. 49 fg.

⑩ C. C. C. art. 218.："……我们根据皇帝的权力（Kaiserlicher macht）特此废除、取消和拒绝它们，它们不应再被引入。"——这个篇章不能被有效作为关于习惯法之持久性的普遍规定，它对于习惯的提及部分而言仅仅是偶然的。因为，被它所废除的一些法规定根本不是以习惯作为根据，而是以邦国制定法作为根据。因此，上述篇章的目的是，在刑法中确定一般法与特别法之间的关系，而非确定成文法和不成文法之间的本质上不同的关系。

情形中,上述最为重要的直接信念没有在这些行为中被表达出来。⑪一个极具阐释意义的例子是:一个法官由于疏忽应用了优士丁尼法中的一个未被注释的篇章,其原因仅仅在于,在他所持有的版本中,这些篇章没有明显地与其他篇章区分开来(§17);尽管较多人仿效了这个法官,但由此并不能产生习惯法。——因此,如果我们将错误和不符合理性仅仅视为行为的以下性质,即由于此性质,行为不能有助于对习惯法的承认,那么,错误和不符合理性的不存在这个条件似乎就并非不同于"法必然性的感受"(necessitatis opinio)这个一般条件,而仅仅是后者的推论结果或者发展。关于习惯法性质的正确观点主要取决于这一点,因此,通过一些例子来解释这里的阐述就并非是多余的。罗马法禁止采取复利。如果在某处,这种暴利非常普遍,但它始终被人为隐藏起来,那么,就不能由此认为存在习惯法,因为,根据这种隐藏行为,合法信念很显然是不存在的。与之相反,以下情形在商事中非常常见,即在年末——偶尔甚至在一个较短期间的最后——进行结算,并将差额转到新账目之中,这时,这个差额就立即再次附有利息,尽管此差额部分地由已结束的期间内的利息所构成。这当然对立于罗马法规则,但此种情形的发生是公开的和普遍的,并且根本没有破坏记账的简单性;罗马法禁止的目的也根本不适合于此种情形。因此,在此情形中,罗马法的这个禁止就被商事的普遍习惯所废除,以下事实根本不重要,即究竟有多少人能够说明这种事务关联;因为,所有人都是在其行为方式

---

⑪ L. 39 *de leg*. (1.3.):"如果一个规范最初不是基于理性而是基于错误而产生出来,随后通过习惯而具有了效力,那么此规范在其他类似的情形中没有效力。"(Quod non *ratione introductum*, sed errore primum, deinde *consuetudine obtentum* est: in aliis similibus non obtinet) 其含义是:如果习惯不是产生于共同的法信念,而是可以证实地产生于一个错误(必然排除了上述信念),那么就不能承认存在习惯法,并且我们因此在这里就不能找到根据这个规则判断未来相同情形的基础。

的必然性和合法性之感受下如此作为。——如果我们对习惯法的条件做出这里所描述的理解，那么这些条件就不仅适用于具体行为和特别习惯，而且适用于更为重要的现代一般性习惯法。上文在实践法中已经做出了一个区分，此区分的依据是，实践法是产生于错误的理论，还是产生于对变化的情势和需求的尊重（§20），但是，此种区分事实上仅仅是这里所发展出的基本原则的应用而已。错误的理论是错误的（errore）、不符合理性的（non ratione obtentum），因此不能作为习惯法而适用和生效；相反，产生于我们关系之需求的实践以理性（ratio）、法必然性之感受（necessitatis opinio）作为基础，由此就必然作为真正的习惯法而生效，即使在为此实践寻求一个理论性证成时，存在一些历史性的错误。

（8）最后，许多人还将具体行为的公开性（Publicität）确立为一个独立的特别条件。诚然，一些具体行为由于其公开性（Öffentlichkeit）而特别适合于对习惯法做出说明，其他一些具体行为由于其隐蔽性而不适于对习惯法做出说明，如同上文中一些例子所刚刚证实的那样。原因在于，行为由于这种状况或者较多能够，或者较少能够成为作为基础之法信念的标志。但是，使公开性特别重要之理由的出发点或者是"民众同意"（consensus populi），或者是"君主同意"（consensus principis），因此其出发点是关于习惯法之存在的一个根本错误（§28）。所以，根据这种理解，行为的公开性这个一般性的要求就根本不能被同意。[12]

---

[12] Puchta，Ⅱ，S. 40 fg.

第三十节　关于法律渊源的现代观点（续）

如果我们论及在实践方面的习惯法证明这个问题，那么我们在此就会想到一个法争议，在此法争议中，一方当事人主张习惯法具有效力；我们提出以下问题，即法官如何才能成功取得上述习惯法的确信。但是，对这个问题只有在对以下这个更为一般性的问题进行研究后才有可能做出一个令人满意的回答，即一般而言，关于习惯法之存在和内容的认识一般而言（不考虑到法官）是如何产生的。①

如果我们首先想到以下共同体的成员，即在此共同体中，习惯法得以产生、延续和生效（§7.8.），那么对这个问题的回答就很明显了；这些成员的认识是直接的，因此，习惯法的存在恰恰取决于这些成员的共同法意识。在此范围内，人们可以认为，任何习惯法都取决于众所周知性（Notorietät）。② 人们不会提出以下反对意见，即这一点太困难了，因为如果真是如此，那么对一个习惯法就从不会产生争议，并且此习惯法也就从不需要被证明。所有一切都取决于，某事物对哪些人而言，并且在何种范围内，是众所周知的。在任何民族之中，最为众所周知的是这个民族的全部语言；而进入这个国家的外国人也许一点都不理解此语言。对于习惯法而言，如果某人处在上述共同法意识的范围之外，他对于习惯法的认识由此仅仅是间接的和人为的，那么情形也同样如此。只是我们在此所想到的不仅仅是外国人，因为所有未成年人

---

① Vgl. Puchta, Gewohnheitsrecht, II, Buch 3, Kap. 3. 4.
② L. 36 *de leg*. (1. 3.)："甚至，这种法被认为具有极大的权威，因为它不需要写为成文法就被认可了。"(Immo magnae auctoritatis hoc jus habetur, quod in tantum probatum est, ut non fuerit necesse scripto id comprehendere).

也都是这样，对许多法规定而言，女性也同样如此。因此，甚至在习惯法所存在的民族之内，我们也必须将知道的人和内行人与以下这些人区分开，即这些人并没有实际参与到共同的法意识之中，虽然他们的法律关系同样处在习惯法之下。事实上，根据具体法规则的内容，并根据民众的气质性情和教育程度，内行人的数量也会非常不同；习惯法的此种内行人绝对不会被视为真正的法律人。由内行人组成的参审法庭（Schöffengerichte）这个古日耳曼制度的依据就是习惯法之直接认识的这种状况。

此外，处在内行人范围之外的人仅可能取得对习惯法的间接认识，有时是他们法律关系中的自我利益，有时是与私利无关的学习需求，促使他们要取得这种间接认识，那么对于这些人而言，间接认识是如何产生的，这一点还需要被阐明。他们首先可以通过具体的实践情形而取得这种认识，为了适合于这个目标，这些实践必须具有何种特征，这一点刚刚已经得到了阐述（§29）。其次，他们可以通过具有直接认识之内行人的证言而取得这种认识。此种证言可以为在当前非常重要的具体法问题的一种暂时需求而被寻求和提出；但是，它也可以被书面记录下来，其效力范围更大，效力持续期间也更长。

为当前具体需求的这种证言是由早期参审员（Schöffen）所拟定的咨询汇编（Weisthümer）。[3] 罗马人对此种处理方式也并不陌生，这一点可以根据以下值得注意的情形而得出。优士丁尼曾被请求就 foenus nauticum（在我们这里被称为"船舶抵押贷款"

---

[3] Eichhorn, deutsches Privatrecht, §5.14.26.——许多人认为，这种处理方式仅仅在如同早期参审员所处的时代那样简单的时代中是可能的，在我们的时代则是不可能的。英格兰的情形可以对这一观点提出反驳，在英格兰的当前时代，这种处理方式仍然被应用于对所有种类之民族情势（Volkszuständen）的考察之中，要对各个阶层中的内行人进行询问。在英格兰非常常见的这种形式在我们这里也部分地得以应用，其目的在于确立习惯法。

[Bodmerei]）这个事项给予一个新的制定法。他命令官员们对从事这个行业活动的人进行调查，这些人对在此行业活动中被遵循的法规则宣誓提供证明，优士丁尼遵循这些证言颁布了一个制定法，被探寻习惯的内容由此而被确立下来。④在我们的时代，对习惯法的此种探求是如何被具体情形的需求所推动的，这一点马上就要被说明，那里会论及在一个有疑问的习惯法情形中的法官举止。

书面记录在更大的范围内和为将来时期对习惯法进行证明，属于这种书面记录的首先是许多并非被具体情形的需求所推动的咨询汇编。此外，国际法（Völkergesetze）、后期的法典籍、德意志的邦国法、意大利的城市法和法国的习俗惯例集（Coutumes）大多是这种书面记录。* 诚然，在这些不同种类的汇编中，并非罕见地存在制定性的法（gesetzliches Recht）作为补充；这些法在后来极其特别地享有如同真正制定法那样的效力，以至于作为被记录下来的习惯法而具有效力的最初规定大多被遗忘。

非常值得做的是，在这种早期汇编的精神之中，现存习惯法的传播和保持现在仍然得到了注重。这是所谓的"行省法典"（Provinzialgesetzbücher）的真正任务，行省法典与一般法典的特别区别在于，前者不像后者一样涉及全部法体系，而只涉及编纂者现在有所认识的对象，以至于编纂者完全以自己的思考掌握这些题材。但是，非常令人疑虑的是，这样一项工作被认为能够一蹴而就，如同必须现在被迅速完成的通常行为那样；而更好的方式是，

---

* 习俗惯例集，法语为 Coustumier，在法国法中指对于习惯不成文法和诉讼程序的汇编，在历史上有两部这类汇编非常重要，一部是《诺曼底大习惯法》（Grand Coustumier de Normandie），另一部是《法兰西习惯法》或《大习惯法》（Coustumier de France or Grand Coustumier）。——译者注

④ Nov. 106. Vgl. Puchta，Ⅰ，S. 116.；Ⅱ，S. 133.

将此项工作视为一项逐渐发展的、独立成长的工作，并将其与高等法院联系在一起。所有的成果在此都取决于劳作者的正确选择，在此之中，有两种可能的片面性是有害的：第一种是对法的集中化（Centralisation）和同一化（Uniformität）的偏爱，由此当然会有助于法官的方便以及对事务机构（Geschäftsmaschine）的监管；第二种是对独特事物和古老事物的爱好。这种爱好非常美妙和良好，但是真正的真实事实上更为美妙，对于生机勃勃的当前之需求的注重事实上也更为令人满意。——如果这样一项工作应被真正成功完成，那么从事这项工作的方式应如同之前撰写咨询汇编的方式一样；尤其是，不能轻视在非法律人之中的细致调查，在他们中，虽然缺乏科学素养，但是常常会得到对法律关系本身之本质的最为清晰的认识（注3）。

在对习惯法认识之不同取得方式的这种一般性考察之后，我们现在要讨论法官的特别地位，他们要根据此种法作出判决。对此，以下观点非常流行。习惯法是一个事实，如同创设权利的任何其他事实——例如，契约或遗嘱的存在——一样。法官不应采纳没有被当事人所提出和证明的事实；由此，对习惯法存在之方面的举证责任和举证活动（Beweisführung）而言，有效应用于其他事实——例如，契约和遗嘱——的所有规则也应被有效应用，没有人能够质疑这一点。——当然，在这种应用方面，一些人持有缓和一些的观点，疑虑之处由此得以减少；但是，这种观点毋宁应从根本上被拒绝。⑤

任何法律关系都具有双重基础：一般基础和特别基础；一般基础是法规则，特别基础是促成法规则应用于具体情形的事实

---

⑤ Puchta，Ⅰ，S. 105；Ⅱ，S. 151 fg. Vgl. auch Lange, Begründungslehre des Rechts, Erlangen, 1821，§ 16.

（§5）。法官能够而且应当认识法规则（jus novit curia），而不能也不应知道当事人没有提出和证明的事实。这种对立仍然是一样的，即使法规则可以产生于制定法、习惯法或科学。因此，上文所述理论的依据在于法律关系两种基础之间的混淆，因为此理论将以下规则转用到对法规则的认识中，即仅对于具体情形之特别事实的认识而言，这些规则才是真实的；被注意到的举证必然性根据明确的程序规则仅仅有效适用于具体情形之特别事实，为了指代其重要的独特性，我们将其称之为"事实"（Tatsachen），如果我们在技术意义上使用这个表述。因此，如同任何技术性限制中所发生的情形一样，这个表述就具有一种模糊性，这种模糊性产生或增强了上述混淆。因为，在一般意义上，人们当然能够将习惯法的产生也称为事实，上述理论的辩护者恰恰是这样做的。但是，如果他们在此想保持逻辑一致，那么他们本来必须将同一种处理方式应用于制定法之上；因为，即使制定法也取决于颁布这个事实，由此，如果制定法的存在和内容没有被当事人所提出和证明，那么法官也不应应用这些制定法。但是，事实上没有人如此主张，尽管在这里，从一个一般性观察的立场出发，制定法和习惯法具有完全相同的性质。如果人们试图特别根据罗马法确立这里所描述的理论（它也可能具有一些内在真实性）[6]，那么这一点就不能得到承认，因为罗马法事实上没有对习惯法的证明确立任何规定。

尽管上述理论的主要内容是错误的，但它包含了一个真实的元素，我们要认识到这个真实元素，并且将其限制于真实范围之内，只有如此，我们才能有希望完全消除与这个真实元素混杂在

---

[6] 以下著作似乎就如此认为，Eichhorn, deutsches Privatrecht，§26。

189　一起的错误。⑦ 我们的法状况已成为一种人为的法状况；我们要求法官进行科学化的法学习，法官必须通过特定的考试证明他已经进行了此种学习，法官的地位由此就与早期参审员的地位完全不同。在任何法争议中，参审员对存在于民族中的法进行证明，此种法的直接意识存在于参审员和所有其他人那里，与其他人的直接法意识相比，参审员的直接法意识只是因为更多的实践而也许更为清晰和完备。一方面，我们对当代法官的要求要比对参审员的要求多得多；另一方面，我们必须降低我们的要求。法官的判决应取得科学的帮助，如果没有许多力量的投入，科学就不会被取得，由此，我们不能期望，法官能同早期参审员一样也通过民族中的生活而取得直接的法意识。⑧ 由此可以得出以下结论，即对产生于制定法和科学中的部分法与产生于习惯法中的部分法而言，法官必须分别实行不同的处理方式。法官能够而且应当认

190　识制定法和科学法，如果法官因为没有认识制定法和科学法而做出了错误的判决，那么他就违反了他的职责；而在习惯法中，法官就不负有这样的责任。因此，如果当事人想确保习惯法规则不会对他有所不利地被忽视，他就必须告知法官此规则，并同时证明此规则；如果他没有或者没有成功地做到这一点，那么他本人就必须承担不利，并且法官通常不应被责备。

　　因此在这里，习惯法和真正的事实之间存在清晰无误的实践相似性；因为这两者都要被提出和证明。尽管如此，这种相似性

---

⑦ Vgl. Puchta, Gewohnheitsrecht, II, S. 165 fg.

⑧ 这种不同当然部分地以以下事实为依据，即我们继受了外来法，根据此外来法的性质，它使科学化的学习始终有必要；尽管如此，只在此之中寻求主张的根据，这种做法是错误的。英格兰人不享有任何外来法，但其国会法（Parlamentsacte）和先例的数量是如此巨大，以至于对当代的英格兰法官而言，如同在我们的情形中对罗马法的学习一样，对这些国会法和先例的必要认识所具有的特征也完全不同于早期参审员中的情形。

与完全的同一性却非常不同,因为存在以下非常重要的实践差异。[9] 如果当事人没有提出事实,法官也从不会补足此事实;但是,法官可以而且应当注意到习惯法,即使他只是偶然地认识到此习惯法。事实必须在法争议的特定时间段内被提出,并且根据特定的程序规则和程序形式被证明;习惯法能够在法争议的任何阶段都对判决产生影响,并且法官在此对举证活动的方式享有完全自由的裁量权。因此在这里,习惯法完全类似于外国制定法,许多法争议的裁决都能依赖于此种外国制定法。法官没有被要求认识外国制定法,当事人必须提出和证明此种外国制定法,因此,这与这里对习惯法的描述完全类似,它们由此不能与真正的事实完全相提并论。

因此,如果一个法争议以习惯法为依据,那么为了取得对习惯法的确信,法官就必须根据对情势的自由考量而行事。他可以根据法规则实践的具体情形而获得确信,此种情形所必备的特征已经在上文中被确定下来(§29)。他也可以就习惯法的内容而询问直接熟悉此习惯法的内行人,这些人与其被视为证人,不如被视为鉴定人(Sachverständige),因为他们不是就一个感知对象而被询问。[10] 如果将此种处理方式视为涉及这一点的优士丁尼制定法的直接应用,那么这种观点也是不正确的;因为,优士丁尼并没有论及法官为了获悉习惯法应当做些什么,而是论述了为了在具体情形中准备与习惯法相一致的制定法,他自己做了些什么。但是,法官学习了这个榜样,因此他无疑是在制定法的精神下行为,就此而言,被引用的新律也能够被视为这种处理方式的证成。——如果现在在一个法争议中被提出和争辩的习惯法规则

---

[9] Puchta, Gewohnheitsrecht, II, S. 169. 176. 187 fg.

[10] Puchta, II, S. 125 fg. S. 135 fg. 他对于赞同此种处理方式的早期著作者也进行了引用。——参见上文注3。

已经在之前的法争议中被认为有效，并且同一个或另一个法官在经过细致的审查后承认此规则是真实的，那么这个之前的判决就如同官方证言（ein amtliches Zeugniss）一样是一个重要的权威，当前的新探求就由此可以更为轻松甚至完全不必要；如果在这个之前的法争议中，对方当事人的反驳使进行审查的法官的考虑更为周详，那么情形就更是如此了。因此，Ulpian 正确地给法官提出以下建议，即法官应首先考察关于当前争议习惯法的这种之前的先例。[11]

但是，我们不应忘记，与其他法律渊源相比，对习惯法的这种有些偏离的处理的根据并不存在于习惯法的本质之中，而是存在于我们法状况的不可避免的不完善性之中，对于这种不完善，我们不必承担责任，但却必须尽可能地对之进行弥补。因此，有必要将此种始终被视为不得不然的偏离情形尽可能地限制于狭窄的范围之内。此种偏离首先不涉及属于共同法的习惯。因为，这些习惯无一例外地经过了科学化预先处理和承认这个中介，因此并不具有民族性，而民族性构成了这里所描述的困难的根据。如果一方当事人在对方当事人的反驳下主张，无形式简约（nudum pactum）构成了一个诉因，或者法典中的恢复法（leges restitutae）和罗马法中的政治性规定不具有实践效力，那么，这些规定就是一般性习惯法的规定，但是法官并不会通过对上述规定之实践的具体情形的探寻或者通过对内行证人的询问而对此种习惯法进行证明。——因此，上述偏离情形的应用应被限制于特别习惯法之上。但是即使在特别习惯

---

[11] L. 34 *de leg*. (1. 3.)："当有人表示信任城邦和行省内的习惯时，我认为首先应该考察的是：这个习惯是否曾在辩论的审判中被确定？"（Cum de consuetudine civitatis vel provinciae confidere quis videtur, primum quidem illud explorandum arbitror, an etiam contradicto aliquando judicio consuetudo firmata sit.）Vgl. Puchta, I, S. 92.；II, S. 129 fg. ——许多人不正确地据此推导出法官判决对于确立习惯法的必要性。

法的情形中，如果通过上文所描述的值得追求的方式，对现存习惯法的汇编和书面记录已在总体上被预先考虑，那么此种偏离就应被放弃。如果此种汇编是在我们当今被进行的，那么就很难对此产生疑问，因为汇编本身大多会获得制定法的证实。

最后应论述习惯法的效力，习惯法的效力在总体上而言与制定法的效力相同，因为在此事项上被承认为准则的罗马法中，这种相同性被非常明确地规定下来。但是，在习惯法的任何具体情形中，这种效力通过两种方式而被表现出来，其区分依据是，对同一个法问题而言是否已经存在一个制定法。在不存在制定法的情形中不会产生困难，因为习惯法毫无争议地在这一点上补充不完备的立法。在存在制定法的情形中（如果习惯法与制定法之间存在矛盾），此种相同性原则使这两种法中的较新者具有优先地位，此种较新者是制定法还是习惯法都没有任何区别。当然，在此，L. 2 C. quae sit longa consu. 这个篇章促使了一些疑问的产生。尽管如此，大多数人始终认为，习惯法享有改变之前制定法的效力，而只是对某些情形因为法典中的上述篇章而主张例外。[12]——但是在现代，许多人认为以下区分是有效的。此区分涉及，制定法仅仅是因为不使用（desuetudo）而失效，或者是习惯法取代制定法做出了一个不同的规定（consuetudo obrogatoria）。后一种情形始终毫无疑问地被允许，而前一种情形却被完全拒绝。[13]——但是，首先，被引用的法典篇章似乎从未做出此种区分，如果人们从文义上考察此篇章，那么两种情形都被此篇章同样拒绝；如果习惯确立了一个新规则，例如加重或减轻制定

---

[12] 参见附录二。

[13] Schweitzer, de desuetudine, Lips, 1801. 对这种观点进行了详细的辩护。Hübner, Berichtigungen und Zusätze zu Höpfner, S. 159. 明确表示支持此种观点。——Puchta, Gewohnheitsrecht, Ⅱ, S. 199 fg. 令人满意地描述了正确的观点。

法的处罚，那么此习惯事实上同样优先于制定法和仅仅废除了此制定法的习惯，因为此习惯使迄今可被处罚的行为不被处罚。其次，在习惯法的本质中也不存在支持此种区分的根据。无疑，在desuetudo（不使用）这个表述的背后，隐藏着根本不是习惯法的事物，也即制定法因为没有出现应用情形而长时间地不被应用。在这种不被应用中，不能表现出法信念，因此在此之中也就不能存在习惯法。毋宁说，只有在以下情形中才能认为存在习惯法，即制定法的应用情形实际出现了，但是人们却不应用此制定法。但是，事实上不存在任何根据认为，较之取代制定法确立了不同实在规则的习惯，上述不应用这种真正的习惯具有较弱的对抗制定法的效力。事实上，人们能够同时对任何desuetudo（不使用）做出如下理解，即不同的规则被取代。例如，如果现今商事结算中的复利禁止被废除，那么这当然首先是一种desuetudo（不使用）；但是这种desuetudo（不使用）同时具有以下结果，即在此种情形中，更为普遍的法规则得以应用，所有未被特别禁止的利息契约由此都应被解释为有效。

　　如果一个特别习惯违背了国家利益，或者与绝对性的一般邦国制定法存在矛盾，那么习惯法的这种效力就应被变更。在此，即使此种习惯法比制定法更新，但它的效力仍必须要被全部否定，这个原则的依据不仅在于对所引用的法典篇章的正确解释，而且在于国家的具体组成部分与国家整体之间的关系所具有的性质。⑭ 例如，一个关于暴利的新制定法必须被普遍应用，没有任何特别习惯能够阻止此制定法的应用，无论这个习惯是在此制定法之前还是之后产生。

---

⑭ 参见附录二。

第三十一节　关于法律渊源的现代法典观点

这里所描述的现代著作者的观点不可能对产生于我们当代的法典没有影响，从这些法典的立场出发，法律渊源应被如何观察，现在就来对此进行阐述。

最早的普鲁士邦法（das Preußische Landrecht）首先废除了那时仍有效的全部共同法，并自己单独取代了共同法；这种废除完全逻辑一致，因为所有可被使用的早期法都被采纳入这部普鲁士邦法之中。① ——对于将来，它最初确定了撰写和公布制定法的方式。② 这也并非逻辑不一致，因为此部邦法总体上包含了国家法的许多部分；只是过了一段时间之后，这些规定被认为非常不充分，因此被其他制定法所替代。——到那时仍有效的一般习惯法被包含在对共同法的废除之中。特别习惯法只要可以被使用，就应被汇集起来，并在两年内和行省制定法一起被纳入行省法典之中。没有被采纳的习惯法只在以下范围内是有效的，即邦法或者在具体规定中指示参照地方习惯，或者通过特别习惯法而得到补充。③ 关于新习惯法的未来产生问题，不存在任何规定；无疑，只有满足了上述两个前提条件之一，新习惯法才能作为特别法而被允许。——最后，关于科学法，存在以下规定："在将来的裁决中，不应考虑法学家的意见或者之前的法官观点。"④ 在此，法官观点无疑指的是先例（Präjudicien），而非具有既判力的判决（Urteile），尽管这个表述能够涉及两种作用方式。此种法

---

① Publikationspatent §1.
② L. R. Einleitung（导言），§7-11.
③ Publikationspatent §7.——L. R. Einleitung，§3.4.
④ L. R. Einleitung，§6.

官观点和法学家的意见不应被考虑，这无疑具有以下含义，即它们不具有类似于制定法的约束力；因为，事实上没有任何制定法能够阻止它们对将来法官的观点和确信产生影响，因此无法阻止对它们的（也许是无意识的）考虑。

法国民法典——同样逻辑一致地——没有包含任何关于法律渊源这个事项的直接规定，因为它总体上没有延伸涉及公法。所有那时仍有效的外来法、国王法令（der königlichen Ordonnanzen）、行省法和地方法，只要它们所规定的事项触动了法典，那么它们就被废除，这一点在一个特别制定法中被明确规定下来。⑤ 法典本身仅包含了一个重要的间接规定，即法官不得因为制定法的模糊或不完备而拒绝做出裁决。⑥ 法官有理由尽可能地在此种情形中求助于自己；上诉法庭（Cessationshof）防止了此种权利的滥用，这样，在这里也存在一个被逻辑一致地实施的体系。另外，在少量教义（役权和租赁契约）之中，法典指示参照地方性习惯和规章（Reglements）。⑦ 关于将来的法产生，不存在任何规定；但是，无疑，法典所采取的观点是，一般性的习惯法在将来不应产生，而特别习惯法将来只能在以下这些少量情形中产生，即在这些情形中，法典现在已经指示参照了地方习惯。

---

⑤ Loi du 21. Mars 1804.："从构成民法典的制定法具有执行力的那天开始，罗马法、敕令、一般性或地方性的行省法或城市法、成文法及规章，不管在一般法还是在特别法意义上，在构成民法典的这些制定法之客体的存在领域内不再具有法律效力。"（à compter du jour ou les lois composant le code civil sont exécutoires, les lois romaines, les ordonnances, les coutumes générales ou locales, les statuts et règlements ont cessé d'avoir force de loi générale ou particulière dans les matières qui sont l'objet de ces lois.) Coutumes générales ou locales 指代的并非是一般或特别的习惯法，而是行省法或者城市法（成文或不成文都没有区别）。习惯法被称为 usage。

⑥ Code civil art. 4.

⑦ Code civil art. 645. 650. 663. 671. 674. 1736. 1754. 1758. 1777.——仅仅是在表面上属于此的是，art. 1135. 1159. 1160.

奥地利法典包含了对共同法的废除，尤其是在1811年的施行特许（Einführungspatent）中包含了对习惯的废除。法典本身对于立法没有做出规定，因为法典在总体上被限缩在私法之上。习惯只能在制定法指示参照习惯的这些事项上具有效力。关于法官判决，法典仅仅是认为，它们不具有制定法效力，不能被扩展应用于其他情形或其他人。[8]

在所有这些规定中，涉及立法的规定较不重要，因为，在立法事项上较为重要的规定是在别的制定法中被完成的，而不是在一般性的法典中被完成的；涉及习惯法的规定也同样不那么重要，因为，在这种法构成被认为是纯粹民族的并且独立于科学法这个范围内，它在当今很少出现。相反，在这些国家中被确立的特别法与一般法之间的关系是很重要的；但这种关系不在我们考察的范围之内。但是，法典与科学法之间的关系极为重要，它一方面是法律文献和法院惯例（Gerichtsgebrauch）对于实际司法的影响，另一方面是法官阶层采纳和处理新法的方式；更准确地说，这些法典对这种关系是如何明确规定的（因为这种规定很少或者根本没有）并不重要，重要的是，人们是如何考虑、期待和准备这种关系的，并且事实上又是如何。在此存在一个值得注意的区别（§21）。在普鲁士，整个改革不存在政治诱因，而只存在以下这个纯粹的善意目标，即改善不完善的状况，并用一个较好的状况取代它。但是，最为明显的不幸与法律文献的状况联系在一起。在这些法律文献中，确实存在一种博学和研究精神，因此存在许多好的素材，但是却很少存在相互关联，尤其是，法学的实践部分落后于一般性的时代素养，并且没有获得威望。与这些文献之间的关联完全消失，这似乎是有利的，甚至是必要的。

---

[8] Österreichisches Gesetzbuch §10. 12.

很明显，整个事业的基础是以下这种想法，即这种想法非常类似于优士丁尼所持的想法（§26），只是这两种想法之间存在一个区别，这个区别必然产生于我们时代的更为自由和更为精神性的状况。基于这个原因，对所有科学进行类似的压制这种努力总体而言没有被做出。在新法典的基础上，毋宁应产生新的法学，此种新法学专注于法典的详尽和教导风格。这种期望的否定部分已经直接得到实施，因为与早期法学之间的关联大多已经消失。但是，新的法学似乎大约四十年之久都没有产生出来。只是在不久之前，显著的活跃性才首次被发展出来，此种活跃性使最为有利的期望成为可能。——新立法的真正目的在于排他和完备地支配实践并由此使实践统一化，这个目的达到了何种程度，这一点只有通过具体法庭的通说观点之间的比较才能被判定出来，但是这种比较却长期缺少文献材料。同时，对于此目标的推动而言，现在已经做出了很好的初步尝试。[9]

法国的情形却几乎完全不同（§21）。新立法的动因并非是人们认为法状况很糟糕或者根本难以忍受，毋宁说，新立法是革命的自然发展。新立法主要力求破坏历史性的关系，尤其是消除行省之间的差异，所有的地方差异都同等地消融于一个单一的法国之中，这一点现在也应在私法方面被完成；这就是法典的主要目标。在革命之前，较之德意志法学，法国法学的理论层面要低得多，但相反，其实践层面则更高。法官们的善于辞令，与主要大城市中的社会知识阶层之间的联系，国会的光辉和影响，所有这些共同作用，使得法官和律师的地位以及工作取得更高的构成，他们由此也取得显著的声望。在编纂法典时，人们并不想压

---

[9] Simon und Strampff, Rechtssprüche preußischer Gerichtshöfe, Berlin, 1828, fg. 8.

制由此产生的法学（Jurisprudence），毋宁说，人们仰赖法学未受到扰乱的延续，恰恰是在这个前提之下，人们常常能够很快完成最为重要的法律制度。实际成果与此完全一致。现代的法律文献与早期的法律文献处于一种不间断的相互关联之中，以至于人们很难相信，在两者之间存在法典出现这个非常重要的事实情形。毋宁说，在法国公共生活的所有方面之中，市民的司法也许最少被革命从根本上加以撼动和改变。

因此，国族的不同精神，以及它们的独特优点和缺点，在此事项上得到了证实。因此，每个国族中拥有较高领导职责的那些人肯定会很好地考虑到他们的特别需求，同时也很好地重视他们为了实现伟大事务所必须主要依赖的力量。尤其是在德意志，听任法以类似于中世纪和之后时代中的方式那样发展，并据此产生现代的实践，这种做法并非适当。但是在另一方面，如果法的发展是由最高国家机构（首先是司法部）根据通常的事务程序（Geschäftsmechanismus）而承担，对于任何正在进行的事务而言，此种事务程序已尽可能成功地被准备好，那么这种做法同样并非适当。毋宁应被承认的是，这个目标不可能仅仅通过单独的科学而达成，但同样也不可能仅仅通过单独的实践而达成，而只能通过科学和实践这两者之间的相互连接和渗透而达成。在所有较大的国家中，这一点可以通过以下方式而实现，即由细致认真的学者和有经验的实务人员（Geschäftsmänner）共同组成一个制定法委员会（Gesetzkommission），此委员会始终与高等法庭之间存在活跃的联系，这样，出现于生活中的法的经验就必然会被汇集起来。通过这种制度，之前数世纪中无意识发生的事物就会有意识地发生，由此产生更为可靠的成果。同时，在罗马法中，通过裁判官告示的年度修订产生了发展，上述制度也会产生内在本质上类似的发展，尽管它们的外在形式极其不同。——但是，这些评论仅仅涉及以下法发展，即这种法发展是通过植根于此之中的有机力量——因此是通过内在发展——而产生出来的（§7）。在这种形式中，许多在其他情形下本来必须被移交给立法的事物（§13）也能够被合理地和令人满意地完成。这种对立在此不是被任意想出来的，而是被经验所证实的，并在总体上（尽管也许没有清晰的意识）得到了承认，以下国家的事例特别表明了这一点，即在这些国家中，例如英格兰和法国，立法权通过不同权力的人为共同作用而被行使。因为，无论这些个别权力是多么戒备任何对他们参与立法权这个重要权利的限制，但是，在它们之中，上述内在的、静默无声的法形成仍然处于可能争议的领域之外，以至于这些个别权力听任这种法形成不被扰乱。只是，如果一个新的法规定有时呈现了特别的政治关系，那么此法规定必然要被移交给立法这种严格的形式；如果法要以一种如同在拿破仑法典中所发生的那样全面和彻底的方式而被变革，情形就更是如此了。

第四章 制定法的解释

第三十二节 解释的概念法定解释和学理解释的区分

迄今为止，法律渊源的内容被视为法的独立规则，因此被视为既定之物。这些规则应当转入生活之中，因此在我们这方面，我们有必要有所作为，以特定的方式来接受这些规则。此种接受可能导致极为不同的应用：在学者之中，导致不同形式的科学发展；在法官之中，导致裁决及其实施；在个人之中，导致个人特定形式的生活关系之设立。这些特别发展的独特性并非我们论述的任务；但所有这些发展都具有一个共同的基础，即接受法律渊源内容的特定方式，当前这一章就来描述此共同基础。

我们所要做的工作是一种精神工作，因此，无论它通常看起来如何简单，它仍然是科学行为，是法学的开端和基础。这在上文中作为共同作用于法产生的一个原则而已经被论述过了；但在这里，它以相反的方式而出现，即它着眼于独立于它而产生出来的法，并且将此种法带入明确的意识之中。

在所有形式的法律渊源中，此种对法的接受都是可能且必要的。但是，在习惯法和科学法之中，此工作的本质更为简单。关于此种法产生的本质，存在上文已经论述过的具有极大影响的错误。但如果这些错误已经被认识和避免，那么此工作本身就不需要细节方面的说明。制定法则与此不同，在制定法中，此工作通常具有非常复杂的本质。根据此理由，当前这一章就被特别命名为"制定法的解释"。

在此之中所包含的自由精神行为可以被界定为，我们真正地认识制定法，即其真实通过通常处理方式的应用可以被我们所认识到。对每一个制定法而言，如果制定法要转入生活之中，此精神行为都是必要的，同时，此精神行为的证成存在于这种普遍的必要性之中，——此精神行为的可适用性并非如同许多人所认为的那样，以制定法的模糊这个完全偶然的情形作为条件（§50）。当然，此精神行为在制定法的模糊情形中特别重要和卓有成效。但制定法的上述模糊性是一种不完善，而为了对瑕疵状况找到可靠的建议，有必要以对于健全情形的考察作为出发点。——但是在另一方面，上述精神行为并没有因为模糊性程度很高而成为不可能。① 毋宁说，我们必须主张以下观点，即尤其是对于法官而言，根据其职责的一般性质，制定法的模糊性并不能妨碍他们形成关于制定法内容的明确观点，并据此做出裁决。尽管在一个法争议之中，事实可能非常有疑问，但法官并不能因此拒绝做出裁决。但在这方面，裁决的两个要素（法规则和事实）之间并没有本质性的区别。因此，法国法明确做出规定，法官不得因为制定法不存在、模糊或不完备而拒绝做出裁决②，这完全符合法官职责的一般性质。

---

① 这种观点与优士丁尼法规定之间的关联在下文中才能被更清晰地论述，Vgl. §48.。

② Code civil art. 4.【《法国民法典》第4条规定："法官借口法律无规定、规定不明确或不完备而拒绝审判者，得以拒绝审判罪追诉之。"——译者注】

第四章 制定法的解释

但在一个情形中，上述自由行为被完全排除，这种情形就是，一个制定法的解释本身再次成为一个新的法规则的内容。因此，如果一个较早的制定法应当如何被理解，已经通过一个新的制定法，或者通过一个真正的习惯法而被确定下来，那么上述自由行为就由此而被完全排除，并且较早的制定法必须在现在被规定的意义上被解释和应用，甚至确信此种解释是不正确的人也必须如此。近来的学者根据进行解释的是制定法还是习惯法[③]，称之为正式（authentische）解释和习惯（usuelle）解释（Interpretation），两者合起来被称为法定（legale）解释，此种解释与学理（doctrinellen）解释相对，学理解释即上述的自由行为或科学行为。——上述术语所依据的思考方式在以下范围内是正确的，即人们仅仅注重认识制定法的内容这个最终目标。此时，解释就是达致上述目标的手段，并且解释这个概念就进一步地具有上述区分。与之相反，如果人们思考处理方式的本质，那么人们必须有必要以上文所确立的作为自由行为的解释概念为出发点，因为通过任何一个制定法本身的界定，这种自由行为被认为是普遍的和必要的。任何制定法都应当转入生活之中，这首先只有通过精神性解释才是可能的，同时，以下情形无疑不能被认为是自然的状况，即任何一个制定法都伴有一个确定其含义的另外一个制定法；即使这种情形是自然的状况，在新制定法出现之前，上述自由行为也首先是必不可少的。如果人们以这个作为自由行为的解释基本概念为出发点，那么所谓的法定解释就根本不是与上述解释同等类型，而是与此纯粹相对的类型，法定解释是对于上述自由行为的排除和禁止。这种理解也通过以下情形而被证明是正确

[③] 解释性的习惯法同时具有科学法的性质（§14.20.）。因为以个别制定法的解释作为内容的普遍民族意识只在极其罕见的情形中才是可以想象的。

的，即在这种理解中，规则和例外的真正和明显的关系表现得最为清晰。因此，从现在开始，解释（Auslegung）仅仅被理解为所谓的学理解释（doctrinelle Interpretation）。——无疑，近来的学者恰恰颠倒了规则和例外之间的关系。他们认为，所有的解释根据其本质其实都是一种立法，并且解释只能通过最高权力机关的委托（Delegation）而由具体的机构或个人进行。④ 但此种观点与近来学者的以下其他观点存在关联，即根据这种观点，解释并非停留在纯粹的、真正的理解范围之内，而在事实上成为制定法的一种变革；但在下文中才对此观点进行详细论述。

解释是一种技艺，此种技艺的养成通过我们所掌握的古代和现代的大量优秀典范而被促成。但迄今为止的解释理论却缺陷甚多。迄今理论的不完备是偶然的；但重要的是，对这些理论的价值，即使是其中最为优秀的理论的价值，人们不要自欺欺人。因为此种技艺同任何其他技艺一样，很难通过规则而被传授和取得。我们只能通过对优秀典范的观察而探索这些典范的卓越之处在哪里；但由此，我们的意识就会变得敏锐起来，知悉每个解释之中的关键之处，并且我们的努力就学会指向正确的要点。在这里，如同在任何技艺中一样，这一点以及对许多可能歧途的避免，就是我们通过理论所希望获得的。

在这里，我们同样也必须再次研究以下这个重要的问题，即在罗马法有效之处，罗马法关于解释的规定是否具有约束力。此问题在上文关于法本身的发展之论述中已经被提出，并做出了否定的回答；在此处，这个问题涉及对法律渊源的具体态度，因此，这两个问题尽管非常相似，却有着不同的回答。但是，对于上述问题的详尽回答在这里还是不可能的。因此，在这个理论的

---

④ Zachariä, Hermeneutik des Rechts, Meissen, 1805, S. 161 – 165.

阐述之中，罗马法中的观点虽然被暂时使用，但同时，以下问题仍悬而未决，即这些观点应作为有约束力的制定法，还是仅仅作为一个重要的权威。

本章有两个任务：首先是考察具体制定法的解释，其次是考察整体法律渊源的解释。法的完全支配是最终目的，因此，法不仅要具有统一性，还要没有遗漏。前者要求消除所有矛盾，后者要求填补所有漏洞。

第三十三节　A. 具体制定法的解释
解释的基本规则

任何制定法都要确定法律关系的性质，也就是要表达出某一种意图（此种意图可能是单一的，也可能是复合的），根据此种意图（Gedanken），上述法律关系的存在没有错误和任意。如果要达成此种目的，那么与法律关系存在关联的人就必须真正和完全理解上述意图。这就要求他们站在立法者的立场之上思考上述意图，并人为重复立法者的工作，也就是在他们的思考之中重现制定法。这就是解释行为，我们可以将它确定为重建内在于制定法之中的意图。① 只有通过这种方式，才有可能获得对于制定法内容的可靠和完整的理解，并达成制定法的目的。

到现在为止，制定法的解释与其他任何表达出来的意图（例如哲学中表达出来的意图）的解释并没有不同。但如果我们分析制定法解释的组成部分，那么制定法解释的独特性就会显示出来。因此，我们必须在制定法解释之中区分出四个要素：文法要素、逻辑要素、历史要素和体系要素。

解释的文法要素以文辞为对象，文辞在立法者的思考与我们的思考之间起到了中介作用。因此，文法要素存在于对立法者所使用的语言法则的描述之中。

逻辑要素涉及意图的划分，也就是涉及意图的具体组成部分

---

① 我使用了 Gedanke（意图）这个表述，因为我认为通过这个表述可以最为清晰地指明制定法的精神内容。其他人使用 Sinn 这个表述，这并非不正确。与此相对，应避免使用 Absicht 这个表述，因为这个表述具有歧义：它可能涉及外在于制定法内容的目的，制定法间接地作用于此目的。罗马人互换使用 mens 和 sententia 这两个表述。

第四章 制定法的解释

相互之间的逻辑关系。

历史要素的对象是以通过法规则确定存在的法律关系为目的的既存制定法在制定之时的情势。制定法通过特定的方式影响到此情势，此种影响通过此制定法而被新嵌入法之中，而历史要素应使此种影响的性质清晰可见。

最后，体系要素涉及将所有法律制度和法规则连接成一个大统一体的内在关联（§5）。此种内在关联和历史要素一样都呈现于立法者眼前，因此，我们要非常清楚制定法与整个法体系之间是什么关系，此制定法又是如何有效影响到法体系，只有这样，我们才能完全认识到立法者的意图。②

对于制定法内容的理解通过这四个要素而得以实现。这四个要素并非人们可以根据其趣味和偏好而任意选择的四种解释方式，毋宁说，如果解释能够成功达成，这四个要素必须是协调作用的不同活动。无疑，或者是此要素或者是彼要素可能更为重要和明显，但必不可少的是考量要始终取向所有这四个方面，尽管在许多具体的案件中，对这四个要素的其中之一的明确考虑可能被认为是不必要的和不方便的从而被省略，同时这对于解释的缜密性而言并无危险。但是，每个解释的成功取决于两个条件，在此之中，上述四个要素被简短概括起来：第一，我们生动地回想起以下这种精神活动，即根据此种精神活动产生出了呈现于我们面前的意图的具体表述；第二，我们以历史－教义整体的直观（Anschauung des historisch－dogmatischen Ganzen）作为充分的

215

---

② 因此，体系要素是解释之中的重要的、必不可少的组成部分。但是，在现存的关于优士丁尼法典籍的大量评注之中（在这些评注之中，人们尤其期待此组成部分），无疑只有极少一部分才能被视为真正的解释。大多数论文是教义式的，偶尔也是历史式的，这些论文只是通过被评注的文本而取得机会来详细论述这些文本所涉及的法规定。

准备，具体细节根据此整体的直观得以阐明，以便整体在当前文本中的关联能够直接被认识到。如果我们考虑到了这两个条件，那么许多容易导致我们对判断的正确性产生迷惑的明显现象就会被减少。在许多博学的著名著作者的解释中，我们并非罕见地发现几乎难以理解的错误，然而如果我们将相同的文本提供给一些很有才智的学生，他们也许会达致正确。这样一种体验特别出现在大量的下述法情形中，即这些法情形构成了学说汇纂中的具有教益的大部分内容。

在任何一个制定法中，解释的目标正在于从解释之中获得尽可能多的实际法知识；因此，解释一方面应具有个别性，另一方面从结果上而言应具有多样性。[3] 此种解释的成功可在不同程度上实现，而这种程度上的不同部分取决于解释者的技艺，但也部分取决于立法者在制定法中记录可靠法知识的技艺，也就是立法者从这一点出发尽可能地控制法的技艺。因此，在优秀立法和优秀解释之中存在一种相互影响，其中任何一者的成功以另一者为条件，并通过另一者而得到保证。

---

[3] Auslegen（explicatio，解释）这个名称特别适合于表达此种行为的目标，因为这个名称涉及的是，将包含于文辞中的内容清晰化并由此显而易见。与此相反，Erklärung 这个名称更多地指向，消除（偶然的）不清晰的情形并使之转变为清晰，因此较少指明此行为的一般性质。

第四章 制定法的解释

第三十四节 制定法的基础（Grund）

如果解释的任务在于，使我们认识到制定法的内容，那么，那些并非制定法内容部分的所有事物，无论它们可能与制定法的内容多么类似，严格而言，它们都并非上述任务的范围。对于制定法基础（ratio legis［立法理由］）的认识就属于此。此种基础的概念可以通过非常不同的方式而被解释，人们有时将之用于过往，有时将之用于将来。根据第一种观点，基础是既存的层级更高的法规则，这些法规则的合乎逻辑的贯彻产生了当前的制定法。根据第二种观点，基础是通过制定法所应当发生的作用（Wirkung），从这个立场出发，也就被称为制定法的目的（Zweck）或意图（Absicht）。如果认为这两种观点是绝对对立的，那么这种认识就是错误的。毋宁说，应认为立法者意图的这两个方面都始终呈现于立法者眼前。但这两种观点相对意义上的不同事实上在于，在具体的制定法之中，有时是这种观点占据支配地位，有时是另一种观点占据支配地位。在此，上文中所阐明的常规法与特殊法的区别（§16）具有特别的影响。在常规法（Jus commune）中，与既存的法规则之关联大多占据支配地位，此法规则在这里应当得以更为完整地发展；制定法的目的仅仅是一般性的，即法得到更为明确的认识和更为确定的应用。与此相反，在特殊法（Jus singulare）中，与制定法在将来应达致的目的之关联占据支配地位；例如，通过高利贷法防止对于穷困债务人的压迫，层级更高的法规则仅仅是以下这种一般性的原则，即如果全部阶层的整体福利因为某一法律行为而遭致危险，那么就应通过一种保护者看管的方式（eine Art vormundschaftlicher Aufsicht）而进行介入。

制定法基础的认识或多或少是可以确定的。它通过以下方式而获得了最高的确定性，即此基础在制定法本身之中被表明出来。但即使在这种情形中，制定法基础仍然与制定法之中确定法的内容分隔开，而不能被视为后者的组成部分。同样在另一方面，完全没有规定我们所认识到的制定法基础也并不会使制定法没有效力；甚至在我们明确确定制定法根本不曾拥有真正的基础时，制定法的约束力也并不会因此而被削弱。——其中一种特别的不确定产生于多个并列基础的存在，这些基础相互之间的关系是有疑问的；此外，在基础本身确定的（也许在制定法之中被表述出来）情形中，不确定性产生于一种居于制定法基础和内容之间的未被表述出来的中间环节的存在可能性，通过此中间环节，制定法基础和内容两者之间的显著差别可能被表明出来和被证成。[①]

同样，制定法基础与制定法内容之间的亲和关系存在不同的程度。它们相互之间可能是一种简单的、原因和结果之间的单纯逻辑关系；此时，制定法基础似乎与制定法内容是同一的。[②] 与

[①]《马切多尼安元老院决议》（Sc. Macedonianum）具有以下目的，即防止暴利的、使家庭关系陷于危险之中的与处于父权之下的家子之间的交易。但此禁令的文本表述要宽泛得多，以至于甚至将完全无害的情形也包含在内，因为除此之外根本不可能确定地得到其实际所想指涉的情形。【《马切多尼安元老院决议》可能发布于公元1世纪维斯帕西安皇帝统治时期，它禁止以消费借贷名义向家子出借钱款，除非预先获得家父的同意或者家子在成为自权人后对有关的借贷关系予以认可。——译者注】

[②] L. 13 §1 *de pign. act.* (13.7.) 确定了担保契约中的过失的程度，此界定是包含于 L. 5 §2 *commodati* (13.6.) 中的更为一般化的法规则的结果。在更多于此被提及的其他契约——例如，寄托契约——中也同样如此。与在寄托中同样的应用在监护中本是可以想象的，因为监护人并没有从其管理中获得任何利益。但这里，单纯的逻辑关系由于其他基础的影响而被破坏，以至于这里出现了前文所提及的并存基础（concurrirender Gründe）之间的关系；进而言之，不同基础相互之间处于一种相互抵消的状况之中。

第四章 制定法的解释

之相反,在其他情形中,它们相互之间差距很远。③ 在此,这两种情形应当通过"特别(specieller)基础"和"一般(genereller)基础"的名称而被区分开。但这两个概念的区分是相对的,在它们之间并不存在清晰的界限,毋宁应认为它们之间是逐渐转变的。

首先,如果关键的问题在于确定包含于制定法中的法规则的性质,那么制定法基础的运用是毫无疑问和重要的;也即,此法规则是绝对法(absolute)还是任意法(vermittelnde),同样,它是常规法还是特殊法(§16)。——对于制定法的解释而言,制定法基础的运用却有疑虑得多,并且应当谨慎从事;尤其是,这种运用取决于制定法基础之明确性和亲和性的不同程度,这种不同程度在上文中已被详尽解释。关于此的详细界定在下文中才能被进一步论述。

在制定法基础之中,应注意到以下许多方面的差异:与制定法内容的关联方式,明确性,与制定法内容的亲和关系,以及可应用性。但除了这些差异之外,这些制定法基础还存在共同点,即它们始终与制定法内容的本质之间存在关联,或者换而言之,它们具有一种产生于立法者意图的客观性质。根据此种性质,它们本身能够被所有人认识到,如果它们在具体情形中无法被认识,那么我们只能将此视为偶然情形。因此,它们与以下事实处于明显的对立之中,即这些事实与立法者的意图之间仅存在主观关系,其他人只能偶然地认识到这些事实,而对于制定法基础的认识是自然的,它们仅能在偶然情形下无法被认识到。以下这些事实就属于此种主观事实,即这些事实对于制定法起到了推动作

---

③ 关于过失的更为一般化的法规则(L.5 §2 comm.)涉及公正(aequitas)的原则,此原则的承认和界限是可变的,且与具体应用差距较远。

用，但却同样可能导致完全不同的规则。④ 以下完全个人化的、暂时的偶然结果也属于此种主观事实，即为了产生这些偶然结果，立法者设立了永久的、具有普遍效力的规则。⑤ ——我们允许制定法基础的有限运用，但我们必须完全拒绝主观关联的这种有限运用。这种主观关联仅能被消极性的运用，以阐明真正的制定法基础由于这种主观关联而不存在；这样，它们能够防止我们对于此种制定法基础的错误采用。⑥

---

④ 例如，对于《马切多尼安元老院决议》起到了推动作用的过咎行为。L. 1 pr. de. Sc. Maced. (14. 6.).

⑤ 例如，Claudius 皇帝颁布制定法，对于与兄弟的女儿结婚这种行为给予普遍允许，但这只是为了让皇帝本人能够与 Germanicus 的女儿 Agrippina 结婚。【Germanicus 与 Claudius 为同胞兄弟，Agrippina 是 Germanicus 的女儿。公元 49 年，Claudius 与自己的侄女 Agrippina 结婚。——译者注】

⑥ 通常，此种主观关联并没有与制定法基础完全区分开，制定法的 Beweggrund、Veranlassung、Absicht 等模糊表述对此具有很大的责任。至少，以下著作在这方面似乎是不准确的，Hufeland, Geist des Römischen Rechts, Th. 1, Giessen, 1813, S. 13—19.。

第三十五节 不完善制定法的解释 其种类和补救方式

对于制定法的健全状态而言，上述解释的原则（§33）已经足够了，因为表述描述了本身很完备的意图，同时并不存在以下情形，即这些情形妨碍我们将此意图承认为真正的制定法内容。但是，仍然要对于不完善的制定法这种困难情形进行描述，同时要对于补救方式进行说明，由此能够消除此种困难性。这种不完善制定法的可以想象的情形如下：

1. 不明确的表述，它通常没有导致完备的意图。

2. 不正确的表述，其所直接指明的意图不同于制定法的真实意图。

在这些情形中，必要性的不同程度是很明显的。因为，如果存在第一种瑕疵，那么对它的消除是毫无疑义且绝对必要的。第二种瑕疵则产生了更多的疑虑，它至少使得特别的谨慎非常必要。

但在具体描述这些情形之前，有必要考虑在处理这些情形中可被应用的补救方式。

第一种补救方式在于立法的内在关联；第二种补救方式在于制定法与制定法基础之间的关联；第三种补救方式在于根据解释产生出来的内容的内在价值。

1. 立法的内在关联。在不完善的制定法中，这可以通过两种方式而被作为解释的补救方式。首先，制定法的不完善部分根据此制定法的其他部分而得以阐明，这在所有阐明方式中是最为确定的①；其次，不完善的制定法根据其他制定法而得以阐明。② 这两个制定法之间的关系越紧密，后一种解释方式就越确定，因此，如果这两个制定法出自同一个立法者之手，那么后一种解释方式就最为确定。但是，（用于解释）的其他制定法可能比根据此制定法而被解释的制定法更早，因此，在此就以以下这个正确的假定作为基础，即待解释的制定法的起草者已将较早的制定法纳入考虑之中，故后者是此起草者意图的补充部分。③ 最后，用于解释的制定法也可能更新；只是这种情形较少属于纯粹的解释领域。因为，在大多数情形中，此较新的制定法改变了不完善的制定法，至少是对于不完善的制定法的正式解释（§32），此正式解释不再是真正的解释。如果这种处理方式是一种纯粹解释，那么这取决于以下前提，即较早立法者的思考已经被包含于较新的立法之中。④

2. 同样，制定法基础可能也是对不完善制定法进行解释的一

---

① L. 24 *de legibus* (1.3.)：“没有考察法律的全部内容，而只引用了该法律的细微部分就进行评价和解答，这种做法在法律上看是不正确的。”（Incivile est, nisi tota lege perspecta, una aliqua particular ejus proposita, judicare vel respondere.）

② 对于个别不完善的制定法通过其他制定法的辅助这种解释方式不能与以下这种矛盾协调相混淆，此种矛盾协调是将渊源范围（Quellenkreises）作为一个整体而加以处理。对此将在下文中（§42-45）予以详细论述。

③ L. 26.27 *de leg.* (1.3.)：“协调先法和后法这种做法并非创新。——因此，既然先法经常被后法引用，那么就应该总是认为在法律中已包含了就像它们所针对的是在任何时候都相似的人和事。”（Non est novum, ut priores leges ad posteriores trahantur. —Ideo, quia antiquiores leges ad posteriores trahi usitatum est, et semper quasi hoc legibus inesse credi oportet, ut ad eas quoque personas et ad eas res pertinerent, quae quandoque similes erunt.）

④ L. 28 de leg. (1.3.)：“但后法及于前法，除非内容矛盾”（Sed et posteriores leges ad priores pertinent, nisi contrariae sint.）这里仅仅是指改变的情形，而排除了用于解释的情形。然而，即使是在正式解释的情形中，也非常清楚的是，我们之所以接受由后法所赋予前法的意义，不是因为我们认为该意义是正确的，而是因为后法规定了它。

种补救方式,但是它却不像立法的关联那样毫无限制。毋宁说,制定法基础的可应用性依赖于我们认识此基础的明确程度,也依赖于制定法基础与制定法内容的亲和性程度(§34)。如果上述考虑中的其中之一有所阻碍,那么制定法基础就总是能够用于第一种瑕疵(即不明确的表述)的消除,但却较少能用于第二种瑕疵(不正确的表述)的消除。

3. 最后,结论的内在价值在所有补救方式中是最为危险的,因为此时,解释者最为容易逾越其职责的界限,而延伸到立法者的领域。因此,这种补救方式仅能在不明确的表述(第一种瑕疵)情形中而被应用,而不能用于使表述与意图一致。

因此,在所有这些解释方式之中,再次明显存在一种类似于瑕疵本身中的等级顺序。第一种补救方式的应用在各处都是毫无疑虑的;第二种补救方式的应用有必要更为谨慎;最后,第三种补救方式只能在最为狭窄的范围内被应用。

第三十六节　不完善制定法的解释（续）（不明确的表述）

表述的不明确使得仅根据它对完备的意图进行认识成为不可能，此种不明确具有两种方式：第一种是不完整（Unvollständigkeit），第二种是模糊（Vieldeutigkeit）。

制定法表述的不完整在性质上与一句话开始后被打断相类似，因此，完备意图的外在表示是不完整的。属于这种情形的例如，制定法对于一个行为要求要有证人，但却没有规定证人的人数。[1]

模糊的情形则更为常见和重要，它又表现为不同的形态：具体表述的模糊，或者构造的模糊。

具体表述可能涉及不同的对象，所使用的词语却适合于多个对象；此种情形在法律行为中比在制定法中更为经常地出现。[2] 但具体表述也可能以抽象的概念作为对象，在此也可能出现歧义，即所选择的表述具有完全不同的含义[3]，或者具有更为狭窄

---

[1] Nov. 107. C. 1. 正是如此。——同样属于此的还包括，一笔钱应被确定下来，但却没有表明数目或者货币种类。这种情形（不是在制定法中，而是在遗嘱中）在 L. 21 §1 *qui test*. (28. 1.) 中被提及。

[2] 例如，L. 21 §1 *qui test*. (28. 1.)：奴隶 Stichus 被遗赠，Titius 是受赠人，但具有这些名字的有多个人。L. 39 §6 *de leg*. 1 (30 un.)：名称为 Fundus Cornelianus 的土地被遗赠，但在遗赠人的财产中，具有这个名称的土地却有多个。

[3] 因此，familia、puer、potestas 这些表述具有完全不同的含义。L. 195. 204. 215 *de V. S*. (50. 16.)——这种多重含义的值得注意的应用存在于 L. 5 C. *fin. reg*. (3. 39.) 以及 L. 30 C. *de j. dot*. (5. 12.) 之中。在前者中，praescriptio 具有抗辩（Einrede）或者规定（Vorschrift）的含义，根据很多人的观点也具有时效（Verjährung）的含义。在后者中，si tamen extant 这个表述意味着"如果它没有被毁灭"或者"如果它没有被让与"（extant apud maritum）。

和更为宽泛的含义。④

构造的模糊也可能会使得制定法的含义存在疑问,虽然此种情形在法律行为中比在制定法中更为常见,但它在制定法中并非毫无实例。⑤

这里所描述的瑕疵形态可能非常不同,但它们相互之间确实拥有共同之处,即它们都会妨碍我们在具有此种形态的制定法中非常确定地认识到完备的意图。——这种瑕疵的产生可能源于不清晰的意图,或者源于对表述的不完全掌握,或者同时源于两者。对解释者而言,这种产生原因是无关紧要的,因为补救的要求对解释者而言始终是同样迫切和不容拒绝的,具有此种形态的制定法不适合确定法规则。对于这种要求的认识也是完全确定的,因为它是通过纯粹逻辑的程序而被获得。出于同样的原因,它随着对于当前疑问性质的清晰洞察而结束,但并没有同时提出解决方案。毋宁说,解决方案必须要另外寻找,这里要运用到已被确立的三种补救方式(§35)。这三种补救方式在此都能够被应用,且它们之间的不同价值应仅仅在以下范围内被考察,即一种补救方式应优先于其他补救方式而被运用。

首先,如果有可能应根据立法的关联而消除不明确的表述,

---

④ 此种更为狭窄和更为宽泛的含义可见于以下表述:cognatio、pignus、hypotheca、adoptio (L. 1 §1 *de adopt.* 1. 7.)、familia (L. 195 *de V. S.* 50. 16.)。——同样,一个规定了"光线不被阻碍(ne luminibus officiatur)"的契约可能不仅只会涉及当前的状态,而且也会同时涉及当前和未来的状态,L. 23 *pr. de S. P. U.* (8. 2.)——根据更为狭窄或更为宽泛的含义所进行的解释,人们通常将它们称之为"扩张解释(lata)"或"限缩解释(stricta)";任何一个消除歧义的解释都被称为"说明性解释(declarativa)"。Thibaut, Pandekten, §48. 50. 53.

⑤ 对于 L. 2 *de div. temp. praescr.* (44. 3.) 这个困难篇章的阐明仅仅取决于,结论性表述"我的观点相反(mihi contra videtur)"是与整个篇章相联系起来,还是只与此篇章的一部分相联系起来。——在法律行为中的构造模糊的例子参见Mühlenbruch, I, §59, not. 1.。

如果此种补救方式已敷其用,那么任何其他补救方式就作为不那么可靠的同时也是多余的方式而被排除。

其次,制定法基础要应用于此目的,并且如果可能,要运用与制定法内容直接关联的特别基础(§35),如果我们能够指明此种基础。如果我们不能指明此种基础,那么更为一般化的基础也是可以允许的。例如,如果制定法的内容仅仅以"公正(aequitas)"作为根据,这在近代的常规法(§16)中必然是绝对会被接受的,那么在两种本身都是可能的阐释之中,要优先选择被此种"公正"所证成的那种阐释。[6]

最后,不明确的表述最后可以根据以下内容的内在价值的比较而被消除,即此内容根据此阐释或彼阐释而被认为包含于制定法之中,此阐释或彼阐释本身都是可能的。例如,一种阐释导致

---

[6] 以下篇章就被如此理解,公元314年的 L. 8. *C. de jud*. (3.1.):"在所有事务中确定的是,应遵守公正原则而非严格法。"(Placuit, in omnibus rebus praecipuam esse justitiae aequitatisque [scriptae], quam stricti juris rationem.)它的意思是:如果在一个有歧义的制定法之中,其中一种阐释符合严格法,另一种阐释符合公正法,那么后一种阐释应当优先(*praecipuam esse rationem*)。公元316年的 L. 1. *C. de leg*. (1.14.)似乎与此相矛盾:"只有我们才应当并且可以考察介入公正和法之间的解释(Inter aequitatem jusque interpositam interpretationem nobis solis et oportet et licet inspicere.)"如果认为,上面所引用的 L. 8 是先法,L. 1 是后法,因此前者因为后者而已经过时,那么此观点是极其不真实的,因为两者都出现于 Constantin 的统治时期,而且两者只相隔两年。为了消除矛盾,有人在上面所应用的 L. 8 中采纳了 scriptae 这个措辞(制定法中所承认的公正),此措辞包含于 Chevallon(Paris. 1526. 8.)和 Haloander 等一些早先的版本之中,但却根据内在的基础而被完全抛弃。Donellus (I. 13.)将 L. 8 解释为单纯的限制,而 L. 1 是通过公正完全取消严格法;但此种区分在篇章本身之中完全没有被提及。——此种矛盾可通过以下方式而被消除,即上面所引用的 L. 1 被认为仅涉及通过意图而修正表述(§37),此种修正不能仅仅因公正而被法官实施。但我更愿意认为,L. 1 并不涉及解释,而只涉及法的发展(§47),由此 L. 1 与 L. 8 之间的所有矛盾就完全不存在了;interpretationem(解释)这个表述在此并没有阻碍此种理解。

了空洞的、毫无目的的内容,而另一种解释却并非如此。⑦ 同样情形还包括,对于当前的目标而言,一种阐释所导致的结果比另一种阐释所导致的结果更为恰当。⑧ 最后,此种情形还包括,一种阐释较之另一种阐释会达致更为宽容仁慈的目标。⑨

---

⑦ L. 19 *de leg*. (1.3.):"当法律的字义出现模糊时,应尽可能地采纳没有缺陷的含义……"(In ambigua voce legis ea potius accipienda est signification, quae vitio caret,…)

⑧ L. 67 *de R. J*. (50.17.):"如果一个表述包含两种含义,应采纳更适合于事务处理的含义。"(Quotiens idem sermo duas sententias exprimit, ea potissimum excipiatur, quae rei gerendae aptior est.) 此规则的一个应用包含以下篇章之中,L. 3 *de constit*. (1.4.):"我们应该尽量用最宽泛的方式解释皇帝的恩惠,因为人们认为它来自于皇帝神圣的宽容。(Beneficium Imperatoris, quod a divina scilicet ejus indulgentia proficiscitur, quam plenissime interpretari debemus.)"

⑨ L. 192 §1 *de R. J*. (50.17.):"在不确定的情形中,采纳更为仁慈的解释恰恰是可靠的。"(In re dubia benigniorem interpretationem sequi non minus justum est quam tutius.) L. 56. 168 *pr. eod*. ——L. 18 *de leg*. (1.3.):"应该以适当宽容的方式解释法律,以遵循法律的意志。"(Benignius leges interpretandae sunt, quo voluntas earum conservetur.) 结论性言辞可能意味着"因为这是立法者的普遍意志"。但在我看来,更为正确的可能是以下这种阐明方式:"只要没有违背立法者明确表述出来的内容。"(因此,quo 相当于 quaetenus)——此规则的具体应用包括下述情形。如果对于惩罚的规定不明确,应优先采纳更为宽和的惩罚(L. 42 de poenis. 48. 19.)。在遗嘱的情形中,应通过解释有助于指定继承,而非有助于剥夺继承权(L. 19 de lib. et posth. 28. 2.)。——这些应用表明,此规则包含与以下观点不同的含义,即此观点给予"公正(aequitas)"以优先地位,人们通常如此认为,但此种观点却是错误的。

第三十七节 不完善制定法的解释（续）（不正确的表述）

制定法可能具有的第二个瑕疵在于表述的不正确，此表述虽然直接指出了一个明确的、可应用的意图，但此意图却不同于制定法的真实意图。在这个制定法组成要素的内在矛盾之中，产生了以下问题，即何种要素应占据优先地位。此时，表述仅仅是手段，而意图是目的，因此，毫无疑问，意图应占据优先地位，而表述应当根据意图而被修改。① 此规则的接受并没有任何困难，但相反，此规则的应用却非常困难，因为所有一切都取决于，这里所假定的事实已非常确定。

此种情形的种类比不明确表述的种类（§36）要少得多。其种类仅仅涉及表述与意图之间的逻辑关系，表述所包含的内容或者少于意图所包含的内容，或者多于意图所包含的内容。在第一种情形中，表述要通过扩张解释（ausdehnende Auslegung）而被修正，在第二种情形中，表述要通过限缩（einschränkende）解释而被修正。② 两种方式的目的都仅仅在于使表述与真实意图相一致。

对不正确表述的处理在最为重要的方面不同于对不明确表述的处理。——作为其基础的是以下假定，即一个确定的意图是存

---

① L.17 *de leg*.（1.3.）："认识法律并非固守它们的文辞，而要掌握它们的效力和意向。"（Scire leges non est verba earum tenere, sed vim ac potestatem.） L.6 §1 *de V. S.*（50.16.）. L.13 §2 *de excus*.（27.1.）. L.19 *ad exhib*.（10.4.）.

② 对这两种方式，近来的学者使用非罗马法的表述 interpretatio extensive, restrictiva（扩张解释，限缩解释）来指代它们，并且将这两种解释方式与 declarativa（说明性解释）相对立起来，declarativa 既非扩张性的也非限缩性的，因为它根本不涉及此种不完善的制定法（§36 注 4）。

在的，它与一个不完善的表述联系起来。对于此种关系，我们无法像在不明确表述的情形中那样通过逻辑途径而认识到，而只能通过历史途径认识到，因此对其的认识往往在本身上就是较为不确定的，同时存在确定的不同程度。而且，此种困难通过以下情况而被加强，即最为明显和最为自然的认识意图的手段不能被我们所使用，因为这种手段恰恰存在于表述，而表述又恰恰是我们在这里所无法信赖的。——并且，在不明确表述的情形中，人为补救的需求是必不可少的，否则我们能够将其作为制定法而予以考察和使用的东西便完全不存在。但不正确的表述完全不同，因为未被修正的表述已经为我们提供了一个可理解的和可适用的意图。——最后，在不明确表述的情形中，对瑕疵的认识完全不同于对瑕疵的补救，而在不正确表述的情形中，两者是重合的。因为，只有将表述与真正的意图予以比较，我们才能认识到表述的不正确；但如果真正的意图被我们所认识到，那么对表述瑕疵的补救也就同时被找到。

现在，我们要具体审查上文所述的三种补救方式（§35）对这里所描述的不正确表述这种瑕疵的可适用性。

再一次地，立法的内在关联在这里作为补救方式是最没有疑问的。一个例子是详细界定要求继承之诉（hereditatis petitio）* 的元老院决议（Senatusconsult）。根据此决议，已经将属于遗产的财产予以出卖的诚实善意的占有人应返还其所获得的价金（pretia quae *pervenissent*）。此表述也包含了此占有人又将价金遗失的情形，因为他毕竟曾经获得过价金。但根据此元老院决议随

---

* 要求继承之诉（hereditatis petitio），是对物之诉（actio in rem）的一种，享有合法继承人资格的继承人可根据此诉讼要求非法占有遗产的人向自己返还该遗产，从而实际获得被继承人的财产。——译者注

后的语词，可以得出此情形应被排除在外的结论。因此，这个被使用的表述应被进行以下方式的限缩解释，即这里所涉及的并非任何已获得的价金，而仅是已获得的且没有被再次遗失的价金。③——另外一个例子可见于刑法。如果此刑法最后为某犯罪行为规定了一个普遍的刑罚，而之前又为此犯罪行为的一个具体情形规定了另外一种刑罚，那么此种普遍的结果就应通过此特别情形的例外而被限缩解释。④

更为重要但也更为令人疑虑的是第二种补救方式的应用，此种补救方式是根据制定法基础而认识制定法的真实意图，表述据此而被修正。在这方面，特别基础和一般基础的区分（§34）尤为重要。

特别基础事实上可被应用于上述目标。如果表述的字面解释会导致其与被认识到的基础之间的矛盾，那么这种应用是最无疑义的。例如，如果一个法规定基于对某人进行优待而被规定下来，那么任何会导致此人损害的具体应用就与此基础存在矛盾，这种情形就必须通过对过于一般化的表述进行限缩解释而被防止。⑤如果一个由于欺诈而订立的合同偶然地有利于受欺诈人，那么此合同应有效，尽管告示的表述认为所有这种合同都是无效的。⑥如果一个未成年人在无保佐人（Curator）的情形下进行某诉讼并获胜，那么此程序应有效。⑦同样，如果关于扶养（Alimente）的调解协议（Vergleich）没有得到裁判官的批准，且权利

---

③ L. 20 §6. L. 23 *de her. pet.* (5.3.).
④ L. 41 *de poenis* (48.19.).
⑤ L. 25 *de leg.* (1.3.). L. 6 C. *eod.* (1.14.).
⑥ L. 7 §7 *de pactis* (2.14.). L. 30 C. *de transact.* (2.4.).
⑦ L. 2 C. *qui legit. pers.* (3.6.). L. 14 C. *de proc.* (2.13.).

人的境况根据此协议绝对会得到改善,那么此协议是有效的。⑧——但更为常见同时也更为困难的是以下情形,即我们修正表述并非为了防止其与基础之间的矛盾,而仅仅是为了发现应用的真正范围,由此不会在不充分的或不必要的情形中而被应用。我们必须特别在以下情形中寻找此种修正的证成依据,即我们要阐明不准确的表述得以发生的可能诱因:可能是具体的表述被使用,因为缺少相应的抽象表述,或者因为此种具体表述会导致表述得更为清晰易懂。由此,以下疑问就会被确定地消除,即根据我们的解释而产生的意图事实上是立法者的真实意图,抑或仅仅是立法者本应合乎逻辑地应当拥有的意图。在后一种情形中,我们通过解释不再是修正表述,而是修正意图本身,这并非解释者的权限,这一点将在下文中详细阐明(§50)。——下面一些例子会使这里所表述的观点清晰化。告示规定,如果一个寡妇仍在丧期(Trauerzeit)内而再婚的,那么她可能要面临不名誉(Infamie)。此规定的目的仅仅在于防止关于对之后出生的子女的父权事项(Paternität)的所有疑问。如果人们要直接表明这一点,并且同时想要对于这一点进行精确界定,那么一个详尽的、抽象的规定就是必要的,同时对(关于孕期的可能持续期间)这个困难问题的决定也是必要的。但所有这些通过对丧期的极其清晰的规定而被回避,此对丧期的规定对于绝大多数情形而言是完全合适的,同时它通过很长的期间而消除了上述关于孕期的困难问题。但现在出现了一种情形,在此情形中,寡妇在其丈夫死后不久就生下了孩子;由此,关于将来子女的所有疑问就被绝对消除,那么,通过对于告示的限制解释,婚姻被允许。在另

---

⑧ L. 8 §6 *de transact*.(2.15.).【根据罗马法,关于扶养的调解协议必须要获得司法批准才可具有效力。——译者注】

一方面出现了另一种情形，在此情形中，根本不存在对死者的服丧，因此不存在丧期；尽管如此，婚姻仍然被禁止，告示在此被进行了扩张解释。⑨——所有出示情形中的利害关系人（cujus interest）享有出示诉讼（actio ad exhibendum）*，此在告示中可能也是如此。这个表述适用于所有因看到物而可能具有利益的人。但此诉讼被承认的目的是消除权利请求（Rechtsanspruch）所具有的障碍，此障碍可能产生于与物之间的偶然的和空间的关系。由此，上述表述通过解释被限缩于以下利害关系人，即他们与权利请求之间存在联系。⑩——对于时效取得，《十二表法》在土地（fundus）的情形中要求两年的占有，而在所有其他物的情形中要求一年的占有。房屋应属于哪一种呢？从语词看来看，它无疑并不能为 fundus 这个表述所包含。但时效取得一般而言适用于所有的物，基于此目的，所有的物应被区分为两大类，无疑，制定法所采纳的意见是将所有的不动产因为其完全的相似性而概括为一类，fundus 这个具体的表述之所以被制定法所采用，仅仅是因为缺乏相应的抽象表述。因此，上述语词应被扩张涉及所有的不动产，因此，也涉及房屋，且这种解释似乎也从没有什么争议。⑪——无疑，在许多处理具体情形的制定法中，有一点被明确补充，即此种制定法不应被视为更为抽象的规则的单纯表述；由

---

* 出示诉讼（actio ad exhibendum），是要求被告向法庭出示某一可动物的诉讼，通常在原告提起返还所有物之诉之前提起，从而为实现对物的返还创造条件。在被告将诉争物隐藏起来以及在诉争物被添附于被告之物的情形中，出示之诉具有尤为重要的意义。在后一种情形中，原告可以通过出示诉讼而将诉争物与被告之物予以分离，从而使返还成为可能。——译者注

⑨ L. 1. L. 11 §1.2.3. *de his qui not*. (3.2.).
⑩ L. 19 *ad exhib.* (10.4.).
⑪ Cicero, top. §4.

于此种规定,这种扩张解释就被明确排除。⑫——最后,被人们称为"反面论证"(argumentum a contrario)的间接表述的采纳也属于此种扩张解释。也就是说,一个规则可能被如此描述至一个明确的范围,以至于在此表述之中包含了一个明确的意图,即在此范围之外应适用相反的规则。例如,如果裁判官通过以下这个通常的表述而引入了一个诉:intra annum judicium dabo(在一年内提供审判),那么在此表述之中同时包含了以下含义:post annum non dabo(在一年后不提供审判),此表述在这方面的含义就是一个毫无疑问的扩张解释。⑬《关于暴力的尤利法》(L. Julia de vi)*认为,为此犯罪行为而指定的裁判官"在其离开的情形下"(si proficiscatur)可将审判权予以委托;在此之中包含了相反的规定,即除此之外他不能将审判权予以委托。⑭同样,任何制定法的例外都暗含了一个规则的存在,如果没有此规则,那么这种例外就不具有意义,因此,它是此规则的间接表述。例如,《关于惩治通奸罪的尤利法》(L. Julia de adulteriis)**剥夺了被判

---

* 《关于暴力的尤利法》(L. Julia de vi)全称为《关于公共暴力和私人暴力的尤利法》(Lex Julia de vi publica et privata),此法颁布于公元前 17 年,它将暴力罪区分为妨碍正常履行公务的公共暴力和侵犯私人自由的私人暴力,并分别规定了不同的刑罚。——译者注

** 《关于惩治通奸罪的尤利法》(L. Julia de adulteriis)颁布于公元前 18 年,它明确规定了各种通奸类犯罪,并为此设立了专门的常设刑事法庭。——译者注

⑫ 例如,L. 10 C. de revoc. don. (8.56.). 以及 Nov. 115. C. 3 pr.。

⑬ L. 22 de leg. (1.3.):"当法律对过去的事情予以宽恕时,它同时暗含了对将来的禁止。"(Cum lex in praeteritum quid indulget, in futurum vetat.) Donellus (I. 14.) 极有可能是将这个困难的篇章解释为这里所描述的情形,以至于 praeteritum(过去)以及 futurum(将来)不是涉及颁布制定法的时点(因为此制定法不能对已经过去的行为进行规定),而是涉及将来的时点,这里也就涉及诉权产生后一年届满。在届满之前,诉应被允许(in praeteritum indulget),因此在届满之后,诉应被禁止(in futurum vetat)。

⑭ L. 1 pr. de off. ejus. cui mand. (1.21.).

决有罪的女性在法庭上作证的能力，据此非常清晰的结论是，其他女性具有此种能力。⑮

与之相反，制定法的一般基础（例如，作为其依据的"公正"[aequitas]）不能被应用于以下解释，即通过此解释，表述应被认为是不正确的，且表述应被进行修正。因为，此种处理方式已完全包含了不同于法解释的法发展所具有的特征，我们所探寻的不是制定法的意图包含了什么，而是以下问题，即如果立法者搞清楚了的话，那么制定法的意图合乎逻辑地应包含什么。但后一种主张始终具有一种不确定性，因为在制定法与其一般基础之间可能存在许多对立的中间环节，因此，即使立法者对整个关系具有清晰的认识，他们可能也无法按照我们所期望的那样修改制定法（§34）。如果我们并非罕见地在罗马法学家那里看到了此种解释，那么在此方面而言，他们并不能作为我们的典范，因为，如同下文中所指出的那样，罗马人并没有清晰区分法解释和法发展。⑯ 其中，以下规则就属于此，即在任何单纯禁止性的制定法中，其所禁止的法律行为始终必须被认为是无效的。⑰ 如果我们将此规则视为对我们的解释有效的规则，那么这就与刚刚所论述的观点相互矛盾，因为根据合目的性（Zweckmäßigkeit）和效力（Wirksamkeit）这两个一般基础，单纯禁令的表述就具有了很大的范围。事实上，上述规定是一个完全实在性的制定法，并且，将其与我们法典籍（Rechtsbücher）中表达了一个单纯禁令的其他一些篇章联系起来思考，上述规定就是对于这些篇章本

---

⑮ L. 18 *de testibu*s (22.5.).
⑯ 我在以下篇章中发现了这方面的例子：L. 40 *pr. de her. pet.* (5.3.), L. 2 §1.3 *ad Sc. Vell.* (16.1.), L. 1 §6 *de aedil. ed.* (21.1.), L. 15. L. 6 §2 *de j. patr.* (37.14.), L. 2 *pr.* §1 *de cust.* (48.3.). ——参见下文§47和§50结尾。
⑰ L. 5 *C. de leg.* (1.14.)

第四章　制定法的解释

身的正式解释（eine authentische Auslegung）；因此，它并非对我们自己解释的指示和典范。

如果对于表述的修正而言，制定法的特别基础是允许使用的，而一般基础不允许使用，那么我们同时必须想到，在这两种基础之间并没有清晰的界限（§34）。通过两者之间各种各样逐渐的过渡，真正解释的可能性常常是有疑问的，并且法解释与法发展之间的区分就非常困难。

与之相反，没有任何疑问的是，上文所论述的第三种补救方式，即结论的内在价值（§35），不能被应用于不正确表述的认识和修正。因为，非常明显的是，在此种补救方式之中，并不存在表述与意图的一致化，而是试图对于意图本身进行修正。它作为法发展是有用的，而只在名义上是法解释。

第三十八节 优士丁尼制定法的解释（批判）

现在，已阐述的解释的一般原则要被特别应用于优士丁尼立法，对于此立法的解释又会产生新的困难，并使新规则在此种解释过程中成为必须。在此，对于此立法的历史性认识被完全假定为前提，这样，这里所涉及的便仅仅是这种认识在解释行为上的应用。①

在这里，解释者完全特别的地位是基于他与待解释的制定法的产生之间存在非常大的距离。这使得罗马法的研习具有一种特别学问化（gelehrten）的特征。我们在此欠缺直观性和直接明确性的所有优势，这些优势起源于民族的共同生活，而法就是在民族之中产生出来的，我们就必须尽可能地寻求通过精神努力而替代这些优势。由此，在取得明确法规则的纯粹结论这个目标之外，解释还特别具有其他目标。我们必须试图彻底地研究流传下来的法律渊源的完全独特之处，以至于它们在我们之中能够替代共同生活的作用。这个任务非常困难，它事实上会通过文献的高度出色而变得轻松一些，而这种高度出色是我们在上述法律渊源的最为重要的部分中所看到的。

所有解释的基础是待解释的文本，对于文本的确定被称为批判（Kritik）。批判是解释的前置，但这种前置只能从整体程序上来理解，而不能从每个具体的应用上来理解；因为在具体情形中，批判行为往往只能同解释行为一起进行。——批判存在两个阶段：或者是复原性的（diplomatische）（或者低层次的 [niedere]）批判，或者是高层次的（höhere）批判。第一种批判的任务在于确定和完整地取得材料，第二种批判的任务在于根据既定的

---

① 因此，一些内容有意没有被论述，包括优士丁尼法律渊源的产生、其组成部分、其语言、我们对此所使用的补救方法、其文本的手稿和版本。

第四章　制定法的解释

材料确定真正的文本。

批判行为同解释行为一样具有普遍性，绝不限制于罗马法。但较之在其他立法中，批判在罗马法中更为重要和困难，因此我更愿意在这部分内容中首先论述批判行为，它在这里也能够在完整的关联中被论述，而不需要麻烦的重复。

在批判这方面，首先要考虑最为简单的情形，在此情形中，立法者以最为简单的形式直接提供给我们制定法文本，立法者本身就使此种形式可以被公众所信任。由于印刷术的发明，这不仅是可能的，而且是常见的，复原性的批判明显就不需要了；并且，如果高层次的批判试图主张印刷错误，这种批判似乎必然要被作为对立法者意志的违背从而被拒绝。但上文已经指出，即使是制定法的实际表述也可以根据制定法的意图通过解释而被修正（§37），这种处理的基础是精神优先于文辞。现在，在印刷文本与实际表述的关系中，印刷文本被视为仅仅是文辞的印刷形式，因此，印刷文本比实际表述的位阶更低；所以，印刷文本不能不容许被进行同样的修正。但无疑，这种情形非常罕见，因此在对批判进行一般的观察中，它并不重要。②

但这里所论述的绝非以下情形，即我们与优士丁尼法律渊源的关系是什么。所有人都承认，我们并不拥有官方正式流传下来

---

② 现代一个值得注意的例子如下。1813年1月18日的威斯伐里亚皇帝法令第3条（das Königlich Westphälische Dekret vom 18. Jan. 1813 Art. 3）规定，向土地什一税所有者（dem Zehentherren eines Gutes）征收土地税款的十分之一，"如果什一税所有者获得了净收益（des reinen Ertrages）的十分之一"，在这种情形之外，根据情形可能多于也可能少于十分之一（Bülletin N. 3 von 1813. S. 45）。但之后的公告（Bülletin）内容却载明："Bülletin Nr. 3…净收益（des reinen Ertrags）为毛收益（des rohen Ertrags）。"此修正同时载明于2月3日的通告（Moniteur）之中，但此修正却没有任何署名或其他证明，并且与书写的原始文件相矛盾。两种不同文本的实践结果是极其不同的，这里就产生何种文本优先的问题。根据第一种文本，制定法与税收的一般原则相协调一致，但却很难实施；根据第二种文本则恰恰相反。

244 的文本。如果在博洛尼亚，注释法学家的批判努力达成了独立目标，那么 Vulgata（通行本）*的继受就取代了官方正式文本，尽管如上文所指出的那样，高层次的批判并不会因此而被排除。但在这种意义上非常完善的 Vulgata（通行本）并不存在，因此对其的继受是不可能的（§17）。因此我们只拥有大量的手稿，这些手稿的年代和价值都非常不同。即使在这些手稿之中，一些文本完全一致，此文本也只能通过拟制的方式而被等同于官方正式文本。事实上，根据这种完全一致，也只能产生一种我们拥有原始文本的高度可能性而非确定性。近来的学者担心，如果人们可以自由批判，那么实践的确定性就会丧失，因此他们或者完全拒绝批判，或者将其限缩于一个任意的、狭窄的范围之内。③这种担忧要防止既定文本被任意违背的危险。但它是没有价值的，因为

245 它所要维护的既定文本根本就不存在。如果我们考虑以下问题，即他们认为哪种文本是此种既定文本，我们就会发现他们的观点既不相同也不清晰。如果 Vulgata（通行本）或者博洛尼亚的校订本达到条件的话，它可能是此种既定文本。所有得到的手稿中一些文本的一致性也可能会再次提供了一个明确的概念，尽管在此也无权拒绝批判；但他们的观点并非如此。其原因在于，其一，迄今为止，在有争议的批判情形中，即使是取得上述一致性的初步努力也几乎没有被做出；其二，对批判的反对主要是因为以下担忧，即法院所得出的观点可能会被更为深入的研究所推翻，

---

* 关于 Vulgata，请参见本书第十七节。——译者注

③ Thibaut 完全拒绝在实践中运用批判（Versuche, Bd. 1, Num. 16），但他之后放弃了这种观点（Logische Auslegung, §44）。——Feuerbach 只容许推测性的自由批判（die freie Conjecturalkritik），以便消除意义欠缺或矛盾（civilistische Versuche, Th. 1, Num. 3）。同样的观点参见，Glück, I, §35, Num. 5.。

而在这一方面事实上恰恰是手稿之间的比照特别危险。但如果人们放弃此种既定文本（它应当是不容置疑的）的界定，那么所余下的便几乎只是被大多数人所采用的文本，因为此种文本是应用最为广泛的版本，也许此版本就是 Gothofred 的版本了。[④] 但是，对于此种被如此摇摆不定地和任意地采纳的概念而言，认真的考察无疑是不必要的。

[④] 大多数批判的反对者持有此种观点，但此种观点在他们那里却并不清晰，他们也没有明确表明持有此种观点。清晰表明持有此种观点但却夹杂着许多含混的是，Dabelow, Handbuch des Pandectenrechts, Th. 1, S. 204（Halle, 1816.），但它恰恰并没有应用此种观点，而是给予批判很大的自由。

第三十九节　优士丁尼制定法的解释（批判）（续）

246　　基于这些理由，批判的权利已经被成功确定下来，现在需要进一步确定批判行为的规则。——复原性的批判必须要收集手稿材料，并且根据其年代和价值对于手稿进行审查，由此对手稿进行外在排列。它还要进一步通过对所有外来部分（§17）的排除而保持所继受法规的纯粹，根据大多数新版本的内容，这些外来部分很容易由于疏忽而被列入所继受法规之内。①——高层次的批判行为分为两个部分：对于通过复原性批判而流传下来的手稿材料进行加工整理，并对其进行完善。首先，根据第一个部分，

247　此种批判要通过对手稿材料的自由选择而构建文本。当然，它要考虑到以下可能性，即此种可能性产生于支持多种样式之中的一种样式的手稿的数量和价值。但选择仍是自由的，不会因为考虑到某一种手稿（例如，Vulgata［通行本］）而受到约束；甚至在非常重要的应用情形中，这种自由也始终被普遍承认，甚至那些在一般理论之中明确表示反对运用批判的一些人也承认这一点。例如，对学说汇纂中的大量篇章而言，Florentina 文本在此存在漏洞而没有意义，但其他手稿却提供了毫无疑问的完整的真实文

---

① 无疑，比未被注释但却真实的文本的错误应用更为糟糕的是，14 世纪以来所撰写的并在之后被各版本所采纳的概要（Summarien）被视为罗马法的组成部分，但这种主要的错误观念很容易被解释清楚。因为注释和现代附注始终位于各版本中的页边空白处，但这种概要却在正文中作为标题，由此它很容易被外行人认为是正文。Vgl. hierüber Savigny, Beruf unserer Zeit, S. 62, 以及 Geschichte des R. R. im Mittelalter, B. 6., S. 162.。

本；同样，对于许多篇章而言，情形恰恰相反。[②] 我不知道有哪一个作者在其关于批判的严格主义（Rigorismus）上走得如此之远，以至于拒绝这两方面的完善；并且，在上文所述的任意性限制之中，赋予博洛尼亚文本（dem Bolognesischen Text）以排他支配性的观点确实具有最多的历史证据。无疑，在我们通行的版本中，我们根本没有发现上述两方面的必要性，因为所提及的完善在此版本中都已经被采纳。在此种应用中，已相当清楚的是，非常多的重要的实践性法规定不能被否认（§20），但在对某特定文本的承认之中，类似的一般观点却并没有被确立。——最后，标点行为也属于高层次批判行为的第一部分内容，通过标点行为，一个篇章的逻辑环节被确定下来，因此，根据标点行为的内在性质，它能够被视为解释，尽管它在形式上与批判者的行为相一致。值得注意的是，许多人也将惯常标点（der gewöhnlichen Interpunktion）的变更视为一种修正（Emendation）。[③] 但惯常标点的概念同一般意义上的惯常文本的概念一样，是完全空洞和无意义的。事实上，手稿几乎只是提供给我们不间断的字母组合；我们如何将这些组合成单词，以及如何将这些单词组合成句子，这完全取决于我们自己的观点。一些手稿中的少量和不确定的标点行为的初步尝试根本不能被纳入考量之中。

另外还要考察高层次批判行为的第二部分，此部分是对手稿

[②] Savigny, Geschichte des R. R. im Mittelalter, B. 3, §167, 171. 当然人们可以认为，这里所引证的根据 Florentina 文本所进行的补正已经成为 Vulgata（通行本）中的组成部分。但对不少完全相似的完善而言，博洛尼亚学者（Bologneser）也留给我们来进行，这些完善在之后才根据 Florentina 文本被补充进来，对于此种情形，并不存在任何反对意见。

[③] Feuerbach, a. a. O., S. 93.

文本进行完善，也即通过推测（Conjecturen）进行修正。④ 此种推测性的批判很特殊，它产生了对批判性处理我们法律渊源文本的大量反对意见。不可否认，自从 16 世纪以来，许多法学家，尤其是法国法学家和荷兰法学家，以一种任意的，甚至漫不经心的方式运用此种推测性批判。我的观点并非是支持此种滥用，但是，正确运用推测性批判的这种重要的，甚至是不可或缺的权利，我们无法放弃，也不能通过任意性的条件对之予以限制。⑤

这里所论述的对手稿文本的选择和修改这两种高层次批判的运用，与不完善的制定法——不确定的表述以及不正确的表述——的两种解释类型（§35—37）具有明显的相似性。因此，如果我们在这里追问待确定的真实文本的认识手段，我们就会发现，第一种和最重要的手段是产生于篇章本身关联的内在必然性。但对其的采纳并非是根据一般概念，而是根据批判所涉及的一些篇章或者具体篇章所属的这类篇章的特殊文献性（dem besonderen literarischen Character）。因此，很少有规则对此种批判进行调整；最为主要的是通过持续的渊源学习而发展出来的批判视野，以及谨慎周到的、不执迷自我的真相意识（Wahrheitssinn）。——类似的手段是将有疑问的制定法篇章与另一些篇章进行对照；但此种对照只能使完善具有以下程度的确定性，即两个篇章在此种程度上具有近似的亲和关系。——但以这种方式所确定的完善可通过以下方式获得一种更为外在的确证，即它通过某种可能的方式成功地向我们阐明了，我们解释为不正确的文本在

---

④ 修正是相对的，并始终涉及某个任意假定的文本，此文本现在应被完善。因此，对印刷错误的单纯修改可被有效作为修正；通常人们将修正这种表达限定于科学特性的完善，例如，修正的对象是特定手稿的文本，或者是以手稿为根据的印刷版本。

⑤ 如果人们只将推测作为反对文本的无意义或者立法的内在矛盾的最后手段，那么这就是一种不容许的限制。对此的论述参见本书§38 注 3。

第四章 制定法的解释

誊写人那里是如何从真实的文本中产生出来的。这首先可以通过类推而实现。例如，某个错误多次反复同样出现，此错误的假定由此就明显具有某种程度的可能性。属于此种情形的包括，某些字母相互之间经常混淆；此外还包括某字母的忽略，如果同一个字母之前直接出现过，因此在此情形中我们就要复原脱落的字母（重复出现）；最后还包括在誊写人所持有的原始手稿之中整个句子的串行或移动，对此原始手稿的接受无疑也是非常令人疑虑的。——第二，对于错误文本产生的可能解释可以通过以下方式而实现，即多种不同文本样式（Lesearten）之中的一种样式比其他样式更难理解，以至于誊写人拒绝了真实的文本，仅仅因为他没有理解它。——最后，可能的解释也可通过以下方式而实现，即在誊本出现时，法本身已经变化，以至于当时曾有效的法在誊本中被改变。⑥——与之相反，对错误的以下阐明应当被抛弃，即原始手稿中存在缩写假定，而此种缩写被誊写人不正确地将全文写出来。因为优士丁尼绝对禁止在其制定法的誊写中使用缩写⑦，因此只有极少量的缩写由于疏忽而存在，且这并不足以证成具体情形中的可能性。

251

252

---

⑥ §4 *J. de nupt.* (1.10) 即属于此："两兄弟的或两姐妹的子女，或兄弟的和姐妹的子女，不可以结婚。"（Duorum autem fratrum vel sororum liberi, vel fratris et sororis, jungi *non* possunt.）许多手稿中有 non 这个词，而其他许多手稿中没有这个词。现在对 non 这个词的毫不令人生疑的抛弃因为以下事实而被巩固，即在手稿产生之时，每个誊写人必然知道，兄弟姐妹的子女之间的婚姻被（教会法）所禁止。此种情形无疑是很罕见的。与之相反，以下情形很显然且卓有成效，即使用前优士丁尼时期的法律史进行勘订；但恰恰是这种使用大多是完全不容许的，下文将详细论述这一点。

⑦ Const. *Omnem* §8. L.1 §13 *C. de vet j. enucl.* (1.17). L.2 §22 *eod.* Const. *Cordi* §5.

第四十节 优士丁尼制定法的解释（续）（独立的具体篇章）

在解释中，优士丁尼立法所特有的规则仅涉及优士丁尼立法中最为重要的两大部分内容，即学说汇纂和法典。所有这两个法典籍（Rechtsbücher）各自都构成了一个大的整体，这个整体由大量的历史上不同且可认识的具体部分所组成。这些组成部分如何被个别独立处理，它们又如何在与其所属整体的关系中被处理，现在就来论述这些问题。

对独立具体篇章的解释而言，首先，应使用此篇章的所有历史特征，即根据关于时代、作者、篇章诱因以及此篇章原本可能所属的完全不同之整体的标题和标记，我们所能够得知的所有信息。[①] 对于此种解释而言，极为丰富的材料通过以下方式而提供给我们，即不仅仅是此篇章与优士丁尼立法中的所有其他篇章之间的比较，还包括此篇章与更早和更晚的全部法律渊源之间的比较；并且，对上述大量财富的科学运用绝不能被上文中所确定的继受法规的范围（§17）所限制。

此外，在这方面，上述组成部分之间的不同是很重要的，根据这种不同，我们可以将上述组成部分区分为两种类型。第一种类型所包含的数量最多，它包含了全部学说汇纂，以及法典之中的批复（Rescripte）。根据它们的主要界定，它们是当时存在的

---

① 后者【指"此篇章最初可能所属的完全不同之整体"——译者注】主要适用于学说汇纂，在学说汇纂中，每个篇章都必须被视为原本是某法律书籍的一部分。但这有时也适用于法典中的篇章，在此情形中，多个这样的篇章原本只构成了一个整体（coassation）。这种情形在狄奥多西法典中更为常见，此法典确实并不疏离于优士丁尼法典。可以作为例子的是 L. 5 C. de act. emti （4.49.）结合 L. 3 C. in quib. causis (2.41)。

第四章 制定法的解释

法的证明，在此范围内，它们具有一种科学性，解释的体系要素在它们之中是最重要的（§33）。但是，这里必须要告诫防止两方面的误用，此误用可能来源于对科学性的承认。首先，批复绝对不能被严格限制于上述范围，毋宁说，在一个并非不重要的范围内，法发展也通过批复而得以产生（§24）；事实上对于早期法学家的科学工作而言，法发展也并不陌生，尽管其程度较之批复有所降低（§14.19.），这一点在解释方式的特性中会表现得更为明显。其次，如果人们不愿将上文所阐述的制定法解释的一般原则应用于法典中的批复和全部学说汇纂，因为这部分渊源原本并非制定法，那么这种做法是完全错误的；因为，根据上述原则的内在本质，它们同样适用于法意图构成的所有其他形式和制定法，尽管上述原则有必要首先围绕制定法而展开。因此，迄今在我选择解释的阐明性例子之时，没有考虑待解释的篇章是否原本具有制定法的性质。——众多法典籍组成部分的第二种类型是原本意义上的制定法，它仅仅包含法典中的诏谕（Edicte）。在此之中，解释的历史要素（§33）是最重要的，如同体系要素在第一种类型中的地位一样。[②]但新律也拥有完全相同的性质，它并非一个大的整体的组成部分，而仅仅是个别存在的制定法。

254

[②] 例如，在 L. un. *C. de nudo j. quir. toll.* （7.25.）的解释之中，最主要的问题是：在优士丁尼执政之初哪个法在此问题上是有效的？上述制定法又确实改变了什么？

第四十一节 优士丁尼制定法的
解释（续）（与汇编之关系中的具体篇章）

255　　现在来进一步确定，对具体篇章的解释而言，根据此篇章与其所属的作为一个整体的汇编（Compilation）之关系，可以推导出什么。

　　首先，通过此种关系，不完善制定法之解释的以下补救方式，即此种补救方式存在于制定法的关联之中（§35），获得了全新的意义和重要性。因为，整个学说汇纂现在被视为优士丁尼的一个宏大的制定法，整个法典也同样如此，上述补救方式由此就获得了非同寻常的、有充分根据的扩张。①

　　此外，一个新的解释方式从以下事实中产生出来，即一个具体篇章被放在特定的标题之下。因为，学说汇纂和法典的每个标题都会由于与其相关的特别法律制度而区别于所有其他标题，这

256　样，如果此标题所包含的某一具体篇章的含义存有疑问，那么一个有充分根据的结论可根据此标题的特定对象而被得出。只是在此也不能忽视，许多篇章由于疏忽，并且只是根据亲和性的外在表象，而被放在一个完全不合适的标题之下，在此情形中，上述解释规则就不能被有效适用。②但即使在通常情形中，人们也常常过分地扩张了上述规则，如果人们想将每个篇章限定于其标题

---

　　①　学说汇纂中两个篇章的比较可被用于完全不同的目标。首先，是通过一个篇章对另一个篇章的不明确的或不正确的表述进行补救，此处所论述就是如此。其次，是清除两个篇章之间的矛盾，下文将要对此进行详细论述。

　　②　人们称呼此为 leges fugitivae（流浪法律）。例如，L. 6 *de transact.*（2. 15.），由于此篇章中出现了 transigi 这个词，它就被偶然和错误地放在 de transactionibus（论交易）这个标题之下，而它根本没有包含涉及交易的规则，将它与 L. 1 §1 *testam. quemadm. aper.*（29. 3.）进行对比就会清晰地显示出这一点。

的特定对象之中,因为上述篇章除此对象之外还可能实际包含了完全不同的甚至更为重要的对象,即使汇编者没有任何疏忽。——人们也可试图在一个标题的具体篇章所处的相互排列顺序中寻找解释的类似手段,如果此排列顺序通过其内容而得以确定。但是在法典之中,每个标题的篇章很明显是按照年代顺序排列的。在学说汇纂中,虽然这种按照年代顺序的排列并非处于支配性地位,但其排列通常可能同样是完全外在的,由于此种排列,将其运用于解释同样是不可能的。篇章在标题中所占据的位置只是例外地通过内容而被确定,此时这种位置也可被用于解释。③

最后,在此存在一些特别重要的变更,无数篇章在其被采纳入汇编时被进行了这些变更。进而言之,这些变更具有三种方式。

第一种方式是最为直接的方式,即许多篇章在被采纳入汇编时被部分改动,此种方式常常被称为"添加"(Interpolation)或"特里波尼安的标记"(Emblema Triboniani)。一些添加可以被很确定地证实④,更多的添加仅仅能被主张为一种可能性,或者我们对此完全不知。优士丁尼明确给予汇编者此种添加的许可(Erlaubniss)甚至命令(Anweisung),并且非常自然的目标在于,如果早期法篇章中的具体表述不再适合于当前的法,那么通

---

③ Bluhme, Ordnung der Fragmente in den Pandectentiteln, Zeitschrift f. geschichtl. Rwiss., B. 4, S. 290, 366, 414.

④ 例如,土地的取得时效(Usucapion)在优士丁尼之前为两年,但优士丁尼将之确定为十年,有时为二十年,此种时效在早期古法的语言中被称为"长期时效取得(longum tempus)"。因此,在早期法学家论述土地的篇章中,usucapio 和 usucapere (时效取得)这些表述通常被完全转变为(尽管是不必要的)longi temporis capio 和 longo tempore capere(长期时效取得)。Vgl. L. 10 §1. L. 17. L. 26. L. 33 §3 *de usurp.* (41.3.),以及其他一些类似篇章。

过此种变更，早期法篇章能够适合于被采纳入法典籍（Rechtsbücher）之中。⑤由此得出一个重要的规则，即对于文本批判而言，与前优士丁尼时期的法律渊源之间的比较只在最为有限的方式上被许可，也即只在以下情形中，在此情形中，可以阐明，法的变更，也就是添加的诱因，确实并未发生。

第二种不是那么明显的变更方式在于，许多篇章的具体表述在其与汇编的关联之中呈现出一种与其被原初的撰写者所采纳的含义有所不同的含义。由此，篇章适合于汇编，人们没有必要对其进行改动。一个毋庸置疑的例子是役权（Servituten）理论。根据早期法，役权通常通过拟诉弃权（in jure cessio）*而被取得，因此，早期法学家通常在役权中论及 cessio。在优士丁尼时期，拟诉弃权完全消失，而 cessio 这个表述则在"转让"（Übertragung）这个一般的含义上被使用，而不考虑在此处所应用的形式，因此，在许多篇章中，人们保持了上述表述未加以改动，完全正确的期待就是，现在每个人都在这个一般含义上理解它。⑥——更为常见和重要的是以下情形，即并非具体的表述，而是对法问题的决定本身，保留未动，但在汇编中，它却是在一种

---

* 这里指的是，役权取得人和役权设定人向执法官出庭，取得人宣称其享有役权，设定人则以沉默的方式表示放弃权利。——译者注

⑤ L. 1 § 7. L. 2 § 10 *C. de vet. j. enucl.* (1.17.), Const. *Haec quae necess.* § 2, Const. *Summa* § 3, Const. *Cordi* § 3.

⑥ 属于此的包括：L. 63 *de usufructu* (7.1.), L. 20 § 1. L. 39 *de S. P. U.* (8.2.), L. 3 § 3. L. 10. L. 11. L. 14 *de S. P. R.* (8.3.), L. 15. L. 18 comm. praed. (8.4.)。可能的是，在一些这种篇章中，原来的表述是 in jure cessio，而 in jure 这个语词被删除。这样，这种变更或者属于第一种变更，或者仍属于此种变更，因为至少保留下来的语词 cessio 获得了不同的含义。但此种观点是不必要的；无疑，Gajus 和 Ulpian 常常在大多数情形下附加了 in jure 这个语词，但他们确实有时也省略了它。Gajus, I, § 168—172；II, § 30. 35.；Ulpian, XI, § 7.

不同的关联中被思考，并且必须被溯归于一个与早期法学家那里有所不同的根据；这样，虽然此决定有时是同样正确的，但却是以一种不同的方式。⑦——取决于作为前提的第二种变更的此种解释就被适当地称为"双重解释"（duplex interpretatio）。

最后，还存在第三种变更方式，此种变更方式类似于第二种变更方式，但却有所不同，即此种变更方式并非涉及被改动的具体法规定，而是涉及汇编的整个内在结构。我将以下全新的和非

---

⑦ 例如，L. 11 *pr. de public*. (6.2.)："如果关于已让渡的用益权的诉被提起，那么就给予善意占有之诉。"（Si de usufructu agatur tradito, Publiciana datur.）（之后同样论及地役权［Prädialservituten］）在此，Ulpian 无疑是这样认为的：如果一个用益权并非要式（通过拟诉弃权）设立，但确实通过让渡（Tradition）而设立，那么不能适用真正的确认役权之诉（confessoria）（维护用益权之诉［vindication ususfructus]），但可能适用善意占有之诉（publiciana），对于善意占有之诉的确立，让渡就已经足够了。对于优士丁尼法而言，此篇章仅能通过以下方式获得意义，即人们联想到，用益权被非所有权人所设立；因为此种情形是上述诉现在所仍能涉及的唯一情形。【让渡（traditio），是一种适用于略式物（res nec mancipi）的所有权转移方式，表现为动产的实际交付。善意占有之诉（actio Publiciana），又被译为"布布里其之诉"，由共和国末期的裁判官布布里其（Publicio）创设，如果原告对某物的占有被被告所剥夺，而原告是基于正当原因而取得该物且拟制因法定时间经过而实现了时效取得，裁判官就支持原告。确认役权之诉（actio confessoria），是为维护役权而提起的诉讼，在优士丁尼法中，维护役权之诉（vindicatio servitutis）和维护用益权之诉一起都可被称为确认役权之诉。维护用益权之诉（vindicatio ususfructus），是指对某土地享有用益权的人可对相邻土地行使役权，他可通过此诉讼维护此役权。——译者注】——如果我的邻居的房屋即将倒塌，并且我首先获得授权占有（missio），并获得了第二个命令（decret），那么我应当取得善意占有之诉以及时效取得的能力。L. 5 *pr.* L. 18 §5 *de damno infecto* (39.2.).。这本来具有以下意义，即裁判官通过第二个命令赋予所有权，但此权利却不能超过裁判官（bonitarische）所有权；现在它必须被理解为以下情形，即邻居不享有（可证明的）所有权。【这里所涉及的应当是"因潜在损害的授权占有"（missio in possessionem ex II decreto damni infecti nomine），指在发生潜在损害并且对方当事人拒绝提供保证的情形下，相邻土地的所有权人有权根据执法官的授权而对可能造成损害的土地或者建筑物实行占有，以迫使对方停止可能造成损害的行为。在此种授权占有中，存在两个执法官所发布命令，第一个命令是执法官要求当事人提供潜在损害保证的命令，第二个命令是对可能造成损害的土地或建筑物实行占有的执法官的授权。裁判官所有权，是衡平法所有权的一种，是由裁判官所确认的所有权。——译者注】

常重要的地位作为此种变更方式，即大量的批复在被采纳入法典时所取得的地位。批复一开始应具有制定法效力（Gesetzeskraft），但此种效力只是对于它发布时所适用的具体情形而言，而不是对于其他相同情形而言（§24）。在汇编中，批复取得了完全相反的作用。对于促使批复产生的具体法情形而言，批复不再具有任何效力，因为此法情形在优士丁尼时期已经完全消失；与之相反，批复所包含的表现为具体形式的法规则现在被提升为普遍的制定法。根据法典对于批复的采纳，我们可以得出批复的这种新含义，因为无法想象还可能存在其他的目的；而且优士丁尼也通过明确的解释而对批复附加上了此种含义。[8]——因此，任务在于从具体情形的决定中查明其中所表述的普遍规则，它可以通过采取合适的程度区隔具体环境而得以实现，这很容易太过或不足。[9] 有时无法完全确信地成功确定，在呈交给我们的具体情形中的偶然的、外在于法规则的事实之中，有多少应被纳入考量。——此种处理方式在本质上不同于通过对照制定法的基础而对此制定法进行的扩张解释（§37）。因为通过后者，过于狭窄的因此是不完善的表述应被修正；而在对于批复的上述处理之中，没有修正任何东西，而只是正确认识在个别应用中被表明的

---

[8] Const. *Haec quae necess.* §2, Const. *Summa* §3.

[9] 例如，在这方面，批复已经被罗马法学家论述过，此种情形存在于 L.9 §5 *de j. et f. ignor.* (22.6.) 之中。这些批复因为以下事实而被促使采取此种处理方式，即在它们那里，包含于批复之中的规则已经有效作为很大的权威，尽管并非作为制定法（§24）。

规则。⑩——在这种对批复的解释中，上文所论述的"反面论证"（argumentum a contrario）（§37）比在任何其他解释情形中都要更为危险，因为很难成功地完全消除以下疑问，即人们认为其中存在隐含对立的批复部分是否不仅仅是具体法情形的偶然条件。⑪

---

⑩ 因此，在这里要告诫防止扩张解释的两种混淆：（1）与这里所描述的以下转变之间的混淆，即具体决定转变为其所包含的、或者明显，或者隐蔽的一般规则。（2）与包含于批复之中的规则应用于相同具体情形之间的混淆。此种应用（作为制定法效力的赋予）在早期法中是被禁止的（§24）。对于法典所采纳的批复而言，此种应用是被规定下来的。扩张解释与这两种处理方式都没有什么关系。

⑪ Mühlenbruch, Archiv für civil. Praxis, II, S. 427.

第四十二节　B. 法律渊源的整体解释（矛盾）

迄今，我们论述了对于具体制定法的解释。但上文所论述的全部法律渊源（§17—21）构成了一个整体，对于任何在法领域中出现的任务的解决而言，此整体是已经确定的。为了适合此目标，我们必须对此提出两个要求：统一性（Einheit）和完备性（Vollständigkeit）。——但在这里，我们不能仅仅限定于制定法之上，毋宁说，所有种类的法律渊源都必须被考虑到。——在另一方面，在这里（同在具体制定法的解释中一样），首先论述通常程序的原则，之后论述对于不完善状况的补救方式。

通常程序是根据全部渊源构建一个法体系。根据其本质，这类似于具体法律关系和法律制度的构建（§4.5.），只是此种构建在这里更多的是在大的方面上贯彻。在这个大的关联之中，在上文涉及具体制定法时已经考察过的制定法基础（§34）取得了更为重要的意义和作用，并且法学的有机形成力量（die organisch bildende Kraft）（§14）似乎在这里具有最大的应用范围。全部的法律渊源，尤其是其中我们称之为优士丁尼民法大全（Corpus Juris）的那部分法律渊源，可以从这个立场上被视为一个制定法，这样，具体制定法解释的规则（§35）在一定程度上也是可以应用的。因此在这里，具体篇章的对应关系（Parallelismus）具有特别的重要性，而对其的完整掌握由于上述渊源的范围和多样性而具有特别的困难。①

上述整体中的不完善状况可与具体制定法的不完善（§35）

---

① 注释法学家为对应篇章（Parallelstellen）的收集提供了一个非常有用且有益的基础。在刚开始时，D. Gothofredus 的笔记可被利用，它是注释的一个摘录，在这方面具有价值。

进行对照，前者涉及上文所提出的两个要求。如果缺少统一性，那么我们就必须消除矛盾，如果缺少完备性，我们就必须填补漏洞。其实，两者都要溯归于一个共同的基础概念。因为，在所有情形中都是我们所寻求的统一性的建立：消极方面，我们要消除矛盾；积极方面，我们要填补漏洞。

法律渊源具体部分之间的内在矛盾这种情形类似于具体制定法中的不明确表述（§35.36.）。两种瑕疵都可以通过纯粹逻辑的方式而被认识到，对它们的补救都是绝对必要的，并且都要通过逻辑方式以外的其他方式（在这里是通过历史途径）而被寻求。最为普遍的原则导致要尽可能地化解矛盾，使矛盾仅仅成为一个表象，也就是要寻求表面上的矛盾的协调一致。只有在此种协调一致不能被达成的情形下，才能应用下面的规则。

矛盾或者出现于我们一般的渊源（§17—20）之中，或者仅涉及有条件地成为渊源范围一部分的渊源（§21）。

在德意志，一般渊源的组成部分包括优士丁尼制定法、教会法、帝国制定法以及科学化产生的习惯法或者法院惯例（Gerichtsgebrauch）。如果在此存在无法化解的矛盾，以下规则就是有效的，即较新的渊源优先于较早的渊源。此规则的基础在于，这里所描述的此种矛盾属于法的持续发展，因此与较新法规则的确立相联系起来的就是较早法规则的实际失效。如果我们试图为当前的法状况寻求规则，那么此规则只能根据依然存在的规则而被取得，而不能从已经失效的规则中取得。[②] 但因为这个基础，同时

[②] 因此，人们只能在以下范围内认为此种矛盾是一种不完善的状况，即人们仍将较早的制定法视为法律渊源的组成部分（准确而言，有必要将其视为是法律渊源的已经消亡的组成部分）；现在仍有效的法律渊源的状况因此就不能被认为是不完善的。在主张存在此种矛盾时，并没有对法状况进行指责，而在主张存在不完善制定法时，则始终包含了对法状况的指责。

就存在对上述规则的自然限制。也即,如果在较早规则之外,存在此规则的例外,那么此较早规则的废除并不必然涉及此例外;毋宁说,如果此例外没有被特别废除,此例外在较新规则之外仍然继续存在。③

主要规则的应用方式如下。真正的法院惯例是对早期存在的法律渊源的最新发展,它最为优先。其次是帝国制定法的应用。接着是教会法。最后是罗马法。——只有后两者的顺位需要更为详细的阐述。

教会法(在私法问题上)是否优先于罗马法,这个问题争议很大。毋庸置疑的是,即使在这里也必须要首先寻求统一性。但在以下情形中,即此种统一性没有被成功达成,因为变更的意图也许清晰地呈现出来,则对此存在以下观点。人们认为,两种法都并非因为自身的力量而具有效力,而是借助于继受而具有效力;在我们这里,这两种法的继受是同时发生的,也即对于我们而言是同时的,没有哪种法通常优先于另一种法,并且在任何具体矛盾中,只能通过特别的法院惯例而确定优先的问题。④——

---

③ L. 80 *de R. J.* (50.17.):"在法整体中,特殊情形优先于一般情形,且任何涉及前者的事物被认为是最为重要的。"(In toto jure generi per speciem derogatur, et illud potissimum habetur quod ad speciem directum est.) L. 41 de poenis (48.19.):"……并且,在法律中,通常是特殊情形废弃了一般情形……"(... nec ambigitur, in cetero omni jure speciem generi derogare...)(此篇章的其余部分已经在上文§37 注4中被使用)——废除是否也应涉及例外,这个问题只能根据较新制定法的内容而被回答。——这个原则在这里是作为主要规则的限制而被确立的,人们不能将此原则应用于较早法中的所有特别规定,而只能将其应用于本身具有例外性质的特别规定;也即,不能将此原则应用于本身只是较早规则的结论的特别规定。——Vgl. überhaupt Thibaut, civilist. Abhandlungen, Num. 7, 这里令人满意地阐述了上述原则。

④ (Hübner) Berichtigungen und Zusätze zu Höpfner, S. 14 - 22. Mühlenbruch, I, §70.——较为正确的观点参见 Böhmer, Jus eccl. prot. Lib. 1. Tit. 2 §70 - 73, 它非常详细地阐述了这个问题,但却没有达成一个清晰明确的结论。Vgl. auch Hofacker, I, §53.

但在私法事项中，教会法对于罗马法而言完全是新法的（Novellen）关系；尤其是教令（Decretalen），在教令之中，冲突具有特别的位置。在博洛尼亚，两种法就在这种关系中而被实际继受，并且，当教令出现时，它们最初是个别出现，之后则出现于汇集中，这时继受就已经发生了，且上述教令事实上已经是变更性的新制定法。无疑，在德意志，一开始就是全部的和完整的教会法的继受与罗马法的继受同时发生；但这种继受确实是在与博洛尼亚那里的意义相同的意义上发生的，如同人们从博洛尼亚那里取得了罗马法律渊源的范围一样（§17）。这样一个完整的事件发生过程在以下情形受到了最大的质疑，即在此情形中，虽然教会法在意大利作为制定法而进入，但它在德意志根本没有被接受；但在德意志继受之时，对于教皇和其颁布的法的尊重，德意志和意大利是完全一样的，这样，两种法的上述基础关系在德意志也被承认，这并非仅仅因为博洛尼亚的权威，而是因为与博洛尼亚那里相同的原因。——根据此种考察可以得出，在私法事项上，教会法通常优先于罗马法。此规则的一个例外只可能因为以下原因而被证成，即或者是因为特殊的法院习惯，或者（在新教邦国[evangelischen Ländern]中）是因为与教会法的私法规定相矛盾的新教教廷法（des evangelischen Kirchenrechts）原则。另外，与此种例外所产生的效力相同的这种效力也因为以下事实而出现，即帝国制定法通常优先于教会法，这一点在上文已经阐述过；也即，如果帝国制定法不赞同教会法的某具体规定，那么与此教会法规定相对的罗马法规则就由此而再次发生效力。⑤

---

⑤ 例如，利息的理论就是如此，在此理论中，至少一般原则已经被承认，即教会法中的对于利息的强烈禁止已经被帝国制定法所消除，因此，如同在罗马法中一样，一般而言，利息是被允许的。无疑，在此事项上的详细规定争议很大。

第四十三节　法律渊源的整体解释（矛盾）（续）

但更为重要也更难处理的是优士丁尼立法的具体部分之间的矛盾。这出现于非常大的范围内，并且近来的著作者在此事项上的观点差异很大。①

首先，有必要将新律（Novellen）与其他三部法典籍（Rechtsbücher）区分开来。新律应被界定为逐渐变动和发展法的具体制定法；它从来没有被立法者在一部汇编中被统一化。因此，在矛盾的情形中，每个新律必然绝对优先于其他三部法典籍，而且必然绝对优先于其他任何较早的新律。② 在这里，较之在其他三部法典籍中，存在矛盾这个前提更加确定无疑，而统一化的努力则更少严格的必要性，因为新律的目的就是改变法。——虽然在我们这里，所有新律和其他法典籍是同时被继受的，人们可能认为，前者作为较新的制定法所享有的自然优先地位由此而被再次否定。③ 但上述继受确实是在优士丁尼的意义上发生的，所继受的是他所遗留的制定法遗产的一部分，因此完全遵从了以下方式，即依据此方式，这些制定法的有效性在优士丁

---

① 在此事项上的许多好的观点参见 Thibaut, civilist. Abhandlungen, Num. 6.；Löhr, Justinians Compilation, in: Grolman und Löhr, Magazin, B. 3, Num. 7. 。——非常详细的著作者索引参见 Haubold, Inst. jur. Rom. Hist. dogm. ed., 1826, § 300. 。

② 因此，基于这个目的，Biener 的著作 Geschichte der Novellen 中的附录 Num. Ⅳ (Biener, Geschichte der Novellen, Anhang Num. Ⅳ.) 所列明的年代顺序索引对于实践而言就是非常重要甚至不可缺少的。人们对以下事实不会提出反对，即注释法学家并不拥有这样的索引。他们也承认上述原则，并且根据他们的观点对之加以应用，但他们并没有确立一个不同的、错误的年代顺序；因此，他们在这方面很少阻碍更好观点的产生，如同在文本批判方面一样（§ 17, 38.）。

③ Hübner, Berichtigungen und Zusätze zu Höpfner, S. 8 - 14 过多地阐述了此种反对意见。最后，他虽然容许了这里所采纳的回答，但却只将其作为一个权宜之计，这是完全错误的。

尼长期执政的最后而自动得到确立。那时，新律已经废弃了与它相矛盾的较早的法，因此，以下事实对于我们而言是完全无关紧要的，即我们同时继受了新律和其他较早的法。

对于三部法典籍（Rechtsbücher）而言，应首先确定一个一般的视角，从此视角出发，能够发现关于矛盾情形的特别规则。优士丁尼本人想要无可置疑地将它们视为一个相互关联的整体，准确而言，将它们视为一部真正的法典（Gesetzbuch），即这样一部作品，根据此作品，所有法情形的决定都被排他地包含在内，且此作品对于此目的而言也是完全足够的。④ 这个目标可以通过对大量现存法资料的选择而被达成，此选择的方式是，被选择的部分具有未被破坏的历史形态，且能够被相互结合为一个新的整体。——在这个新的法结构（Rechtsgebäude）中，学说汇纂是主要组成部分，此组成部分单独而言是可以理解的，同时对于应用而言并非是不充分的，其他两个组成部分就仅仅是作为摘要或补充完善而被附加于学说汇纂之上。但在学说汇纂的此种地位之中，并不存在任何理由使其内容优先于其他组成部分的内容。——对于法学阶梯而言，许多人主张，作为特别来源于优士丁尼的作品，它必然优先于其他组成部分；另一种观点认为，它作为学说汇纂的单纯摘录，必然处于最后等的地位；这两种观点都是不正确的。在这里没有被考虑的是，法学阶梯的任务是在法律学校中作为教科书。作为立法的一部分，法学阶梯构成了优士

---

④ Constit. Omnem §7. Const. Summa §3. L. 2 §12. 23 *C. de vet. j. enucl.* (1. 17.）——Hufeland, Geist des R. R., Ⅰ, S. 143 – 145 否定了法典的这个特征，因为法典籍仅包含了单纯科学的事项。但这仅仅涉及其产生方式和形式；关于其作为法典的这个目的方面，所引用的篇章并没有对此提出任何疑问，而我们所关心的仅仅是这一点。因此，完全可能存在以下情形，即许多具体篇章并非制定法，而仅仅是历史资料，对此观点的使用很快就要做出。

丁尼法的一个具体组成部分⑤，并且它在这方面既不优先于也不劣于内容更多的其他法典籍。关于冲突情形的一些特殊考虑将仍被认为具有效力。——最后，对于法典而言，许多人并非无任何证据地认为其一般优先于其他组成部分，这种优先类似于新律的优先，其理由是，当前的法典获得制定法效力的时间要晚于法学阶梯和学说汇纂大约一年。因此，在具体篇章有冲突的情形中，法典始终是优先的。但根据此种观点会产生以下奇怪的结论。较早的法典（其绝大多数内容与新的法典一致）出现于公元529年。法学阶梯和学说汇纂公布于之后的公元533年，在所有矛盾的篇章中，它们废弃了法典的规定。最后，新的法典出现于公元534年，它又必然废弃了法学阶梯和学说汇纂的规定，由此又重新确立了第一部法典的篇章，这些篇章在一年前已经被废止。这样一个如此轻率的法变化，不可能是优士丁尼所希望的。⑥ 事实上，他可能根本没有设想此种方式的废弃，因为他认为法典籍之间不存在矛盾，而只是完全一致。在新法典中存在一些特别的篇章，我们可以将其视为废弃性的篇章，同时，没有必要采纳上述荒谬的轮替这种观点，也不会与优士丁尼所认为的协调一致形成矛盾，这种篇章非常少，仅仅出现于学说汇纂取得制定法效力（公元533年12月30日）和法典颁布（公元534年12月17日）之间的一段时期，这段时期不足一年。⑦ 这种法必然优先于学说汇纂，这一点没有疑问，但这种优先是根据其他更有力的理由而

---

⑤ Prooem. Inst. § 6. L. 2 § 11 *C. de vet. j. enucl.* (1. 17.).

⑥ 这个理由在以下著作中被正确提出：Thibaut, a. a. O., S. 83.。

⑦ Reland (fasti, p. 710) 列举了11个这种篇章。但在其中一些篇章中，根据其宗教化或政治化的内容，根本就不能与学说汇纂形成矛盾。因此，这种篇章只剩下了以下6个，它们涉及私法，并且引入了新法：L. 2 *C de jur. propt. cal.* (2.59.). L. 29 *C. de nupt.* (5.4.). L. 31 *C. de test.* (6.23.). L. *un. C. de cad. toll.* (6.51.). L. 15 *C. de leg. her.* (6.58.). L. *un. C. de lat. lib. toll.* (7.6.)。

得出的,此理由的广泛使用很快就要被列出;并且,没有必要基于此目的而在之后有效颁布包含它们在内的新法典。——如果我们再一次简短总结关于处理三部法典籍的一般原则,那么此原则就是:这三部法典籍应作为一个相互关联的大作品而具有效力,它们不是完全同时公布这一事实并没有任何影响,我们可以没有错误危险地将它们作为同时公布的而加以处理。⑧ 根据这个原则,现在就来推导关于处理具体矛盾的特殊规则,这些具体矛盾可能出现于三部法典籍之中。

---

⑧ Löhr, a. a. O., S. 201.

第四十四节　法律渊源的整体解释（矛盾）（续）

在此情形中，首先，以下一般规则获得了一个完全特殊的力量和含义，即要尽可能地通过统一而化解矛盾，从而使矛盾仅仅成为一个表象（§42）。首先是因为，三部法典籍展现了一个独立的作品，在此作品中，意图的统一应被视为一种自然的状况；其次是因为，优士丁尼明确地确信，矛盾在这里是不存在的，在我们认为存在矛盾之时，我们仅应当相当精细地（subtili animo）仔细审查，这样我们就会发现统一的隐含根据。① 这一指示特别重要，因为有些人为化的进行统一的程序由此就被完全证成；但是，此程序无疑并非完全任意的，在这里我们引入了完全外部的区分，对此，无论是在相互矛盾的篇章本身之中，还是在立法的其他部分之中，都不存在任何一种诱因。②

但这种统一通过以下两种不同的方式而成为可能：体系方式和历史方式。两种方式在本质上都是允许的，但第二种方式只在第一种方式无法达致目标的情形下才被应用。

体系的统一可以通过以下方式而实现，即相互矛盾的篇章中的任何一个篇章都取得其适用的特别条件，从而取得一个特别的支配范围；或者我们将规则的范围根据不同的条件而拆分成两个并列的部分，或者我们将一个篇章作为规则，而将另一个篇章仅仅作为此规则的例外。但此种体系统一也可通过以下方式而实

---

① L. 2 §15. L. 3 §15 *C. de vet. j. enucl.* (1.17.).

② L. 2 §15 cit.："但是一些区分确实存在，如果仔细审查，此种区分常常一方面清晰地表明表面上的不一致，但事实上在另一方面却涉及完全不同的事项。"(... sed est aliquid novum inventum vel occulte positum, quod dissonantiae querelam dissolvit, et aliam naturam inducit discordiae fines effugientem.)

现，即将两个篇章作为一个整体而加以考虑，这样，其中一个篇章通过另一个篇章而被补充，由此一个篇章的表面普遍性通过另一个篇章而被更为详细地确定和限制。③以下这些应用会使得此种程序清晰化。如果一个正当名义（Titel）*虽然不存在，但却被占有人误认为存在，在此情形下，许多篇章认为时效取得是可能的④；而其他一些篇章认为时效取得在此种情形下是不可能的。⑤协调方式在于，如果上述错误认识的可能理由能够被证实，那么时效取得是可能的，反之则不可能。⑥——同样，对于配偶双方之间的买卖，如果所规定的买卖价格较之真实价格有意更高或更低，那么许多篇章就认为此种买卖是绝对无效的⑦；其他一些篇章则将此种完全无效限制于以下情形，即在此情形中，此种买卖仅仅是为了实现赠与而被进行，与之相反，如果此买卖独立于这种附带目的也要被进行，那么买卖有效，而仅仅是价格条款中所包含的金钱赠与无效。⑧——在这种处理方式中，其基础是以下正确的观点，即一个规则没有单纯因为其表述的不明确的普遍性

---

* 时效取得的正当名义，指占有合格物的人可据以对该物实现时效取得的正当理由，如"因购买""因赠与"等。——译者注

③ 因此，对于以下规定，即此规定已出现于法典之中，但却没有作为一个规则而出现于学说汇纂的篇章中，L. 1 § 9 *C. de vet. j. en.* (1.17) 这样认为："除非【已在法典中规定的——译者注】事项基于以下目的而应当【在学说汇纂中——译者注】被规定，即做出区分、提供更为完善的规定或取得更高程度的精确性。"（nisi forte vel propter divisionem, vel propter repletionem, vel propter pleniorem indaginem hoc contigerit.）这一点也可被应用于矛盾的体系性化解。——优士丁尼本人在 Nov. 158 中提供了对于法典中的两个篇章进行体系统一的一个例子。

④ L. 3 L. 4 § 2 *pro suo* (41. 10.).
⑤ L. 27 *de usurp.* (41. 3.), § 11 *J. de usuc.* (2. 6.).
⑥ L. 11 *pro emt.* (41. 4.), L. 4 *pro. leg.* (41. 8.), L. 5 § 1 *pro suo* (41. 10.).
⑦ L. 38 *de contr. emt.* (18. 1.), L. 17 *pr. ad Sc. Vell.* (16. 1.).
⑧ L. 5 § 5 L. 32 § 26 *de don. int. vir.* (24. 1.).——Vgl. unten § 154 note b. c.

而排除通过更为详细的界定或例外对之进行的限制，而只能因为对于此种限制的明确否定而排除上述限制。在这里所引用的协调性篇章中，早期法学家已经暗示了此种处理方式。——尤其是，在这里要考虑到以下这种规则或规定的特殊性质，即此种规则或规定是由法学家通过科学方式而被构造形成的（§14）。因此，如果两个相互矛盾的篇章表现出了此种规定与具体界定之间的矛盾，那么我们几乎总要优先适用后者。Afrikanus 完全是在这个意义上行事的（注6）；此原则更为重要和更为清晰的运用将在其他地方被做出（附录Ⅷ.Num.Ⅷ.）。

历史的统一通过以下观点而实现，即相互矛盾篇章中的其中一个篇章包含了真正的、持续性的立法观点，而另一个篇章则仅仅包含了历史资料。此种处理方式因为许多人而享有不好的声誉，因为此种处理方式被这些人以一种不合适的方式所理解和应用。他们只是单纯地认为时间顺序是决定性的，并且在所有情形中，都认为较新的（皇帝的或者法学家的）篇章优先于较早的篇章。这种处理方式当然很简单且方便，但却不能根据法典籍的一般计划而被证成；并且，优士丁尼本人非常明确地表示反对这种处理方式，他特别对学说汇纂阐释道，每个被采纳的篇章都应被视为从他那里所产生的帝国制定法。[9]——与之相反，只要对于较早篇章的采纳而言，历史目的能够被认为是可能存在的，那么历史的统一就完全能够被证成；较早篇章就劣后于较新篇章，这

---

[9] L.1 §5.6. L.2 §10.20. C. de vet. j. en.（1.17.）.——L.1. §6 cit. 认为："事实上，我们合理地将这些著作视为是我们自己创造的。"（omnia enim merito nostra facimus）其他篇章也表明了类似的观点。——当然，这种意见首先与至那时仍具有效力的皇帝 Valentinian 三世的制定法（§26）处于清晰的对立之中，因此，学说汇纂中的 Julian 的篇章所应受到的重视不能比 Ulpian 的篇章所受到的重视更少；但此规则本身是具有普遍性的，因此它同样排除了较新篇章仅仅因为年代的不同而相对于较早篇章所具有的优先地位。

第四章 制定法的解释

并非因为前者年代较早，而是因为其目的并非是被直接应用。[10]这样一个历史目的可通过两种方式而出现。首先是由于在汇编时已经存在的法律关系，因为此种法律关系仍必须根据较早的制定法而被决定。[11] 其次，这一点更为重要并且容许被更为广泛地应用，是由于较新的单独有效的篇章通过采纳较早法的篇章而更为清晰。因此在这里可以假定，较早篇章是基于表明一部分法律史的目的而被采纳，此法律史对于最新篇章的阐释而言是必要的。

最后这个假定的正确性可以通过以下这些事实情况而被完全证实。第一，法典籍是对数个世纪以来逐渐产生的历史资料的汇集整合，法规定的发展在此就必然非常清晰，而没有在一部新写就的作品中被遮蔽。第二，所有篇章的历史名称标记被细致地保留下来，可以想象在此只存在一个目的，即使有效篇章有可能根据较早的篇章而被阐明。第三，存在非常多的变更性的新谕令（Constitutionen），如果人们不将这些谕令与其所变更的较早的法进行比较，那么这些谕令几乎根本无法被理解。最后，法学阶梯具有特别的性质，它不应当包含过时的法[12]，尽管如此，它仍然阐述了历史发展[13]，在一些理论中，它也非常完整地提供了这种

---

　　[10]　对这一点的非常令人满意的阐述，参见 Löhr, a. a. O., S. 180, 189 - 197.。
　　[11]　本质上而言，基于此目的，将在未来案件中不应再被应用的较早的制定法部分采纳入法典籍就并非绝对必要，因为早期的内容组成部分和书籍事实上并没有被破坏。但此种做法事实上已经被实施了，这一点已经被优士丁尼本人清晰地表明出来，Nov. 89. C. 7.。
　　[12]　Prooem. Inst. §3：不再被灌输任何无用或错误之事，而只接受在案件中实际有效的论据。（ut…nihil inutile, nihil perperam positum, sed quod in ipsis rerum obtinet argumentis, accipiant.）
　　[13]　Prooem. Inst. §5：其中简要地阐述了从前有效的法律，以及后来因脱离使用被蒙上阴影，尔后由于皇帝的补救而重新被照亮的法律。（In quibus breviter expositum est et quod antea obtinebat, et quod postea desuetudine inumbratum ab Imperiali remedio illuminatum est.）

历史发展[14]；由此，所有一切就非常清晰了：已经消亡的制度，例如要式买卖（Mancipation）和严格婚（die strenge Ehe），不应再被涉及，但仍然存在的制度的历史发展不应缺少，因为如果没有这种历史发展，此种制度最新的形式也无法被理解；我们如何能够怀疑，这些在法学阶梯中非常清晰地呈现于我们眼前的东西，事实上这些其本身也是非常自然的东西，也能被应用于学说汇纂和法典之上，以及三部法典籍相互之间的关系之上？——从这个立场出发，所有的以下这种异议同时就消失了，即这种异议并非没有任何表象地试图反驳我们的假定。人们认为，优士丁尼已经表明了，所有篇章都应被视为从他那里产生的（注9）；但由此可能存在的情形是，一些篇章并不是被用来直接应用的，而是被用来进行历史阐明的。此外，过时的法不应被采纳[15]；如何理解这些过时的法，这些刚刚在法学阶梯那里已经被阐明了。最后，在三部法典籍中不应认为存在矛盾[16]；如果具有不一致内容的两个篇章因为以下原因而都被采纳，即其中一个篇章根据另一个篇章而得到了历史性的阐明，那么这里事实上就不存在矛盾。——根据这些理由，历史的统一是无可置疑的，尽管如此，它只能被应用于不能应用体系统一的情形。[17] 体系统一的这种优先地位可从以下事实中被自然地推导出来，即这些法典籍是基于实践目的而被汇编出来的，因此，法典籍的所有组成内容也必须被认为是被用来进行直接应用的，除非此观点因为以下特殊的理

---

[14] 例如，§4-7 J. de fid. hered. (2.23.).。

[15] Const. Haec quae necess. §2 L. 1 §10 C. de vet. j. enucl. (1.17.).

[16] Const. Haec quae necess. §2 Const. Summa §1. L. 7 §4. 8 C. de vet. j. enucl. (1.17.). L. 2 pr. §15 eod. Nov. 158.

[17] 这一点可以通过以下事实而被证实，即优士丁尼本人只详细指明了体系统一，很显然，这是因为，他将体系统一视为通常方式和自然方式，它应得到最优先的应用。L. 2 §15 C. de vet. j. enucl. (1.17.). Nov. 158.

由而被驳倒,即在这里会产生与其他篇章之间的无法避免的矛盾。

但最为重要同时也是最为困难的问题是确定历史统一的条件。以下情形是极为罕见的,即存在关联的法律史部分已经被直接提供给我们,如同上文法学阶梯中的例子所指出的那样(注14)。毋宁说,上述这种统一几乎总要首先通过人为程序而被实现。我们如何才能确定地认识到这种情形实际存在?在此存在下述规则。如果不同时间的篇章存在矛盾,那么内容的不同恰恰可以因为年代的不同而被证实产生,因为事实上发生了法的变化,这种变化或者发生在两个篇章之间的时期[15],或者更为常见得正是因为较新篇章本身,如果此篇章本身具有变更性制定法的性质。在这些情形中可以实际确定历史的统一,因为我们可以确定地主张,如果两个篇章的作者同时进行写作,那么他们会取得一致意见。因此,我们这时可以将较早的篇章视为单纯的资料,它

---

[15] 这一点可以通过以下事实而被认为是可能的,即新制定法在中间时期公布;但(更为常见的)通过一个法规则的持续科学发展这个事实。例如,在借贷理论中,首先适用以下严格的规则,即只有通过借款的直接交付,才能取得对于接受人的诉。但当占有取得理论取得了更为自由的发展时,这就会影响到借贷所允许的形式。在 Africanus 时代,如同所表明的那样,此种发展还没有完成 (L. 34. *pr. mand.* 17. 1.),在 Ulpian 时代,此种发展已经完成 (L. 15 *de R. C.* 12. 1.)。因此在这里,Africanus 的篇章仅仅是历史资料,此种法规定的逐渐发展借此可以被认识到。——一个与此相似的情形出现于附录(Beilage)Ⅹ。另外一个情形 (L. 23 *de don. int. vir.* 24. 1.) 在§161 中被论述。

282 可以用来对较新的篇章进行法律史的阐明。⑲ 因此，汇编者是否是有意这样安排（这一点无疑无法被严格证实），或者较早的篇章是否只是因为疏忽而被采纳，这些都是完全无关紧要的。因为，即使是在后一种情形中，此种历史的统一也完全是在汇编的意义上实现的，我们的处理方式也因为汇编的性质和目的而被完全证成。⑳ ——与这里所描述的情形相对的是，在下面一些情形中，历史统一不被采纳。首先，两个篇章就我们所知是同时出现的，如果两个学说汇纂篇章起源于同一个作者，或者起源于两个同时代的作者，那么我们就必须几乎始终可以这样认为，因为我们对具体著作的产生年代所知甚少。其次，虽然两个篇章并非同时产生，但时间关系并非内容不一致的理由，因为即使它们同时被写作，它们的内容仍然会同样不同。例如，在以下争议问题中

283 就可以这样认为，此争议问题数个世纪以来在罗马法学家中一直存在；如果这样一个问题在学说汇纂中仍然误入迷途，那么以下

---

⑲ 一个很显著的例子是制止暴力剥夺令状（Int. de vi）【此令状针对以下这种人提起，即此人以暴力但未使用武器剥夺他人对物的占有。——译者注】。在这一事项上，学说汇纂中详细地描述了相关的早期法，即此令状被限制适用于土地之上（L. 1 § 3-8 de vi）。法典和法学阶梯则认为此令状可适用于所有的物。在此，无疑我假定了以下观点的正确性，此观点出现于我的关于占有的著作§40之中，当然这个问题的争议很大。——另外一个例子是军营特有产（castrense peculium）【军营特有产，主要来源于家子在服役期间所取得的财产，此种财产由该家子直接占有和经营，如果该家子未立遗嘱而死亡，则该财产成为家父的财产。——译者注】，如果占有该特有产的家子（filius familias）死亡，且对此特有产未立遗嘱，则该特有产成为家父的财产，但该特有产却没有成为遗产，而是仍以之前的权利（jure pristino）形式存在。此法规定在学说汇纂中被详细描述，且还出现于法典之中（L. 1. 2. 9. 19 § 3 de castra. pec. 49. 17. , L. 5. C. eod. 12. 37.）。但当所谓的外来特有产（Adventitien）发展之后，此原则就不再合适，因此法学阶梯认为，且无疑仅仅是附带地认为，仅在家子无子女和兄弟姐妹的情形下，家父的上述权利才能有效适用（pr. J. quib. non est permissum. 2. 12.）。【外来特有产，即家子因赠与或自己劳动等原因而取得的特有产。——译者注】

⑳ Löhr, a. a. O. , S. 212.

第四章 制定法的解释

事实就是完全无关紧要的，即也许一个篇章来源于Julian，另外一个篇章来源于Modestin，因为即使两个篇章是同时产生的，它们的内容同样仍然会相互不同。在此种情形中，较早的篇章并非较早的法的证明，因此对此篇章的采纳并不具有历史目的，由此就必然不发生历史统一，因为此种历史统一一般而言并不能通过不同的年代而被确立，而只能通过历史目的而被确立，而历史目的又只能根据可被证明的法的发展而被得出。同样，如果两个篇章并非同时产生，并且只有以下问题无法被确定，即不同年代和历史目的的这两种关系中的哪一种关系才是原因，则历史统一同样必然并不发生，因为只有可被证实的历史目的才能证成上述历史统一方式。

第四十五节　法律渊源的整体解释（矛盾）（续）

如果我们将这些规则应用于具体的法典籍之上，那么可以认为，首先对于法典而言，历史统一可以在很大的范围内被容许。因此，如果较新的篇章是一个告示（Edict），那么以下结论就是最为无可置疑的，即此告示恰恰是被用来引入新法的；这在此种告示来源于优士丁尼这种情形中尤其如此，在以下情形中就更是这样，即此告示属于在学说汇纂取得制定法效力之后才初次出现的这种数量很少的告示。① 事实上，在很大一部分后期的批复（Rescripte）之中也要采纳类似的关系，尤其是在戴克里先皇帝（Diocletianischen）的大量批复之中，因为这些批复至少非常常见地给出了法实际发展的证明。但是却不能因此而主张法典享有相对于学说汇纂的一般优先地位，因为法典中的许多早期批复与学说汇纂的篇章处于以下关系之中，即在此关系中，根据上文所建立的规则，历史统一不被允许。② ——如果学说汇纂的两个篇章并非同时产生，那么在这种情形中，历史统一更少能够被证成；但此种历史统一在这里也能够出现，这已经在一个例子中指明了。③ ——最后，如果法学阶梯与其他内容更多的法典籍之间存在矛盾，那么以下这些情形大多能够以足够的确定性而被确定。在法学阶梯的编写中偶尔非常明显地存在仓促情况，这是因为以下原因而产生的，即人们在盖尤斯的法学阶梯中很不熟练地插入

---

① 参见§43注7。——因此，这些篇章实际享有优先地位，但却并非依据新法典之后的颁布这个原因，而是因为其他原因，前者在上文中被认为是并非决定性的原因。

② 认为法典相对于学说汇纂享有绝对优先地位的有，Thibaut, S. 93, Löhr, S. 213，我对此不能同意。

③ 参见§44注18。

其他法学家的篇章；无疑，此时法学阶梯应处于一种劣后地位之中。④ 相反，法学阶梯的许多其他篇章恰恰包含了立法者的审慎的特别解释；这种篇章被视为等同于优士丁尼的告示，并优先于其他与之相矛盾的篇章。⑤ 但大多数情形被认为是既非第一种情形也非第二种情形，毋宁是，法学阶梯和学说汇纂中的两个篇章应被视为相互补充的篇章；但这属于体系性统一（§44），由此

---

④ 此种情形的一个完全毋庸置疑的例子参见本卷第一个附录；但它并没有以实践法（des praktischen Rechts）的规定作为对象。——同样，§16 *J. de L. Aquilia* (4.3.) 是根据 Gajus, III, 219. 和 Ulpianus, ad ed. 这两个篇章拼合而成的，后面这个篇章我们是作为 L. 7 §7 *de dolo* (4.3.) 而享有的。但通过这种拼合产生了这样一种表象，即在最后这一类的情形中，阿奎利亚法的扩用诉讼（a. utilis L. Aquiliae）并不能适用。【扩用诉讼，即将适用于特定情形的法定诉讼形式扩张应用于类似情形的诉讼。——译者注】，而它在 L. 27 §19.20.21 *ad L. Aquil.* (9.2.) 事实上是被允许的。——§3 *J. de emt.* (3.24.) 认为，对奴隶的看管（custodia）而言，出卖人只在存在特别允诺的情形下承担此种【在作为标的物的奴隶交付前对此奴隶的——译者注】看管义务，否则则不承担。这与以下情形相联系，即在其他法律行为中，奴隶不需要被看管。L. 5 §6.13 *commod.* (13.6.). 但在上述引用的法学阶梯的篇章中，在提及奴隶之后，还增加了以下内容："朕认为上述规则也适用于其他动物和其他物。"(Idem et in ceteris animalibus ceterisque rebus intelligimus) 通过此增加的内容，汇编者想表达以下观点，即在最初形式的规则之中（此规则无疑是从一个早期法学家那里逐字摘引出来的），奴隶只是偶然被提及，由此此规定就更具有实践意义；但汇编者忽视了，对奴隶的提及并非偶然，事实上，其他动产适用相反的规则，并具有很好的理由。L. 35 §4 *de contr. emt.* (18.1.). L. 3 L. 4 §1.2. *de peric.* (18.6.). ——§39 *J. de action.* (4.6.). 认为抵销（Compensation）只适用于以下情形："原告根据同一原因在他这一方须履行的。"(quod invicem actorem *ex eadem causa* praestare oportet) 此限制不符合所有其他优士丁尼法，尤其不符合 §30 *J. eod.*。此限制在 Paulus 时代已经被废除，Paul, II 5 §3.。事实上，自从 Marc Aurel 将抵销适用于（始终是单务的）要式口约诉讼（Stipulationsklage）之后，此限制就不再继续存在，§30 *J. cit.*。我们现在知道，上述不适合的文辞仅仅是从 Gajus, IV, §61 之中欠考虑地抄写下来的，在 Gajus 这个时代，此限制仍然具有效力。

⑤ Thibaut, a. a. O., S. 96.

所有其他处理方式都是多余的。⑥

最后，尽管矛盾无论如何应当被消除，但两种方式的统一在此都无法被应用，那么在此情形中应做些什么呢？所能够做的仅仅是，在两个相互矛盾的篇章中，应优先采用以下篇章，即此篇章最为符合优士丁尼立法的其他毋庸置疑的原则。此规则的根据是罗马立法的有机统一性这个假定，此假定再一次地在实在法的一般本质（§5）那里发现了其深层次的根据。对此规则正确性的证实就在以下处理方式之中，即此处理方式完全类似于在具体制定法的模糊表述情形中所应用的处理方式（§35.36），且无人可以质疑后一种处理方式的正确性。在后一种情形中，从具体制定法表述的两种含义中产生了疑问，与之相类似的是，在这里，从立法的两个相互矛盾的篇章之中产生了疑问。在彼处，语言上的疑问通过与同一个立法的其他部分或者其他立法之间的比较而被最为确定地消除，与之相类似的是，在这里，内容上的疑问通过与同一个立法的其他毋庸置疑的原则之间的比较而被最为确定的消除。此种相似性是完全的和无可置疑的。——此规则的一个单纯应用是以下情形，即我们注意到矛盾的存在，矛盾的其中一个方面是完全孤立的观点，而矛盾的另一个方面是许多相互一致的观点，且这些观点产生于不同的时代。我们就有理由假定立法真实含义的表述毋宁存在于这些相互一致的表达之中，而非那个孤

---

⑥ 我将以下事例视为此种情形。§25 J. de rer. div.（2.1.）和 L.7 §7 de a. rer. dom.（41.1.）就是相互补充的两个篇章。法学阶梯的篇章在关于添附所有权（des gemischten Eigenthums）的规则方面更为完整；与之相反，学说汇纂的篇章则涉及已经脱粒的谷粒情形中的更为精确的衡量和界定。因此，两个篇章必须在思想中被结合起来。——L.2 §6 mand.（17.1.）通过§6 J. de mand.（3.27.）的结尾部分同样只是被完善。

立的表达之中。⑦——同样，如果在两个相互矛盾的篇章中，其中一个篇章位于争议规则直接所属的位置，而另一个篇章所处的位置远离上述位置。那么，对于第一个篇章，我们可以认为，汇编者在采纳此篇章时对此篇章的意义和影响具有清晰的意识，与之相反，在第二个篇章中，产生矛盾的内容则更容易被忽视。因此，在整体上，第一个篇章比第二个篇章更为准确地表达了整体上的立法含义。⑧

虽然无法否认优士丁尼的明确确信，即矛盾是不存在的（§44注1），但是，什么能够使此种确信对立于显而易见的现实（Wirklichkeit）和以下事实，即我们发现矛盾时，有必要消除此矛盾？事实上，人们可能怀疑，是否要如此认真严肃地对待上述确信。无疑，防止矛盾是计划的一部分，但计划同样也包含了防止重复和早期法重要篇章的遗漏（similia［重复］和 praetermissa［遗漏］）。以下情形得到了很清晰的阐明，即重复和遗漏这两种可能的疏忽事实上确实会发生，而此种疏忽会以人类性质上的弱点作为理由而被正确的谅解。⑨但此种相关的谅解和承认也同样完全适用于矛盾这种情形；而这一点没有以同样的方式而被表述出来，这似乎是完全偶然的。

迄今，我们论述了一般法律渊源范围之内的矛盾（§42以下）；现在还需要考虑应用于有条件地增加进来的法律渊源

---

⑦ 属于此情形的包括 L.5 §3 *de praescr. verb.* (19.5.)，此篇章与不同时代的许多篇章都存在矛盾。还包括 L.23 *de don. int. vir.* (24.1.) 这个情形，此篇章对立于许多完全清晰的、无可置疑的篇章（§164）。此种情形还同时属于§44的范围；因为根据相互矛盾的篇章，我们确信，上述篇章仅仅具有历史意义，而仅根据对此篇章本身的单独考察则无法观察到此历史意义。

⑧ 基于这个理由，§3 J. *de usufr.* (2.4.) 必然优先于 L.66 *de j. dot.* (23.3.)。

⑨ L.2 §14.16 C. *de vet. j. enucl.* (1.17.).

(§21)时的矛盾。

一般而言，有效适用于前者情形的规则和有效适用于后者情形的规则是相同的。尤其是，在这里，较新的制定法也必然优先于较早的制定法，由此，邦国法（Landesrecht）通常被确定为优先于共同法。在这里，此规则同样通过考虑到较早规则的以下这种例外而被限缩，即此例外并未必然被较新的变更性规则所触及。——但这里还另外出现了第二种特别的例外。如果较新的制定法的适用领域比较早的制定法更为广泛，那么，只有在较新的制定法具有一种绝对的性质（§16）时，较早的制定法通常才会被废除，除此之外，较早的制定法仍继续存在。[10] 对此存在以下古谚：意愿击破城市法（Stadtrecht），城市法击破邦国法，邦国法击破共同法。[11]

---

[10] L. 3 §5 *de sepulchro viol*. (47.12.). 在一个城市中，在城墙内的安葬通过自治市法（lex municipalis）而被允许，但 Hadrian 之后对于予以了一般禁止，人们对哪个规定具有优先地位存在疑问；尽管如此，在此种情形中，之后的一般性的但却是绝对性的规定具有优先地位。——C. 1 de const. in Ⅵ. (1.2.)："……罗马的祭司……可能不能很好地了解地方特殊的习惯及法令；……通过更新的谕令，如果此谕令本身没有明确地规定，则不能认为它们【指习惯及法令——译者注】被废除。"(...Romanus pontifex ... quia ... locorum specialium ... consuetudines et statute ... potest probabiliter ignorare; ipsis ... per constitutionem a se noviter editam, nisi expresse caveatur in ipsa, non intelligitur in aliquot derogare.)

[11] Eichhorn, deutsches Privatrecht, §30.

第四十六节 法律渊源的整体解释（漏洞，类推）

如果我们认为法律渊源对于一个法问题的决定而言是不足够的，那么我们就必须填补漏洞，因为完备性的要求如同统一性的要求一样包含了绝对的法（§42）。问题仅仅在于，我们从何处寻求这种完善。著作者们对此问题的表述多种多这样，但根据其本质事实上都可以溯归至两个观点。根据第一个观点，应采纳一个统一的标准法（自然法），此标准法应当是所有实在法的补充性法，如同在德意志罗马法与各个邦国法的关系一样。在上文中已经被抛弃之观点（§15）的特别应用在这里也不需要被进行新的反驳。——根据第二个观点，实在法应当根据自身而得到完善，因为我们认为在实在法中存在一种有机的形成力量（eine organisch bildende Kraft）。根据我们对于实在法的基本观点（§5），我们必须将此种处理方式视为是正确的和必要的方式，并且此处理方式与以下处理方式是相同的，即在通过消除矛盾而确立统一性之中所应用的处理方式（§45）。通过这种处理方式而发现的法规定与既定的实在法之间的关系，我们称之为类推（Analogie）[①]，我们必须通过类推而填补任何已被发现的漏洞。

但此种通过类推进行的法发现（Rechtsfindung）存在两个等级。第一个等级是，出现了一个新的、迄今未知的法律关系，在迄今形成的实在法之中，并不存在作为此法律关系原型（Urbild）的法律制度。在此，根据与已知法律制度之间的内在相似性这个法则，此种原型性的法律制度被新构建出来。第二个等级更为常

[①] 罗马人在同一意义上采取了此种表述；Varro de lingua lat. Lib. 10（早期版本9）C. 3 - 6. Quinctilian. Ⅰ. C. 6. Gellius Ⅱ. C. 25. Isidor. Ⅰ. C. 27.——关于类推的真正本质的非常好的解释，Stahl, Philosophie des Rechts，Ⅱ, 1, S. 166. 。

见，即在一个已知的法律制度中，产生了一个新的具体法问题。在此，必须根据属于此法律制度之法规定的内在相似性而对此做出回答，对此目标而言，关于具体制定法基础的正确观点（§34）是非常重要的。——在这两个等级中，这种类推式的法发现可能作为诸如通过立法而进行的法发展的动力，在此情形中，此种法发现的行使可能具有更大的自由度。但此种类推式的法发现也可能作为一种纯粹的解释方式（如同我们在这里所观察到的），因为在此之中，首先是新的法律关系或新的法问题被提交给法官进行决定。对于此种方式的类推应用而言，现在还应当进行一些更为详细的界定。

　　类推的任何应用都依赖于所假定的法的内在一致性；但此种一致性并非仅仅是类似于因果关系的这种单纯的逻辑一致性，而同时是一种有机的一致性，它产生于法律关系及其原型之实践性质的总体直观（§4.5.）。因此，我们必须始终从既定之物出发，扩张此既定之物以解决当前的任务。此既定之物可能是一个明确的具体制定法，在此情形之中，此种决定通常被称为"基于法律的论证"（ex argumento legis）；但更为常见的是，此既定之物存在于法理论的以下组成部分之中，即此组成部分本身已经通过一种人为的抽象方式而产生。但在所有情形中，此种处理方式在本质上都不同于上文所述的扩张解释（§37），两者经常被混淆。后者并非填补法的漏洞，而是根据制定法的真实意图修正此制定法所采取的不正确表述。而在根据类推而进行的前种处理方式中，我们认为，指导性制定法（eines leitenden Gesetzes）的真实意图无论如何是完全不存在的，我们试图通过法的有机统一性而消除此种瑕疵。

　　但是，如果被作为出发点的既定之物具有一个规则的例外这种性质，那么借助于类推的解释就根本不能被应用。在此种情形中，类推的应用大多因为以下原因而必须被拒绝，即缺少规则这个应用的基础条件根本不存在。例如，如果一个现存的制定法通过一个新的制定法而被部分废除，那么未被废除的部分就继续存在。[②] 如果我们在此想扩张此种废除，那么这就并非类推，因为规则根本并非不存在，而毋宁是扩张解释，并且是任意的、毫无根据的扩张解释。——一个真正特权（Privilegien）（§16）的类推式扩张也同样如此，在此事实上并未缺少真正的法规则。——如果特殊法或 Jus singulare（特殊法）（§16）要被扩张至其直接范围之外，那么情形也同样如此，因为规则事实上已经存在，此规则通过扩张只会被破坏。在所有情形中，此种情形是最为常见和重要的，它需要更为准确的阐述。人们也可能会试图使用此种特殊法，但目的并非是扩张存在于此特殊法中的例外，而是为了据此对于一个相似的、事实上未被解决的法问题做出决定。这样，类推情形似乎就是实际存在的，且上文认为有效的拒绝原因似乎就不再适合。但尽管如此，在此种情形中，也不能使用特殊法规定根据类推做出决定，而要为此寻找常规法的一个类似规定。因为，根据类推而进行的整个处理方式事实上仅仅依赖于法体系的内在关联；但特殊法规定却是根据不同的原则而产生并被置于法体系之中的（§16），因此，特殊法规定不具备常规法所享有的有机形成力量。

罗马人对于通过类推而进行的法完善具有非常正确的观点，但他们在类推的应用中却没有处处区分开法发展和法的单纯解释；下文中将详细阐述这种混淆的原因。根据罗马人的理论，在所有未决的法问题中，根据内在相似性和亲和性这个法则，既定

294

---

② 一个例子出现于以下篇章中，L. 32 § 6 *C. de apell.* (7. 62.)。——Vgl. auch Thibaut, logische Auslegung, §20.

的法被扩张至所寻求的决定之中。③产生法的这种有机扩张的形式主要是拟制（Fictionen）④和扩用诉讼（utiles actiones）。通过这种方式，也同时保证了新法和旧法之间的内在关联，全部法的体系一性也由此得到保持。在遗产占有（Bonorum possessio）*这个例子中，此种处理方式会大体上清晰化，完整形态的遗产占有必然会被认为完全是遗产（hereditas）的拟制。⑤——但是，早期法学家以最为明确的方式反对在任何 Jus singulare（特殊法）之中进行类推扩张。⑥在具体情形中，此一般意义上的拒绝也通过许多值得注意的应用而被证实。例如，如果某人从一个精神病人那里购买了一个物，且此人认为此精神病人是一个具有正常理智的人，则此人就根据特殊法而享有进行时效取得的权利；但是，如果人们在其他方面也将此购买行为作为有效行为而处理，那么这

---

* 遗产占有，是法官法所创设的一项制度，它允许市民法没有规定的新的种类的继承人对遗产实施继承，此种继承人是可以采取扩用的方式行使被继承人所享有的各项诉权。——译者注

③ L. 12 *de Leg.* (1.3.)："根据类似情形的规定。"（ad similia procedere）L. 27 eod.："在任何时候都相似的。"（quae quandoque similes erunt）L. 32 *pr. eod.*："与其临近或合理产生的做法。"（quod proximum et consequens ei est）在 L. 2 § 18 *C. de vet. j. enucl.* (1.17.) 这个篇章中，Hadrian 皇帝认为，诏谕（Edicts）的逐渐完善应"根据他自己的规则、观点和比照仿效"（ad ejus regulas, ejusque conjecturas et imitationes）而实现。——优士丁尼对此情形的提及并非在 § 16 eod 的 praetermissum（省略）（涉及早期法学家的被省略的篇章）之中，而是在 § 18 的新 negotia（事项）之中。他是如何处理此情形的，这个问题下文中将被论述。

④ Vgl. besonders Gaius Ⅳ § 10. § 33 - 38.

⑤ Ulpian. XXⅧ. § 12. L. 2 *de B. P.* (37.1.). L. 117 *de R. J.* (50.17.).

⑥ L. 14 *de Leg.* (1.3.)："然而，对于那些违反法理性而已被接受的规则而言，这些规则不应进一步发展为结果。"（Quod vero contra rationem juris receptum est, non est producendum ad consequentias）(L. 141 *pr. de R. J.* 对此进行了重复) L. 162 *de R. J.* (50.17.)："任何因为必要而被接受的规则不应被作为论据。"（Quae propter necessitatem recepta sunt, non debent in argumentum trahi.）

就是错误的。⑦ 如果某人将某物作为出质物而予以转移，且他对此物正在进行时效取得，则尽管如此，时效取得根据特殊法仍继续进行；但如果因为此结果而认为他也享有任何其他占有权利，则这就错了，因为上述占有权利毋宁由债权人享有。⑧ 与之相反，如果在许多其他应用之中仍出现了特殊法规定的类推扩张，则这是因为法解释与法发展之间的混淆，对于后者很快就要进行详细的论述。

---

⑦ L. 2 § 16 *pro emtore* (41.4.).
⑧ L. 16 *de usurp.* (41.3.). L. 36 *de adqu. poss.* (41.2.)——一个相似的处理方式位于 L. 23 § 1. L. 44 § 1 *de adqu. poss.* (41.2.). L. 43 § 3 *de fid. lib.* (40.5.).

第四十七节　关于解释的罗马法观点

如果罗马法承认正式解释[①]和习惯解释的决定性力量[②]，则在此承认中并未包含特殊的法观点，毋宁说，它仅仅是以下事实的一个简单推论，即制定法和习惯被承认为法律渊源。最为重要的是，单独作为真正解释的所谓学理解释（§32）应占据何种地位，对此，通过对正式解释和习惯解释的承认，根据无法确定任何结论。

关于解释，早期的法学家在学说汇纂中提供了一些规则，这些规则中的大部分规则在上文中已经与我所确立的解释理论联系起来而被使用了，因为此种联系能够有助于相互完善和阐明。如同人们根据这些规则的创立者而所期望的那样，这些规则本身是很好的，但它们却是不充分的，尤其是没有考虑到优士丁尼法典籍中的一些特殊情形，对于这些特殊情形，上述规则的创立者无法预料到。——如果人们将这些规则本身的实践与根据这些规则所确立的理论进行比较，那么就会发现两者并非完全一致。实践常常会超出真正解释的范围，而具有真正的法发展的特征。尤其是，他们会根据制定法的基础而进行扩张性的阐明，此种阐明已经不仅仅是修正表述，而是完善制定法本身，这已经不再是解释了；在很多情形中，他们甚至会根据类推而扩张特殊法，尽管此

[①] L. 12 §1 *C. de Leg.* (1.14.).
[②] L. 23. 37. 38. *de legibus* (1.3.).

第四章 制定法的解释

种做法与他们自己明确表述的原则（§46）存在直接的矛盾。③此矛盾可以通过罗马法学家的特殊地位而得以阐明，较之我们现在所接受的情形，罗马法学家的特殊地位使罗马法学家更为直接地掌握了法发展（§19）。因此，在他们那里的 Interpretatio（解释）之中，不仅仅包括真正的解释（Auslegung），还包括一般意义上的理论（Lehre）和被流传下来的事物（Überlieferung），也即在上文中被称为科学法的所有事物（§14.19.20.），并且其处理形式是在罗马所被接受的更为自由的形式。④ 但是，早期法学家已经认识到了他们自身的任务和裁判官或者皇帝的权限之间所存在的不确定的界限；因此，这似乎可以解释以下事实，即在许多篇章之中，法的扩张是通过法学家自身而产生的，还是通过裁判官或皇帝而产生的，这个问题是不明确的。⑤——但即使不考虑罗马法学家较之我们现在的法学家所享有的更大自由，罗马法学家也拥有更为广泛的解释方式，因为他们非常接近他们法律渊源的产生，因此可以直接得知，许多本身不是足够明确的表述是

---

③ 因此，他们将嫁资土地（fundus dotalis）的转让禁止扩张至未婚夫之上，L. 4 *de fundo dot*.（23.5.）【尤利法（lex Julia）规定，丈夫不得转让嫁资土地，而上述篇章认为，此禁止应当被扩张解释，即丈夫和未婚夫都不得转让嫁资土地。——译者注】——同样，军人遗嘱（Militärtestaments）的自由形式被扩张至处于敌国境内的市民之上，L. *un. de B. P. ex test. mil.*（37.13.）——同样，配偶男方所享有的特别权限（Competenzbefugniss）被扩张至女方之上，L. 20 *de re jud*.（42.1.）——在这三个情形中，被扩张的都是特殊法。

④ 关于 Interpretatio 的含义，Vgl. L. 2 §5 *de O. J.*（1.2.）；Hugo, Rechtsgeschichte, S. 441 der 11. Ausg.；Puchta, Gewohnheitsr., Ⅰ, S. 16fg.。

⑤ L. 11 *de leg*.（1.3.）："根据解释或者最优秀君主的谕令。"（aut interpretatione aut constitutione optimi principis）L. 13 *eod*.："通过解释或者当然通过司法权。"（vel interpretatione vel certe jurisdictione suppleri.）

299 指的是什么,且此表述被其创作者在何种意义上应用。⑥——在所有这些方面,我们都与他们不同,尤其是在以下情形中,即我们要解释的并非我们的本土法,而是距离我们非常遥远的优士丁尼法。我们所处的位置在此要困难得多;但在这里,如同在其他许多情形中,因为困难而付出的努力并非毫无成果。因此,真正解释的概念和范围在我们这里比在罗马人那里更为清晰,在罗马人那里,相同的必要性并不存在。

300 在皇帝时代,尤其是公元三世纪中叶以来,一种完全不同的关系逐渐产生。通过政府告示而实现的法发展已经终止,法学家阶层的自由地位很难再与完全发展的皇帝权力相协调;事实上,这个问题因为以下原因而几乎不会再被涉及,即法学仅仅继续存在于早期法学家的书籍之中,个人后继者几乎不再存在。现在,最多只有法官的解释仍然是可能的,甚至此种解释也被置于全新的和任意的条件之下,从而很少引人注意。这种状况在优士丁尼时期才被完成,但其开端却已经很早了。——Constantin 规定⑦:"只有我们才应当并且可以考察介入公正和法之间的解释"(Inter

---

⑥ 例如,裁判官为新施工告令(operis novi nunciatio)这个情形规定了一个令状(L. 20. *pr. de O. N. N.* 39.1.)。此令状应被解释为适用于以下情形,即土地原貌的改变,并且是在建筑物情形中所发生的土地原貌改变(L.1 §11.12 *eod.*)。【新施工告令,即当所有人在自己土地上开始的建设或拆除等施工行为有可能改变该土地的原貌时,如果相邻土地的所有人认为此施工行为会对自己造成潜在损害,则此相邻土地所有人可以发出新施工告令,要求行为人提供保证,同时也应立即为证明自己的权利受到妨碍而提起诉讼,否则裁判官可以根据被告令人的申请决定撤销新施工告令。——译者注】——在另外一个地方,告示认为:"如果存在任何暴力和欺瞒。"(quod vi aut clam factum est)这应被解释为适用于"在土地上的施工"(opus in solo),但这时就不仅仅包括了建筑物,还包括了农田、树木等等(L.7 §5 *eod.*)。这些限制和区分并没有被包含于语词之中,且它们也并非任意的;它们的根据在于,对此令状和彼令状所涉及的情形和需求的传统了解。

⑦ L.1 *C. de leg.* (1.14.),或者 L.3 *C. Th. de div. rescr.* (1.2.)(新发现的篇章)——参见上文§36注6。

第四章 制定法的解释

aequitatem jusque interpositam interpretationem nobis solis et oportet et licet inspicere）这意味着："如果违反严格法的公正规定应被新引入，那么这只能由皇帝本人来进行。"很明显，这里所论述的并非纯粹的解释，而是法的发展，并且是在迄今有效的严格法领域中的 aequitas（公正）的征服。这种早先通常由裁判官告示、常常也由法学家所进行的处理方式现在被保留给皇帝。人们在已改变的政制（Verfassung）之后所已经不能期待的东西在这里也并不存在。——Valentinian 和 Martian 的一个规定认为，皇帝必须消除制定法中的模糊之处并缓和严苛之处。一种可能是，皇帝的此种任务在这里并没有被认为是完全排他性的，而仅仅是将通过谘请（Consultationen）这种早已很普通的处理方式作为最为可靠的途径而予以指示；另一种可能是，根据两个句子的关联，人们很可能认为，这里仅仅论述了制定法的以下这种阐明，即此种阐明同时包括了一种缓和，这种缓和是真正的法变更。⑧——最后，以下观点被规定下来，即关于一个还没有通过习惯而被固定下来的新法的疑问必须呈交给皇帝。⑨但仍然不明确的是，这里所论述的是关于制定法解释的疑问，还是直接关于一个已完成的习惯法是否存在的疑问。

　　优士丁尼本人关于这些事项所颁布的一些法令要明确和有力得多。第一个法令颁布于较早的法典颁布之后不久的公元529

301

---

⑧ L. 9 C. de leg. (1.14.)："……如果在法律中存在模糊之处，这就必须通过皇帝的解释而被阐明，与仁慈不符的严苛之处必须被修正。"（...Si quid vero in iisdem legibus...obscurius fuerit, oportet id Imperiali interpretatione patefieri, duritiamque legum nostrae humanitati incongruam emendari）此篇章是 Nov. Martiani 4 的被修改的起源，在后面这个篇章中，最后一句话（从 duritiamque 开始）是不存在的。

⑨ L. 11 C. de leg. (1.14.)，颁布者是 Leo 和 Zeno。

229

年。⑩ 其观点简短而言如下:"我们在早期制定法中⑪发现了以下疑问,即皇帝所公布的制定法解释是否具有约束力。但这个过分细致的疑问是非常荒谬的,且此疑问通过本规定而被消除。皇帝所公布的任何制定法解释都应具有约束力,其效力是不容置疑的,这些解释可能出现于批复(rescript)之中(sive in precibus),或者出现于皇帝的裁决(Urteil)之中(sive in judiciis)⑫,或者以任何其他方式出现(例如,出现于正式的解释性制定法之中)。因为,在当前的政制之中,只有皇帝才能颁布制定法,因此也只有皇帝才能对制定法进行解释。如果不是只有皇帝才有解释的权限,那么为什么所有对制定法有疑问的裁判机关几乎都要向皇帝询问?⑬ 或者,除了唯一有权颁布制定法的人之外,还有谁能够消除制定法中的模糊之处?因此,所有荒谬的疑问从此之后都要消失,皇帝不仅是唯一的立法者,而且还是唯一的解释者。但此规定不会对以下权利造成任何侵害,即此权利在此事项上已被皇帝授予给早期法学家。"⑭——在此法令中存在两个完全不同的规定:第一个规定是,无论何种形式的皇帝解释都具有约束力;第二个规定是,所有其他私人解释(Privatauslegung)都被禁止。后一个规

---

⑩ L. 12 § 1 *C. de leg*. (1.14.).

⑪ "In veteribus legibus invenimus dubitatum."因此,这里很可能只涉及以下早期法学家的篇章:这些篇章可能产生于皇帝执政的最初时代,批复的约束力在此时代还没有被承认为是不容置疑的,因此肯定是在 Gaius 之前。

⑫ 这些语词具有双重含义。Preces 意味着所有批复【包括给予私人的批复和在谘请程序中给予执法官的批复。——译者注】,而 Judicia 则意味着裁决(Decrete),这样,对于其他种类而言,还剩下诏谕(Edicte)和训示(Mandate)。但人们也可将 Preces 限制于给予私人的批复之上,这样,Judicia 除了裁决之外,还包含谘请程序(Consultationenprocess)中的批复。在我看来,第一种解释方案更为简单和自然,这更多是因为此篇章的主旨(Principium)涉及裁决,因此要对它进行特别强调。

⑬ "si non a nobis iterpretatio mera procedit?"

⑭ 这意味着:"包含于 Papinian 等法学家的著作中的解释在今后仍然具有 Valentinian 三世所公布的规定对其所赋予的法律效力。"Valentinian 三世的上述规定在四年后才通过学说汇纂的颁布而被废除。

第四章 制定法的解释

定是新的和重要的；但第一个规定也需要一些阐明。在这里，优士丁尼很明显并不想在这方面规定新的内容，而只是对本来就显而易见的内容再次做出规定，确保此内容不会受到无意义的质疑。因而在这里，优士丁尼并未确定此种皇帝解释的效力类型，而只是将此事项完全保留于迄今的政制之中。因此，包含于诏谕中的解释应如同任何制定法那样对于所有人都具有约束力；包含于裁决中的解释，如果此裁决是终局性的裁决，也同样如此，也即对于将来的其他情形也具有约束力，如同此篇章的主旨（Principium）所确定的那样；包含于中间裁决（Interlocut）中的解释只对其所涉具体情形具有约束力；最后，包含于批复中的解释（这些解释甚至从未被公开）同样只对其所涉具体情形具有约束力。这样，以下观点是绝对错误的，即有些人认为，解释性的批复根据此规定应对将来的其他情形也具有制定法效力（§24），如同此篇章的主旨（Principium）对于裁决（如果此裁决是终局性的）所当然规定的那样；如果人们将此篇章的两个部分进行互相对比，那么人们就不会对表述的完全不同和两种情形的处理根据的完全不同有所怀疑。

304

优士丁尼关于解释的第二个法令存在于公元533年的学说汇纂公布特许令（Publicationspatent）之中，也即存在于L.2 §21 C. de vet. jure enucl. (1.17.) 这个篇章之中。它与法律书籍的撰写禁令（§26）联系起来，并且通过以下方式对此进行补充："真正的书籍，尤其是关于制定法的注释，被禁止。如果对于制定法的含义存在任何疑问[15]，那么裁判官应将此疑问呈交给皇帝来决定，因为皇帝是唯一的立法者，因此也是唯一有权的解释者。"[16]

---

[15] "Si quid vero…*ambiguum* fuerit visum" 等等。ambiguum 这个词无论如何不能仅仅被理解为制定法的模糊表述，事实上从优士丁尼的立场来观察，此种模糊表述并不能被视为特别之物，这个词所指代的是所有种类的疑问和困难之处，也即所有需要解释之处，如同 L. 12 §1 cit. 这个篇章中的 "omnes ambiguitates judicum" 这些语词的含义一样。

[16] "Cui soli concessum est leges *et condere et interpretari*."

第四十八节　关于解释的罗马法观点（续）

上述两个相互协调的制定法的内容是如此断然，以至于人们乍看下来会对完全从文义上采纳它们持有疑虑。但在皇帝经常重复行使排他性的解释权限这个事实面前，任何疑虑都必然会消失，在立法和解释不断并列这个事实面前就更是如此了；因为，除了皇帝之外，无疑无人可以立法，这样，（由于立法和解释这两个行为的完全相同的地位）除了皇帝之外，也无人可以对制定法进行解释。事实上，在此只存在以下同一个原则的逻辑一致的贯彻，即此原则导致了对所有将来法学的禁止（§26）。虽然在此禁止之外，许可法官进行自由解释仍然是可以想象的；但优士丁尼并不这样认为，第二个法令非常清晰地表现了这一点，此法令使裁判官有义务将关于制定法含义的所有疑问呈交给皇帝回答。这是非常逻辑一致的，如同优士丁尼实际就此事项所设置的制度一样。这样，所有涉及制定法的人，无论是法学理论者还是法官，都只被允许进行一种机械的处理方式，任何自由的精神工作都是绝对被禁止的。所有这些规定很显然都是相互一致的。——有人可能会认为以下事实是逻辑上不一致的，即优士丁尼同时规定，在明显矛盾的情形中应当精细地（subtili animo）寻求统一（§44）；但是，此规定在优士丁尼那里不应被认为是思维活跃的解释，他的意思当然不是这样，而应被认为是尽力寻求表明情形不同的隐藏文辞，因此再次被认为是一种单纯机械的行为。此外，以下事实似乎也是逻辑上不一致的，即在学说汇纂中采纳了许多在一种非常自由的意义上被考虑的对解释的指示，而法官却不被允许应用它们。但除了这些指示之外，不是也存在关于制定法起草的许多规则吗?[①] 事实上通过这些规则,优士丁尼并非想要他的臣属们参与到立法之中。此种规则和彼种规则首先是要宣明皇帝将以何种方式进行立法和解释;同时,这两种规则也被用来向在这些事务之中被皇帝所使用的公职人员们做出指示。在这里,并不存在逻辑不一致之处。

无疑,我们的著作者们试图为这些法令寻求以下这种更为缓和的含义。以诠释学(hermeneutischen)规则为根据的真正解释应当是完全自由的。仅仅是在完全无法理解的、疑窦丛生的、根本无法应用诠释学的制定法中,上述法令表明,解释的权限应被保留给皇帝。[②] 但我首先并不认为,解释技艺对其完全无能为力的制定法是存在的。尤其是在优士丁尼看来,此种内容的规定是完全无法想象的。优士丁尼对其工作的光辉成果具有极大的自信,以至于他明确地宣称他的这些法典绝对不存在矛盾,尽管矛盾在非常勤勉的工作中事实上很难被防止。他会同时认为在这些完备的法典中会存在完全无法理解的、因此极度糟糕的制定法吗?他会认为此种情形是非常重要和常见的,以至于有必要在两个不同的年度对此情形颁布法令吗?因此,所有一般性的观察都使得这种观点完全不能被接受;同时,被引用作为此观点证成根据的特别理由也是极其没有说服力的。有人认为,在 L. 9 C. de leg. 这个篇章中存在以下文辞:"si quid…*obscurius* fuerit"(如

---

① L. 3. 4. 5. 6. 7. 8. *de leg.*(1. 3.). L. 2 *de const. princ.*(1. 4.).

② Thibaut, logische Auslegung, S. 25. 47. 112. Hufeland, Geist des Römischen Rechts, Ⅰ, S. 121. Mühlenbruch, Ⅰ, §54.——Hufeland 还具有一个独特之处,他将这种解释限缩于 L. 2 §21 *cit.* 这个篇章之上;另一方面,他在 S. 46 - 51 论述了 L. 12 §1 *cit.* 这个篇章,即禁止仅应当有效适用于皇帝已经实际做出解释的情形。但这个篇章并没有包含此种限制的蛛丝马迹,它甚至根据以下理由而完全反对此限制,根据此理由,此规定应没有任何疑问,这个理由是:"如果皇帝不单独负有解释的任务,那么应向何人进行询问?"在询问之时,无疑皇帝还没有进行解释。

果存在……任何模糊之处），obscurius 这个文辞指代的是无法理解的模糊之处。但是，即使不考虑以下事实，即此表述恰恰没有出现在优士丁尼自己的法令之中，而此表述的含义恰恰是这里所涉及的，这个无相对条件使用的比较级也毋宁具有一种较为缓和的含义；它的意思是：有些模糊的、并非完全清晰的。此外，有人认为，较早的法令将其保留给皇帝的任务称为"legume aenigmata solvere"（解决法律上的难题）；其含义是：阐明难以解释的（unerklärliche）规定。但难题这个概念并非无法解决之物，毋宁说，难题被创造出来仅仅是为了解决它。在他多少有些夸张的语言中，aenigma 指代的是所有困难之处，而绝非是不可克服的困难之处，这一点根据优士丁尼的其他一些篇章就非常清晰了。③ 因此，对于优士丁尼法令的上述解释从各方面看都是完全站不住脚的，以至于如果优秀的支持此种解释的人没有被极度必要性的情感所驱使的话，那么他们无疑不会求助于此种解释；在另一方面，此种必要性以及对此的补救方式在下一节中才会被论述。

现在优士丁尼的规定的含义已被确定下来，对此必须做出以下补充，即他是如何考虑这些规定进入生活之中的实施程序的。很清楚，在对于制定法的含义产生任何疑问时，都应向他提起询问。但此种询问不应导致通过诏谕的正式解释，而只导致批复，

---

③ 在 L. un C. de nudo j. quir. (7.25.) 这个篇章中认为："'jure Quiritium'（奎里蒂法，早期罗马市民法）这个术语非常难解，没有统一意见。"（nec jure Quiritium nomen quod nihil ab aenigmate discrepat）我们已经通过 Ulpian 大致认识了这个术语的含义，自从 Gaius 之后此术语则取得了更好的认识；在优士丁尼时代，人们已经拥有了许多完备的法学阶梯，困难之处就少得多了。——同样，L. 1 §13 C. de vet. j. enucl. (1.17.) 这个篇章禁止 siglorum compendiosa aenigmata。但人们能够从许多誊写者那里获知 Siglorum 的含义，当时也已经存在对其进行解释的著作，尤其是 Valerius Probus 的著作。——在这两个篇章中，aenigma 的含义都不是无法理解之物，而是以下事物，即对于这些事物，人们通过日常经验无法认识，因此不通过一些努力就无法认识。

此批复只对于所涉案件具有约束力，并不具有进一步的约束力。此种事实状况在之后的年代似乎也保持不变。因为在学说汇纂公布8年后，优士丁尼在新律113中阐明私人性批复（Privatrescripte）是不具有约束力的（§24），同时他明确补充，因制定法解释而产生的询问和批复应同以往一样继续存在。之后（公元544年），新律125对谘请（Consultationen）也予以禁止（§24），并且对此没有上述明确的保留。尽管如此，上述相同保留必须被默示推测出来。因为以下情形是完全不可想象的，即优士丁尼以最为确定无疑的方式一再禁止私人性解释，但现在却间接地似乎暗中再次赋予此种私人性解释以自由空间。因此，禁止无疑仅涉及以下特殊的谘请，即此种谘请促使皇帝对法争议做出裁决，因此促使皇帝代替法官（如同我们的学院人员一样）做出裁决。因制定法解释而产生的询问不应因此而被涉及。

但是，此种被优士丁尼所清晰规定的行为程序并非不存在实践困难。人们可能会想象，优士丁尼必然会因为询问而负担过重，以至于几乎无法再考虑其他执政事务。在此事项上，我们不要因为以下感知事实而产生错误，即我们法官中的不是特别博学的人也可以大致勉强找到优士丁尼制定法的头绪。无论是学院人员群体还是教科书都可以给法官提供友好的帮助，它们以最为方便的方式为法官提供了七百年来的工作和传统所带来的可以利用的成果。但现在我们不考虑这种七百年来的工作，而使得不博学的法官仅仅依靠自己的个人力量直接面对民法大全，仿佛如果优士丁尼关于法学的规定迄今应被遵守，那么法官就应当如此。我想，在此种情形中，只要法官恪尽职守，那么很难有哪一个开庭日不向立法者提出询问，但在非常广袤的疆域中，立法者就不再能够胜任以下这项工作，即此项工作仅仅是保持司法的机械日常运作。尽管如此，这个结果在优士丁尼的帝国中必然没有出现；

否则，他很难在学说汇纂公布 8 年后仍再次重复关于涉及解释目的之询问的规定④，因为人们在此时已经能够汇集了足够的经验。此种明显的现象可以根据以下事实而被阐明，即完全相反的力量并非罕见地可能达致同一个目标。如果法官有权进行解释，那么精神和知识就不会使得询问的需求在法官之中产生。而在优士丁尼的帝国之中，法官被禁止进行解释，此时，法官可能通过漫不经心和任意而获得帮助，从而不会提出比皇帝能力所及更为频繁的询问。

---

④ Nov. 113. C. 1 *pr.* von 541.

第四十九节　关于解释的罗马法观点的实践价值

罗马法关于解释的规定已经得到了阐述（§47.48.），现在还要探求以下问题，即在罗马法具有一般意义上的效力的地方，这些规定对于我们具有何种价值。很明显，此问题类似于同名的、已在上文做出回答的关于法律渊源的问题（§27），但同时又有所不同。因为彼处论述的是法的产生，这在本质上属于公法；而此处论述的是法的采纳，因此论述的是相对于公法的个人行为，那么罗马法对此为何不能像对涉及个人的所有其他情形那样提供规则呢？

在此事项上，根据形式上的理由，优士丁尼的一个谕令，即 L. 3 C. de vet. jure enucleando，就已必须被排除在外，因为此谕令属于被修复的篇章（§17）。同时，此排除是完全微不足道的，因为上述篇章事实上是相邻的前一个篇章（L. 2 eod.）的希腊形式，因此并没有包含任何与其不同的特殊内容。

现在，人们常常认为属于此处的一些篇章必然毫无疑问地被认为是决定性的；我指的是优士丁尼的以下这些法令，在这些法令中，他阐述了关于他的法典籍及其具体组成之界定的一些观点。例如，如果优士丁尼认为，学说汇纂中法学家的篇章以及法典中的批复不应被认为是单纯的训导（Belehrungen），而应被认为是产生于他本人的真正制定法，那么，这些就较少是解释规则，而毋宁是公布特许令（Publicationspatent）的一部分；因为它所涉及的并非是我们必须要做的特殊事项，而是他本人要做的事项的含义。无疑，以较为疏远的方式而与此有些类似的是，他也提及了特别的解释规则，因为这些规则事实上具有以下含义："学说汇纂和法典的所有篇章应根据这里所给出的解释规则而被理解，因为我在这些规则的前提之下采纳了篇章本身。我将来的制定法以及我后继者的制定法也应被同样理解，因为我们将始终在此前提之下行使我们的立法权。"这样，涉及任何具体篇章的解释规则几乎本身就已经是一种正式解释。此观点将进一步导致之后的区分。对于优士丁尼的法典而言，对于他的新律而言，以及对于之后的希腊皇帝的制定法而言（如果它们被我们所继受），罗马法中的解释规则就是可以应用的，并且是具有制定法的约束力的；但对于教会法、帝国制定法以及我们的邦国法而言，这些解释规则就不能被应用。因为优士丁尼不可能如同通过永恒的法定世袭财产（Fideicommiss）那样来规定，将来的教皇、德意志皇帝或者德意志邦主在何种意义上行使立法权。①

根据仅仅是形式上的一般观察，事情就是如此，并且罗马法解释规则由此而确保了其支配的广泛领域，尤其是对于优士丁尼法典籍而言更是如此，这恰恰是最为重要的应用情形。但是，如果我们考虑到上述规则的特殊内容，那么我们就毋宁会持有以下信念，即这些规则即使在这种应用中也不具有制定法的约束力。毋庸置疑，所有这类规则中最为重要的规则是我们在优士丁尼的两个法令之中所看到的规则（§47.48.）；它们非常清晰地告诉了我们，我们应当如何进行解释，也即根本不能进行解释。但根据两个理由，我们不能承认这个最为重要的规则是制定法。

第一个理由是，此规则与优士丁尼对于法律书籍写作的禁止存在密不可分的关联（§26）。此种关联的阐明并非仅仅是根据两个

---

① 与以下相反种类情形的比较会使这一点更为清晰。在普鲁士邦法中，皇帝 Friedrich Wilhelm 二世采纳了关于解释的规则。对于邦法本身、同一个君主之后的制定法以及其后继者的制定法而言，这些规则都是有效力的。因为对于其后继者的执政权的行使而言，他的制定法在被再次废除之前，都是具有约束力的。因此在这里，公法和私法的对立再次具有决定性意义。

规定的内容和目标,而且还根据它们的文本,因为它们在较新的法令中直接相邻,并且,其中一个规定被表述为另一个规定的结果和详细界定。但是现在,法学书籍的禁止对于我们而言并不具有制定法的效力(§27),因此解释的禁止也同样不具有效力;如果我们想将解释规则从此种相互关联中分离出来,从而使解释规则单独有效,那么事实上这就不再是优士丁尼的规定,而是我们任意的产物,在此之中,仅仅可以重新找到优士丁尼规定的文辞外观。

第二个理由是,对于我们而言,此规则的实施不是困难的,而是完全不可能的。因为,优士丁尼使法官的解释通过皇帝批复而并非必需,但是皇帝批复这样一个制度在现代国家中并不存在。我们不要因为正式的解释性制定法的帮助而产生误解。[②]法官并不具有产生此种制定法的权力,他也没有权利在此种制定法出现之前延迟做出裁决,但最为重要的是,这种情形并非优士丁尼所意图的情形,而是与其完全不同的情形。同样,我们也不要因为制定法委员会(Gesetzcommission)或者司法部的指导而产生误解,诚然,此种指导在一些国家中常常会给予此种助益[③];因为即使是这种情形也是完全不同的情形,并且,优士丁尼非常认真地看待皇帝在解释事项上的个人影响,这一点足够清晰地起源于我们所知道的优士丁尼的个人特性。但是,如果我们曾相信可以通过某种替代物而超越优士丁尼的实际规定,那么我们为何仅半途而废,而不是有效利用我们在解释事项上的自然自由呢?

这就是一种必要性的情感,它促使了上文所述的对优士丁尼

[②] Thibaut, Abhandlungen, S. 102. Vgl. dagegen Löhr, Magazin, Ⅲ, S. 208, 他仅仅是不正确地认为以下这一点是一个障碍,即正式解释必然要取得追溯力。但正式解释本来在任何时候都具有追溯力,如同后文所要指出的那样。同时请参见 Nov. 143 pr.。

[③] 在普鲁士,此种具有解释约束力的制定法委员会以前是存在的,但之后被废除。参见下文§51注3。但那里论述的是实施共同法的邦国。

316 法令所进行的极为勉强的解释；但在此之中，并没有包含对如此完全任意的处理方式所进行的证成。更好的方式是确定无疑地认为，优士丁尼事实上禁止了私人解释，但普遍的习惯法又再次废除了此种禁止。④ 至少，在整个法律史之中很难出现以下事例，即在此事例之中的普遍习惯如同从 Irnerius 迄至我们当今时代的私人解释的普遍习惯一样无可置疑。根据我们的立场，无疑我们不能采纳此种替代性习惯，因为我们已经不认为此罗马法规定具有可适用性。在上文中，通过被证明的实施优士丁尼禁令的不可能性，这个观点已经得到充分证实。此种不可能性的根据仅仅在于，优士丁尼本人将其禁令与现在已经消失的政治制度——皇帝批复——不可分割地联系在一起。由此，优士丁尼使此禁令成为公法的一部分，我们必须根据一般原则而否认此禁令的当代可适用性（§1.17.）。——如果我们将这里所确立的观点的最终结论与以下结论进行对比，即此结论来源于其他人所持的上文所述的

317 勉强阐释，那么两者事实上没有区别。在那里，此种优士丁尼的禁令被认为具有制定法的效力，但它却被限制于完全无意义的制定法这种根本不存在的情形之上。在这里，禁令的意义在其完全范围内被承认，但同时此禁令的当代可适用性却完全被否认。

所有这些理由仅涉及优士丁尼对于解释的禁止；而包含于学说汇纂之中的规则本身对我们而言却仍可能具有制定法的效力。事实上，以下观点在我看来更为逻辑一致，即否认这些规则的效力，并且认为优士丁尼法关于解释的不同规定相互之间不可分割从而完全抛弃它们。任何这种分割都始终是一种不彻底的方式：表面上进

---

④ Zacharia, Hermeneutik, S. 164 大概就采取了此种观点，但是却附加了一个不正确的补充，即优士丁尼法本身在这一点上是游离不定的，一些篇章允许了这种解释，而另外一些篇章却不允许，而这种游离不定通过有利于允许此种解释的我们的实践而得以被确定化。

行维护，但在本质上却进行变革；谁能够阐明，如果优士丁尼一般允许了私人解释，那么何种完全不同的规则会对他有利？这个问题也不具有实践重要性。因为，通过关于解释的全新规定，我们的一般观点被明确改变，而这种全新的规定在学说汇纂中根本不存在；但根据我们的主张，上述这些规则所享有的要求尊重这种权威的威望不应被剥夺，对于我们而言，根据这些规则而能够获得的教益也不应被剥夺。迄今，除了这里所探求的解释理论之外，这些规则在其他方面也已经被我以这种方式所利用。

第五十节　关于解释的现代观点[①]

318　　除了我个人的阐述之外，现代著作者的不同观点也常常已经被论述。最后，这些观点的要点还应被简要论述，这些要点在整体上对此理论具有特别的影响。

　　首先属于这些要点的是几乎具有普遍支配性的解释概念，即解释是对于不清晰（dunkler）制定法的阐明。[②] 在这里，解释存在的条件是偶然的和不完善的制定法状况，解释本身具有以下这种偶然的性质，即是对弊端的单纯补救，因此可明显得出以下结论，即当制定法更为完善之时，解释在这种关系中必然就更为不

319　重要。[③]——无人会否认，解释在不清晰制定法的情形中特别重要和必要，解释者的技艺在此也常常会特别璀璨；根据这个理由，这里所确立的较大部分的规则也会被应用于不完善的制定法（§35以下）。尽管如此，两方面的考虑会使我们认识到上述基本概念的表述过于狭隘，并且对于整个理论是不利的。第一个方面的考虑是，如果不以对病态情形所应溯归的健全情形的考察作为基础，那么对病态情形的细致详尽的处理就是不可能的。第二个

[①] 在这里，我对于以下著作者进行了引用，这些著作者或者提供了特别丰富的材料，或者能够作为最为通行观点的代表：Chr. H. Eckhard, hermeneutica juris, ed. C. W. Walch Lips, 1802. 8.——Thibaut, Theorie der logischen Auslegung des R. R., 2te Ausg., Altona, 1806. 8.——Mühlenbruch, I., §53-67.——在这里，同其他地方一样，尤其不受支配性观点约束并且富于个人思想的是，Donellus, I., 13. 14. 15.。

[②] Forster, de j. interpret., I, 1. Hellfeld, §29. Hofacker, I, §149, 151, 152. (Hübner) Berichtigungen und Zusätze zu Höpfner, S. 173. Hufeland, Lehrbuch des Civilrechts, I, §28.——罗马人在此事项上并不如此认为。L. 1 §11 *de inspic ventre*. (25. 4.)："即使裁判官告示在这一点上非常清晰，解释仍不应被忽视。"（Quamvis sit manifestissimum Edictum Praetoris, attamen non est negligenda interpretatio ejus.）

[③] 详细阐述这一点的是 Zachriä, Hermeneutik, S. 160.。

方面的考虑是，通过上述概念表述，解释的最为崇高和最富有成效的应用对于我们而言就不再存在，此种应用的目的在于，在非不完善因此并非不清晰的篇章之中，揭示其内容和关联的整体丰富性；此种处理方式特别在学说汇纂中具有很大的重要性。——另外，解释被任意限缩于不清晰的制定法之上，如果人们将此种限缩与上文所引用的以下观点予以结合观察，即根据此观点，非常不清晰的制定法通过优士丁尼而不应再被允许进行解释（§48），那么从此之中就可以得出以下奇怪的结论，即如果制定法要有效作为解释的对象，那么它们就不能太清晰也不能太不清晰，毋宁说，它们必须要处于适度不清晰这种狭窄范围的状态之中。

其次属于这些要点的是支配整个领域的解释区分，即解释被区分为文法（grammatische）解释和逻辑（logische）解释。[④] 它们不被认为是所有解释的要素，这些要素在所有地方都必须协同作用，仅仅是根据具体情况，或者是此要素或者彼要素更为有作用（§33），而被认为是相互反对和排斥的。文法解释只应当依据语词含义而进行，逻辑解释只应当依据制定法的意图或基础而进行；文法解释应有效作为规则，而逻辑解释只应在例外情况下被允许。在这种对立中，只有一个事实能被清晰思考和普遍接受，即逻辑解释被滥用的可能性不小，因此必须对之予以控制；另外，许多极为不同的事物都被列于此表述之下。因此，根据制定法的实际意图而修正表述（§35以下）被有效作为逻辑解释；根据类推而完善也同样如此；最后，之后马上就要对其进行详细论述的第三点中的处理方式也是如此。——如果上文所作出的对

[④] Eckhard, §17. 23. Thibaut, Pandekten, 8te Ausg., §45. 4. 50-52. Thibaut, logische Auslegung, §3. 7. 17-29.

出现于解释中的任务的描述是正确和详尽的,那么上述区分很明显就必须被放弃,此区分的确立和描述更多是遮蔽而非促进了此事项。

321　　　最后,也是最为重要的是,人们将以下制定法的处理也置于解释范围之中,即此种处理事实上必须被视为制定法的变更,尽管如此,它仍在逻辑解释这个名称之下而被理解。我们已经在上文中论述了通过溯归实际意图而修正表述;在这里,我们将要论述的是通过溯归制定法本应包含的意图而对实际意图本身所试图做出的修正。也即,人们溯源于制定法的基础,如果发现此基础在其逻辑发展中导致了比制定法所包含的事物更多或更少的事物,那么这就要通过新的扩张或限缩解释方式而得以改善。在此,以下事实就是无关紧要的,即立法者是有意识地犯下逻辑错误,抑或他只是对制定法基础的逻辑一致的应用有所疏忽,人们现在据此而对之予以修正;因此,在后一种情形中,人们可以假定,如果人们使立法者能够周到地考虑此种逻辑一致,那么立法者本应能够绝对无误地做出规定。——至少,这种处理方式的完整实施形态似乎就是如此。同时,此处理方式的有效应用伴随着一个修正,即虽然可以根据制定法基础而进行扩张,但限缩却从

322　　来不行[5];但是,此种区分的令人信服的根据却很难被给出。

　　　在此种处理方式中,解释者所要改善的并非单纯的文字,即制定法的外观,而是制定法的实际内容,解释者的地位超越了立法者,因此对其自身任务的范围认识错误;解释者所实施的不再

---

　　⑤ Thibaut, Pandekten, §51.52. 他允许了两种情形中的扩张,即根据制定法的基础和制定法的意图;而限缩却只能根据制定法的意图。——他所说的意图(Absicht)就是我所说的制定法的实际意图(Gedanken)。

是解释，而是法的实际发展。⑥ 本质不同的工作之间的范围混淆是足以完全拒绝此种解释方式和否认法官根据其职责的纯粹概念而享有此种权限的形式理由。但对此，还有两个实质方面的异议。第一个异议在于经常出现的制定法基础的不确定性（§34）；在关于制定法基础之性质的错误容易出现之处，上述处理方式就必然退化为完全的任意，所有的法确定性就会被破坏，而制定法根据这种法的确定性能够令人感到舒适。⑦ 第二个异议存在于思考序列中的中间环节的可能性之中（§34），通过此中间环节，立法者可以逻辑一致地对制定法规定一个领域，这个领域可能比制定法基础所似乎要导致的领域更宽或更窄。因此，人们必须要细致谨慎地反对逻辑确定性的迷惑人的外观，此种处理方式常常因为此外观而被应用。⑧ 只有在这两个实质性的异议通过细致的研究而被消除的情形之中，此种根据制定法基础而进行的扩张或限缩才能作为法的合乎逻辑的发展（不是作为法的解释）而被允许，并且被认为是妥当的。甚至，特殊法的性质也不会阻碍此种法发展，尽管类推的应用对于法官而言因此而必须被排除（§46）。

尽管如此，在现代著作者之中，此种处理方式仍被作为真正

---

⑥ 在一些人那里，对此种无权限的处理方式的反对转变为相反的片面观点，根据此观点，法官无权进行任何解释，而只有立法者有权进行解释，但立法者无疑能够将此解释工作委托他人进行。参见上文§32注4。

⑦ 这就是 L. 20. 21. *de leg.*（1.3.）的真正含义："我们并不是对我们祖先所制定的一切都能够说明其理由的。——因此不应追究已经制定的规定的理由，否则就会颠覆很多已经确定了的事情。"（Non omnium, quae a majoribus constituta sunt, ratio reddi potest. ——Et ideo rationes eorum, quae constituuntur, inquiri non oportet: alioquin multa exhis, quae certa sunt, subvertuntur.）——inquiri non oportet（不应追究）这个表述不能被理解为对探求制定法基础的责难，而只应在以下范围内被理解，即此种探究在此范围内应被用于修正制定法的实际内容。

⑧ 对这一点的优秀评论，Stahl, Rechtsphilosophie, II, S. 177.。

的解释，且常常被认为对于法官而言是允许的（附带或多或少的限制），这一点可以根据此种情形与以下表面类似的情形之间的非常常见的混淆而得以阐明，即在此情形中，更为自由的程序是被允许的并且也是必要的。属于后一种情形的首先是真正的扩张和限缩解释，通过这两种解释，制定法的实际内容并没有（像这里一样）被改善，而只是相对于文辞外观而被主张和维护（§37）。与上述不正确的程序相混淆的第二种类似情形是类推（§46）。但在类推情形中，法规则一般而言是不存在的，因此应当通过对现存法律渊源的人为扩张而被完善；与之相反，在上述不正确的程序之中，法规则是实际存在的，但此法规则却通过对其他制定法的人为扩张而被排除适用于既定情形。最后，常常产生此种混淆的第三种情形迄今还根本没有被提及。此种情形涉及以下行为，即此行为虽然没有违反制定法的文辞，但却违背了制定法的精神（对法律的欺诈[in fraudem Legis]）。制定法必然要涉及此种行为，这一点是毋庸置疑的。⑨ 人们常常认为，必须要通过解释而扩张被规避的制定法以达成目的。例如，如果在买卖契约或违约金的外观之下实际约定了暴利，那么人们会认为，立法者只是没有考虑到此种情形；如果立法者注意到这种情形，他本会在对暴利法的补充中禁止此种契约，而现在他实际上忽略了此种情形，因此我们必须通过扩张解释而对立法者的欠考虑进行

---

⑨ L. 29 *de leg*. (1.3.)："做法律所禁止之事就是违反法律，相反，如果遵守了法律的文辞但是却违背了法律的精神，那就是对法律实行了欺诈。"(Contra legem facit, qui id facit quod lex prohibet; in fraudem vero, qui salvis verbis legis sententiam ejus circumvenit.) L. 5 *C. de leg*. (1.14.)："毫无疑问，遵守法律文辞却违背法律精神的人是在违反法律，违反法律意志而欺诈性的利用法律文辞的刻板特性的人，也逃不脱法律所规定的制裁。"(Non dubium est, in legem committere eum, qui verba legis amplexus contra legis nititur voluntatem. Nec poenas insertas legibus evitabit, qui se contra juris sententiam saeva praerogativa verborum fraudulenter excusat.) ——L. 21 *de leg*. (1.3.). L. 64. §1 *de condit*. (35.1.).

补救。但事实上，此种情形是完全不同的。我们不是解释制定法，制定法是完全清晰和充分的，而是解释具体行为。[⑩] 如果我们将伪装的基本原则应用于此，则我们必须将外观上的买卖或违约金作为实际上的利息契约，因此在此行为中，我们是通过判断根据实际意图修正文辞。此种处理方式与在其他情形中被应用于制定法的处理方式（§37）在本质上是同一处理方式。只是在法律行为中，此种处理方式经常具有更高的确定性程度。因为在制定法中，我们要处理的是使用表述的不合适，在当前情形的法律行为之中，我们要处理的是不诚实的意图；后者根据情势经常能够比前者更为确定地被认识到。——除了上述这些混淆之外，还有其他事实状况有利于促进赞成这里所描述的不正确的解释方式，即罗马法学家的事例，他们事实上应用了此种处理方式，且对此处理方式没有任何疑虑。但是在此之中并未包含任何有利于我们的证成。因为在罗马人那里，上述情形与法学家完全独特的地位联系在一起，此独特地位使法学家能够对法的发展具有直接的影响，但我们（无论是学者还是法官）却不被允许具备此种影响。[⑪]

[⑩] 人们可能提出以下反对意见，即罗马法学家将此种情形的处理实际视为制定法的解释，这是因为以下篇章，L. 64 §1 *de condit*. (35.1.)："制定法……通过解释而得到帮助。"(Legem enim…adjuvandam *interpretatione*.) 但此篇章是在延伸意义上使用 interpretatio 这个表述，即任何科学的程序（§47注）。

[⑪] Vgl. 上文 §19 以及 §37 注16。

第五十一节　关于解释的现代法典观点

现代法典所包含的关于解释的规定比其所包含的关于法律渊源的规定（§31）更少。法国民法典对解释根本未置一词；但对法官所做出的以下这种绝对规定，即尽管制定法不清晰，法官仍必须要对任何法争议做出裁决，以及上诉法庭（Cassationshofes）的特殊地位，使法国法考虑此事项的方式没有任何疑问。在法国法中，法官享有完全的解释自由，但同时，法的确定性和一致性要免于遭受任意解释所带来的危险，这通过居于所有法庭之上的上诉法庭而得到确保，甚至在以下这种情形中，即在此情形中，程序规则不再容许具体裁决的有效变更，上诉法庭也能够行使其教导性的和控制性的影响。如果上诉法庭有权宣告自己的裁决以取代被撤销的裁决，这种任务解决方式也就完全足够了。但是，在上诉法庭撤销裁决之后，它只能指示另一个法庭做出决定，这样，在同一个法事项之中，以错误的法规定为依据的裁决和对此种裁决的撤销可能会多次重复出现。这种拖泥带水和费用很大的程序是因为以下原因而产生的，即在旧制之中，上诉程序不是在法庭之前发生的，而是在一个高等行政机构（conseil du Roi［枢密院］）之前发生的，此机构只能防止对制定法的违反，而不能自己宣布法。这个原因自从大革命以来已经消失了，因为已经存在了特别的上诉法庭，此法庭是正式的法庭，并享有与所有其他法庭一样的自治。近年来，人们试图弥补上述缺陷。第一种对此的尝试是不足的。① 最新的制定法则有效得多，此制定法规定，在第二次上诉之后，此法事项现在所被移交的法庭有义务直接将

---

① Loi du 16. Septembre 1807.——Loi du 30. Juillet 1828.

上诉法庭所表明支持的法规定作为其裁决的依据。②

普鲁士邦法规定,法官应当赋予制定法以下含义,即此含义产生于制定法的文辞及其相互关联,或者产生于最接近的无可置疑的制定法基础。③ 类似于优士丁尼制定法的以下规定更为重要,即在对解释出现疑问时,法官应将之呈报给制定法委员会(Gesetzcommission),并遵从此委员会的决定。但此规定之后被废除;法官现在能够进行独立的解释和裁决,而仅需要将其疑问上报给司法部主管,以便对立法能够有所助益。④ 在制定法出现漏洞的情形中,法官应根据邦法的一般原则或者相似情形的规定而做出裁决;同时,法官应当将所发现的漏洞上报,以便通过新制定法而填补此漏洞。⑤ ——在法国立法仍然存在的莱茵省,法国在此事项上的程序被改变,即如果上诉法庭撤销了裁决,那么它应同时自己宣布新的裁决。此外,即使对邦的所有其他地区而言,此种上诉程序在无效抗告(Nichtigkeitsbeschwerde)的名义下重新被引入,在这种程序中,如果具有审理权的法官(das Geheime Obertribunal [枢密高等法庭])撤销了之前的裁决,那么他同时要同样自己宣布裁决。⑥

最后,奥地利法典规定,法官应考虑制定法文辞在其相互关联中的特殊含义,并考虑立法者的清晰意图。如果制定法缺少规定,那么法官应根据相似情形的制定法规定和类似制定法的基础

---

② Loi du 1. Avril 1837. (Bulletin des lois IXe. Serie T. 14 p. 223) art. 2.:"如果第二份判决基于与第一份相同的原因被撤销,皇室法庭或重审此案的法庭,应与上诉法庭就法所作出的决定保持一致。"(si le deuxième arrêt ou jugement est cassé pour les mêmes motifs que le prémier, la cour royale ou le tribunal auquel l'affaire est renvoyée se conformera à la décision de la cour de cassation sur le point de droit jugé par cette cour.)

③ Allg. Landrecht(普鲁士一般邦法)Einleitung §46.。

④ A. L. R. Einl. §47, 48. und Anhang §2.

⑤ A. L. R. Einl. §49, 50.

⑥ 1833年12月14日的法令,§17(Gesetzsammlung, 1833, S. 306)。

而做出裁决；如果这还不足够，那么法官应根据自然法原则做出裁决。在此，罗马对私人解释的禁止被变革为以下不令人生疑的规则，即只有立法者才能够以一种具有普遍约束力的方式解释制定法。⑦

最后，如果我们要探询，何种方式对于我们的境地和需求而言才是适当的，那么以下答案似乎就是无可置疑的，即任何法官都可以进行真正的解释，但只是因为误解而被认为是解释的那些方式通常应被拒绝。在具体情形中，纯粹的法解释和真正的法发展之间的界限经常存在疑问（§37），那么以下方案就是值得追求的，即存在一个高等权力，通过此权力，法解释和法发展这两种权限能够被协调起来，同时它们的相关活动也不会因为对上述界限的疑问而被阻碍。如果存在一个被规定为主要进行法发展的机构（§31），那么以下事实就是无可置疑的，即如果一个有疑问的制定法解释的存在促使了必要性的产生，那么此机构就必须执行它的职责。但是，如果此种机构并不存在，甚至即使存在此种机构，但在该机构之外，自由进行解释这种权利也可以不令人生疑地被委托给一个法院行使，此法院具有类似于法国上诉法庭的地位。如同罗马早期的裁判官和法学家一样，此法院也可以发挥类似的影响，并对司法提供类似的好处，这样，以下这种扩张性和限制性的解释就可以被特别授予此法院实施，即在上文中，此种扩张性和限制性的解释被认为是纯粹的法官职能所无权实施的，从而不被包含入真正解释的领域之中。

---

⑦ Österreich. Gesetzbuch Einleit. §6, 7, 8.

第二篇
法律关系

第一章　法律关系的本质和种类

第五十二节　法律关系的本质

一般意义上的法律关系的一般本质，以及它如何被划分为国家法关系以及私法关系，这些在上文中已经进行了论述（§4.9.）。现在应进一步阐明属于私法的法律关系的本质；只有这些法律关系才属于我们的任务范围，因此，从现在起，它们就被我们称为"法律关系"（Rechtsverhältnisse），而不带任何限制性的附加语词。

生物人（Mensch）处于外在世界之中，在他的这种境况中，对于他而言，最为重要的要素是他与其他人的联系，这些人具有和他一样的性质和目的（Bestimmung）。如果现在在此种联系中，自由本质应当并存，应当在其发展中相互促进而非相互妨碍，那么这只有通过对于以下这个不可见的界限予以承认才可能实现，在此界限之内，所有个人的存在和活动都获得了一个安全的、自由的空间。据以确定上述界限和自由空间的规则就是法。由此，法和道德之间的相同和不同之处就同时被确定下来。法服务于道德，但服务的方式并非执行道德的诫命，而是保障内在于所有个人意志中的道德力量的自由展开。但法的存在是独立的，由此，如果在个别情形中有可能出现实际存在之权利的不道德行使，那么这里并不存在任何矛盾之处。

　　法的需求和存在是我们状况的不完善性的结果，但这种不完善并非一个偶然的、历史的不完善，而是与我们存在的当前阶段不可分割地联系在一起的不完善。

　　但为了发现法的概念，许多人从相反的立场出发，以不法（Unrecht）这个概念作为出发点。对于他们而言，不法是不利于生物人发展的他人自由对于自由的侵扰（Störung），因此必须被作为一种"恶"而被拒绝。在他们看来，对于这种"恶"的拒绝就是法。一些人认为，法应当通过理性协议（verständige Übereinkunft）而得以产生，这样每个人放弃他的一部分自由从而使其余部分的自由得到确定的保护；或者，其他一些人认为，法通过外在的强制机构（Zwangsanstalt）而产生，此强制机构自己就能够制止生物人的这种相互侵扰的自然倾向。在此，他们通过这种方式将否定方面置于首位，这种做法同以下做法一样，即我们为了认识生命的法则而从生病的状况出发。对于他们而言，国家就是一个紧急情况下的防卫（Nothwehr），如果正确的价值观念得以传播，那么这种防卫就可能会是多余的从而消失，但相反，在这里，根据我们的观点，国家只可能会更为美妙和有力。

　　从现在所取得的立场出发，对于我们而言，所有的具体法律关系就是通过法规则而界定的人（Person）与人之间的联系（Beziehung）。但这种通过法规则而进行的界定在于向个人意志指定了一个领域，在此领域之中，个人意志独立于所有其他人的意志而居于支配地位。

　　因此，在每个法律关系中，可以区分出来两个部分：第一个部分是素材（Stoff），即联系（Beziehung）本身，第二个部分是法对于此素材的界定。我们可以将第一个部分称为法律关系的实质要素，或者称为法律关系中的单纯事实；而将第二个部分称为法律关系的形式要素，即据此将事实联系（die tatsächliche Beziehung）提升为法形式的要素。

但并非生物人之间的所有联系都属于法领域，在此种法领域中，生物人之间的联系可以接受并且需要这种通过法规则而进行的界定。在这个方面，可以区分出来三种情形：生物人之间的关系或者全部，或者全部不，或者只是部分属于法领域，或被法规则所支配。第一个种类的例子是所有权，第二个种类的例子是友谊，第三个种类的例子是婚姻，因为婚姻部分属于法领域，部分不属于法领域。

第五十三节　法律关系的种类

法律关系的本质被确定为个人意志独立支配的领域（第五十二节）。因此，我们首先就必须探求意志可能作用的对象（Gegenstände），也就是可以扩展其支配的对象；据此可以自然而然地得出法律关系可能具有的不同种类的一个梗概。

意志首先能够作用于本人（die eigene Person），其次能够向外发生作用，也即作用于在涉及意志者（Wollenden）时必须被我们称为外部世界的这个事物；在上述作用可以想象的对象中，这是最为普遍的一个对立。但构成外部世界的或者是不自由的自然，或者是与意志者相同种类的自由存在，即他人。这样，在对于所提出的问题进行单纯的逻辑考察之后，我们就可以得出意志支配的三个主要对象：本人，不自由的自然，他人；据此，就像所显示的那样，所有法律关系必然被区分为三个主要类型。因此，我们首先就必须分别考察上述各个对象，并首先考察作为特别法律关系之对象的本人。

关于这一点，以下观点非常流行。人们认为，生物人享有对于自己的权利，这种权利随着他的出生而必然产生，并且只要他还活着，此权利就不会终止，由此，它也被称为原权（Urrecht）；相反，生物人之后并且偶然取得的所有其他权利具有暂时的性质，由此被称为取得权（erworbene Rechte）。许多人在这一点上走得太远，以至于认为生物人对于他的精神力量（Geisteskräften）也享有一种所有权，由此推导出被称为思想自由的东西；但以下这种可能性根本无法被理解，即一个生物人如何妨碍他人的思想，或者相反，他人如何妨碍他的思想，并且，如何通过这些方式侵犯上述的所有权。但如果人们致力于一个更容易理解的领域，在此，人们将上述所有权限制于人的可见现象、身体以及躯干之上，那么，虽然这种所有权具有排除当然可能的对于这个权利的侵犯这种意义，但它依然没有用处，甚至是应受指摘的，因为这种观点的逻辑一致的发展会导致对于自杀权利的承认。在对于上述指向本人之原权的错误承认中，真实的要素如下。首先，无疑，生物人对于自身及其能力的正当权力（Macht）能够并且也应该不被置疑；而且，此种权力甚至是所有真正权利的基础和前提，例如，所有权和债只有在以下情形中才对于我们具有意义和价值，即它们是对于我们自己能力的人为扩展，是被人为附加给我们自然存在的新器官。但此种对于我们自身的权力并不需要实在法的承认和限制，上述观点的不适当之处在于，自然权力以及对于此权力的人为扩展以一种多余且混乱的方式被等量齐观，并且被认为是同一种类。——其次，对于许多实际存在的具体法律制度而言，其出发点自然在于保障上述生物人对于自身的自然权力不受他人干涉。属于此的包括刑法的很大部分内容；还包括民法中的被用于防止名誉侵犯（Ehrverletzung）、欺诈以及暴力的大量权利，此外还包括对于占有的法救济（die possessorischen Rechtsmittel）。对于所有这些权利而言，人的不可侵犯性自然是其最终根据；但这些权利却不能被视为此种不可侵犯性的纯粹发展，毋宁说，它们构成了整个实在法律制度，此法律制度的特别内容完全不同于上述不可侵犯性本身。但如果人们想要将它们描述为对于本人的权利，那么它们的真正本质就只会被这个名称所遮蔽。将拥有共同出发点的法律制度汇编在一起，这种做法从来不被认为是富有成果和教益的；承认它们在总体上的相似性就足够了。①

338 因此，我们就完全排除了所谓的原权，而将取得权承认为唯一的权利，我们之后的研究就是关于这种权利的，因此，对于我们而言，仅还剩下两种可能的意志支配的对象：不自由的自然，以及他人。

不自由的自然不能作为一个整体而被我们所支配，我们只能支配其有特定空间限制的部分；我们将这种有限的部分称为物（Sache），由此，第一种可能的权利就涉及物：物上的权利（das Recht an einer Sache）*，其最纯粹和最完整的形态是所有权。

以他人作为对象的法律关系就不那么简单了，因为这种法律关系能够涉及两种完全不同的联系。——第一种可能的与他人之间的联系是，在此种联系中，他人以同物类似的方式被带入我们的意志领域之中并因此从属于我们的支配。如果这种支配是绝对

---

* 萨维尼对于物权依次使用了三种表述：das Recht an einer Sache、Sachenrecht（例如，第367页）、dingliche Rechte（例如，第369页），这三者的含义是相同的。同时，萨维尼还使用了 ius in re 这个表述，它与所有权共同构成了所有的物权，因此它似乎相当于现代法中所说的"他物权"。——译者注

① Donellus, Ⅱ.8, §2.3. 采取了两分法（zweierlei nostrum）：对于人自身的权利（in persona cujusque）与对于外在物的权利（in rebus externis）。对于人自身的权利分为四部分：生命（vita）、身体不受侵犯（incolumitas corporis）、自由（libertas）以及名誉（existimatio）。精神不受侵犯（incolumitas animi）不受法保护，因为它根本不需要法保护。——Puchta, System des gem. Civilrechts, München, 1832. 将对于本人的权利（Rechte an der eigenen Person）作为第一种权利，他认为这种权利包括人格的权利（das Recht der Persönlichkeit）和占有；同时他认为，人格（Persönlichkeit）包括权利能力和名誉。但权利能力是所有权利的条件，是所有权、债以及第一种权利（如果人们承认此种权利）——例如，占有——的条件；因此，它是所有权利的要素，不特别属于任何一种权利。根据一般名称，人们可能首先会想到对于本人躯干的权利，但这些权利（在普赫塔的论述中）完全缺乏，另外（在普赫塔的论述中）还缺少许多其他的权利，这些权利在（普赫塔著作中的）B.3 以及 B.3. Kap. 5. N. Ⅵ. 之间存在清晰的真正联系的情形下必然会被论述。据此可以看出第一种权利构成中的任意性，这种权利似乎只是为了给占有安排一个合适的位置而被承认。——Hegel, Naturrecht, 在§70以及对于§70的补充中反对这种对于本人的权利，并特别论及，不反对这种权利的话就不可避免地要承认自杀权。

的，那么他人的自由和人格由此就会不再存在；我们支配的就不是一个人，而是一个物，我们的权利就是对于一个生物人的所有权，事实上这就同罗马的奴隶关系一样。如果事情不应如此，我们就要设想一种特别的法律关系，这种法律关系在于对于他人进行支配，但同时又没有破坏此人的自由，由此，这种法律关系类似于但却不同于所有权，它不是对于他人的整体进行支配，而只涉及此人的特定行为；该特定行为被认为从行为人的自由中分离出来，而从属于我们的意志。这种对于他人特定行为的支配关系，就被称为债（Obligation）。债不仅与所有权具有以下相似的本质，即在两者之中都包含了我们的意志对于一部分外部世界的扩展的支配，而且它还同所有权具有较为特别的联系：其一，债可用金钱来衡量，这种衡量不外乎就是转变为金钱所有权；其二，大多数以及最为重要的债往往只以取得所有权或者对物暂时的利用作为目的。——因此，通过所有权和债这两种权利，权利人的力量向外扩展超出其本质的自然界限。以这种方式扩展个人权力的关系的整体就被称为此人的财产（Vermögen），并且与此相关的法律制度的整体就被称为财产法（Vermögensrecht）。②

在迄今所考察的人与他人的关联中，所有的人都被理解为一个独立的整体，这样，在抽象的人格上，每个人相对于他人都是一个完全外在（尽管是相同本质）的存在。与此完全不同的是第二种与他人的可能关联，现在就应描述此种关联。在此种关联中，我们不是将个人视为一个独立存在（für sich bestehendes Wesen），而是将

---

② 上述法概念的德语表述在此概念的表述中是最为恰当的。因为此德语表述直接表达出了事物的本质，由于上述权利的存在我们所增长的权力，以及由于此权力我们有可能实现或者有能力做（vermögen）的事物。而此概念的罗马法表述 bona（财产）就不那么恰当，这个表述在新的罗马法语言中已经被忽略，并且这个表述主要指代了一个类似的概念，即由于上述权力而产生的幸福状态（Wohlsein），或者其所给予我们的愉悦（Beglückung）。

其视为所有人类有机整体中的一员。他与这个大的整体之间的相互联系始终是通过特定的个人而实现，因此，他与此特定个人之间的关系就是一个新的、完全特别的法律关系种类的基础。在此种关系中，对我们而言，个人就并非如同在债中那样是独立的整体，而是一个不完整的、需要在一个大的自然关联中加以完善的存在。个人的这种不完整性以及与此相关的完善体现在两个不同的方面。其一是性别的区分，独立来看，每个性别都只是不完整地包含了人的性质；与此种不完整性相关的对于个人的完善是婚姻（Ehe）。③——其二是个人存在的时间限制，这再次以不同的方式导致了完善性法律关系的需要和被承认。首先，最为直接的是个人的短暂生命，这里就需要"繁衍（Fortpflanzung）"作为完善，由此，不仅是人种（Gattung）实现了持续的延续，而且个人（Individualität）也以更为有限的方式实现了持续的延续。同时，由于人类性质的构造，据此个人在其生命的起始完全缺乏对于自身的力量，这种力量是逐渐获得的；这样就需要"培育"（Erziehung）这种完善。在罗马法中，对于这两种完善共同进行承认和发展的法律制度就是"父权"（väterliche Gewalt）；与此相联系的是"亲属"（Verwandtschaft），后者或者是前者的更为广泛的发展，或者是对于前者的自然性的或较少法律性的类推（Analogie）。④——所有

---

③ Fichte, Sittenlehre, S. 449. 有力地表达了此观点："两性的所有个人应当结婚，这是一个绝对的规定……没有结婚的人只是一半生物人。"

④ 作为更为广泛的发展的是宗亲（Agnation），它只是早期父权的残余（residuum）的持续发展；作为自然性类推的是血亲（Cognation），在此之中，万民法（jus gentium）承认了以血统（Abstammung）作为依据的个人之间的联系，如同市民法（jus civile）在宗亲中所做的一样。【宗亲指的是所有服从于同一父权的家庭成员之间的关系，一切因家父或其家庭男性成员的合法婚姻而出生的人和被家父收养的家外人，都成为此家父家庭的宗亲；血亲指的是产生于共同血统的人之间的亲属关系，它可以分为父系血亲关系和母系血亲关系，而前者就是宗亲的基础；在优士丁尼法中，宗亲和血亲的区别已经消失。——译者注】

这些完善性法律关系的整体——婚姻、父权、亲属——就被称为家庭（Familie），而与此相关的法律制度就被称为家庭法（Familienrecht）。⑤

家庭关系和债都是对于特定个人的关系，因此就很容易将两种关系或者作为同一种关系，即将家庭作为一种债，或者认为两者非常类似从而对立于所有权，所有权没有包含此种个人之间的关系。许多人都持有此种思考方式，尽管在他们那里，此种思考方式常常并没有发展到完全的程度，或者他们对此并没有清晰的意识。但这种思考方式是绝对应当被抛弃的，对于正确认识家庭的本质而言，重要的是将此种思考方式作为错误的思考方式而加以放弃。因此，在这里应当说明这两种关系本质上的不同之处，这些不同之处通过迄今所取得的立场会清晰起来；但存在以下保留，即家庭的独特的、完全不同的本质在之后的章节中（第五十四节）会更为清晰。债的对象是个人的具体行为，家庭关系的对象是整体的人，但此人却是人类整体的有机关联中的一个组成部分。债的素材（Stoff）具有任意性，因为债的内容（Inhalt）可以是这个行为也可以是那个行为；家庭关

---

⑤ 对此必须明确说明的是，这个名称并非取自罗马法。在罗马法中，Familia 这个表述具有不同的含义；最为重要的以及最为技术性的含义是指代所有宗亲关系，而这只是我在此名称下所理解的关系的一部分。尽管这里所选择的表述在罗马法中并没有根据，但此名称所指代的关系的并列以及此种并列的根据对于罗马法学家的思想而言是完全适当的。这恰恰就是被他们称为自然法（jus naturale）的那些事物。在 L. 1 § 3 *de J. et J.* 这个篇章中，Ulpian 对此认为："自然法是自然界教给一切动物的法律……由自然法产生了男性与女性的结合，我们将其称为婚姻；进一步会产生子女的繁衍以及培育。"（Jus naturale est quod natura omnia animalia docuit…Hinc descendit maris atque foeminae conjunction, quam nos matrimonium appellamus; hinc liberorum procreatio, hinc education.）（参见附录一）。早期法学家在对于法律制度的论述中，出于历史理由而使其他观察角度显得更为清晰，我们在 Gajus 那里就看到了这一点，这与他们对于上述普遍的、自然的关联的承认完全不矛盾。——我们所选择的名称与当代的术语是一致的，对于我们当代的法状态而言，上述并列也是唯一合适的。

系的素材却通过人的有机本质而得以确定，因此具有必然性。债通常具有暂时性，而家庭关系却被确定为一个持续的存在。这样，个人家庭关系的完全形态就发展为联合的团体（zusammengesetzte Gesellschaften），此团体拥有家庭这个总体名称。家庭包含了国家的萌芽，国家形成后，它就以家庭而非直接以个人作为其组成部分。

据此，债事实上与所有权更为类似，因为这两种关系中所包含的财产（Vermögen）构成了个人权力超出自然界限的扩展，而家庭关系则是对于自身不完整性的完善。因此，较之财产权，家庭权更类似于所谓的原权，如同原权在上文中被完全排除出实在法的范围一样，家庭必然会被认为只是部分属于法领域，而财产则无例外地完全属于法领域。

现在，如果我们回顾我们研究的出发点，我们就会发现，存在三种我们意志支配的可能对象，并且与这三种对象相对应，存在三个我们意志在其中居于支配地位的同心圆：

（1）原初的自身。与此相对应的是所谓的原权，我们根本不将此权利作为一个真正的权利。

（2）在家庭中扩展的自身。在此之中的我们意志的可能支配只是部分属于法领域，由此构成了家庭法。

（3）外部世界。与此相关的意志支配完全处在法领域之内，由此构成了财产法，它又可以进一步区分为物法和债法。

由此产生了法的三个主要类型，我们从此研究立场出发就必须承认这三个主要类型：

家庭法（Familienrecht）

物法（Sachenrecht）

债法（Obligationenrecht）

但法的这些类型只是在我们的抽象中是分离的，与之相反，在现实中，它们以极为多样化的方式相互联系起来，并且在这种持久的联系之中，必须会存在相互影响和相互修正。现在我们要详细考察上述三个类型的法律制度，在此过程中，我们必须同时考虑到此种相互修正，以及上述法律制度在我们的实在法中所取得的特别发展。

第五十四节　家庭法

家庭的本质已经在上文中（§53）被说明，现在要对其进行详细的考察；家庭由婚姻、父权以及亲属组成。所有这些关系的素材都是自然关系，这种自然关系甚至超越了生物人性质的界限（自然法）。这样，根据其普遍的存在，这些关系就具有一种独立于实在法的必然性，尽管它们获得承认的特别形态根据不同民族的实在法而非常不同。① 对于生物人而言，这种自然关系必然同时是一种道德关系；并且由于它最后还具有法的形式，家庭就包含三种不可分离的统一形态，即自然的形态、道德的形态以及法的形态。② 由此可以得出，家庭关系只是部分具有法的性质（§53）；事实上，我们必须补充说明，其本质的法层面恰恰是较为不重要的，因为更为重要的层面属于法领域之外的其他完全不

---

① 例如，一夫一妻制（Monogamie）的存在是一个实在法律制度，但我们认为婚姻（它可能表现为某种形态）具有一种普遍的必然性；但这并不是认为，在多配偶制（Polygamie）和一夫一妻制之间的选择是一种由偶然情势所确定的选择；毋宁说，多配偶制应被视为民族道德发展的较低阶段。——当然，一般意义上的婚姻的（不仅仅是一夫一妻制的）必然性也受到了质疑，例如，Hugo, Naturrecht, §210-214.。事实上，婚姻的本质可能会被抽象的理性所瓦解，并且通过自由的想象，其他情势被虚构为代替了婚姻，例如无规则的性爱，或者作为国家制度（Staatsanstalt）的生殖。但所有民族、所有时期以及所有发展阶段的健全的生活意识会证实我们的主张，即使此主张没有在基督教的生活观中发现其最高的证明。——同样，属于家庭制度的实在法发展的还包含一些人为方式，家庭制度有时通过这些方式而得以产生，例如通过收养（Adoption）而产生父权。——此外，近亲属之间的婚姻禁止的根源在于所有时期的道德感，但是这种禁止的范围大小却具有完全的实在法性质。——必须加以补充的是，即使是这种婚姻关系的实在法表现形态，在此实在法中仍然具有绝对法的性质（§16），因为此形态是被此民族的道德生活观所确定的。

② 对于家庭关系的这三种性质，Hegel, Naturrecht, §161. 在婚姻这一点上进行了非常清晰地说明。他对于婚姻的说明非常精彩："它是具有法的意义的伦理性的爱。"只是这种表述仍然需要加以补充：（婚姻是）具有法的意义的伦理性的性爱——这无疑已经被包含在作者的思想中。

同的领域。

在此，除了法要素和道德要素之外，家庭还包括自然要素，但这一点不能被如此理解，即自然要素与前两个要素等同齐观，并可以取得一个独立的支配地位。在动物中，服务于普遍的自然目的（Naturzweck）的欲望（Trieb）居于支配地位。同动物完全一样，生物人也具有这种欲望和自然目的；但在生物人之中，更高的道德法则超越了自然欲望，此道德法则渗透并支配了生物人本质的所有部分，因此也渗透并支配了此种自然欲望，由此，在生物人中，自然要素既没有被消灭也没有被削弱，而是被提升为人类本质的更高要素的组成部分。——在这一点上，康德犯了错误，在婚姻中，他认为债务性法律关系的对象仅仅是自然组成（性欲［Geschlechtstrieb］）*，由此，其本质必然就被完全认识错误，并且被降格。③

如果我们探寻属于家庭的法律关系的特别内容，那么此内容似乎在于我们对于从属于我们意志的他人所享有的权利，只是这种从属并非被认为是完全的，而被认为是有限制的，它仅仅影响到家庭关系。④这个观点似乎可以在罗马家庭法的特别规定中找到证明，在很大程度上，罗马家庭法的根据在于家父对于其他家庭成员的严格支配。尽管如此，恰恰从罗马法的立场出发，我们必须完全抛弃这一观点。诚然，在此，家父对于家子享有绝对的支配，在最早期，这种支配很难同真正的所有权区分开来。但这种

---

* ［德］康德：《法的形而上学原理》，沈叔平译，北京，商务印书馆1991年版，第95—96页：“婚姻就是两个不同性别的人，为了终身互相占有对方的性官能而产生的结合体……"——译者注

③ 对此参见后文§141。

④ 事实上，普赫塔就是如此理解，Puchta, Rhein. Museum, B. 3, S. 301, 302.。

支配并非家庭法律关系的真正内容。此支配是父权的自然特征，在此之中，家父通过自己的权力来维护自己，如同在对于奴隶或者其房屋或家畜进行支配的情形中一样。在罗马法中，并没有提及家子的服从的法律义务，也没有提及家父对于不服从的家子提起的诉讼，如同没有提及家父对于不服从的奴隶提起的诉讼一样。只是在他人侵犯了家父的支配这种情形下，家父可以提起针对此他人的诉讼。我们的观点在自由婚（der freien Ehe）*这种情形中更为清晰。在此情形中，根本没有提及严格的支配和服从，罗马法也没有规定配偶一方针对另一方的法请求（Rechtsansprüche），没有规定在此种权利被拒绝的情形下对于此权利的保护。据此，一人对于另一人意志的局部服从并非家庭关系的法律特征，因此并非此种法律关系的真正内容。只有在人们放弃这个本身似是而非的观点的情形中，家庭关系与债之间的清晰区分才是可能的，因为此观点的辩护者不可避免地将债的本质转用到家庭之中，无论他们在言辞上是多么反对这一点。

那么，什么才是属于家庭的法律关系的真正内容呢？我们首先是将它们作为对于本身不完整的个人的完善来加以考察的（§53）。由此，家庭关系的真正本质是个人在此种关系中所占据的地位，在此之中，此个人不仅仅是一个一般意义上的生物人，而且还尤其是配偶、家父、家子，因此，他处于一种生活形式（Lebensform）中，这种生活形式是被严格确定下来的，它独立于个人的意志，其根据是大的自然关联。⑤

---

* 自由婚，又被称为略式婚、合意婚、无夫权婚姻（matrimonium sine manu），是与有夫权婚姻（matrimonium cum manu）相对的一种婚姻形式，在缔结此种婚姻后，夫对妻不能因结婚而取得夫权。——译者注

⑤ 因此，家庭关系主要属于 jus publicum，即绝对法（dem absoluten Rechte）（§16），参见上文注1。——这样，个人的每个家庭关系就主要被称为他的一个身份（status），即在与特定他人之关系中的他的地位（Stellung）或存在（Dasein）。参见§59以及附录六。

第一章 法律关系的本质和种类

因此，在这里不容否认的是，忠诚和奉献是婚姻的本质，服从和尊敬是父权的本质；但上述关系的这些最为重要的要素处于道德的保护之下，而不是处于法的保护之下，与此相同的是，家父对于其家长权力的运用应当是值得尊敬的和仁慈的，但这种运用也只能留给道德，对于后一种情形而言，将其作为法规则这种错误的理解只会具有更少的偶然可能性。由此，我们对家庭关系在一个国家中的状况只会拥有非常不确定的认识，如果我们仅观察对其有效的法规则，而不考虑补充性的道德。并非罕见的是，那些忽略了此种关联的现代著作者对于罗马法提出了毫无根据的指责，认为罗马法是一种无情的专制。⑥ 他们没有认识到，在

---

⑥ Hegel, Naturrecht, §175. 就持此种观点："罗马时代，子女处于奴隶地位，这个制度是罗马立法的最大一个污点。伦理在其最内部和最娇嫩的生命中所受的这种侮辱，是了解罗马人在世历史上的地位以及他们的法律形式主义倾向（Richtung auf den Rechtsformalismus）的一个最重要的关键。"【本处翻译参考了［德］黑格尔：《法哲学原理》，范扬、张企泰译，北京，商务印书馆1961年版，第175节。——译者注】在他这里，这种误解是很难让人理解的，他在§161非常正确地承认在婚姻中，道德要素和法要素必然会共同作用，据此自然可以认识到，在任何一个民族中，婚姻法只提供了婚姻本身的一个不完整的形象。这一点为什么不能适用于父权呢？——在Adam H. Müller, Elemente der Staatskunst, Th. 2, S. 59—65 中，这个错误得到了更进一步的发展。他提到了"父权和夫权（ehemännlichen Gewalt），它们根据罗马法模式在我们的法典中被规定下来"，并因此对于在罗马（以及我们的）家庭关系中缺乏一切相互性（Gegenseitigkeit）而表示遗憾。根据他的观点，人们可能会认为，我们仍然通过共食婚（Confarreation）而缔结婚姻，然而在罗马的早期，自由婚（丝毫没有权力的印记）形式已经是最为常见的，仅有这种婚姻形式随着罗马法而传到我们这里。【所谓共食婚，指的是罗马法中带夫权婚姻的缔结方式之一（此外还有买卖婚（coemptio）和时效婚（usus）等方式），在此婚姻缔结仪式中，新郎和新娘当着见证人以及朱庇特神祭司的面相互提出询问并做出宣告，并且一起掰开一个麦制面包，此仪式完成后，新娘就丧失自己的权利或与她家庭的宗亲关系，而受到夫权的支配。——译者注】此外，根据他的观点，人们还可能会认为，罗马制定法扮演了一个悲剧性的角色，"如果它们没有补充和支持爱或者信任这种不可见的精神。"（S. 59）这样，仿佛在世界上就存在某个制定法，而这个制定法使此种不可见的精神可有可无，或者它产生此种不可见的精神！ 此著作者将之作为罗马制定法的缺陷从而加以蔑视的事物毋宁是上帝一般乐于赋予人类本质的这样一个机制（Einrichtung）。

351 古代的民族中，罗马是最为尊重妻子的民族⑦，并且，在存在国家法的情形下，对于家子进行事实上奴役性的、有辱人格的对待是不可想象的，在不损害父权的情形下，国家法赋予家子所有政治权利，甚至赋予家子成为高级市政官员（den höchsten Magistraturen）的能力。

352 通过对家庭法具体制度的真正法律内容的说明，家庭法的这个普遍特征就会变得更为清晰。在任何一个具体制度中，其真正的法律内容在于此制度存在和被承认的条件，它包括下列部分：此种法律关系可能性的前提，此法律关系的产生方式，其消灭的根据。在婚姻、父权以及亲属中都是如此。在涉及法律关系自身的范围内，法律内容就被限定在这些地方。但在任何一个法律关系中，都需要补充此法律关系超越其自身界限而对于其他法律关系所施加的重要影响；现在就对于这三种法律关系分别进行特别说明。

婚姻对于其他法律关系具有以下作用。

（1）对于婚生子女的父权的产生。这又是一个独立的家庭关系，在此之中，绝对没有包含任何对于配偶相互关系本身的新规定。

（2）通过刑法规定而对抗侵犯婚姻道德尊严的行为。

---

⑦ 在 Columella, de re rust. Lib. 12 praef. §7.8 中对于早期家庭生活的美妙叙述就属于此类："事实上在家庭内部，伴随着和谐与勤勉氛围的，是最大限度的相互尊重……在家庭内部见不到任何不和，丈夫与妻子并非独自主张着自身的权利，而是被看做是一个相互依存的共同体"（Erat enim summa reverentia cum concordia et diligentia mixta… Nihil conspiciebatur in domo dividuum, nihil quod aut maritus aut foemina proprium esse juris sui diceret, sed in commune conspicabatur ab utroque）在这个他所描绘的美好的早期时代，较之晚期时代，归顺夫权（in manum convertio），即丈夫的严格权力，出现得更为常见，在晚期时代，它一直较为少见。【归顺夫权，指的是女性在结婚后丧失自己的权利或与她家庭的宗亲关系，而受到夫权的支配。——译者注】

（3）财产法中的多种规定，例如：嫁资（dos）*、婚姻赠与（donatio propter nuptias）**，等等。这些制度中的大多数以及最为重要的制度并非婚姻本身的直接和必然的结果，而是意志行为的结果，但这种意志行为只有通过婚姻的存在才可能产生。

父权在以下方式中表现了它对于财产的影响。家子不能为自己取得财产，因此也不能拥有此财产；与之相反，他能够为家父取得财产，实际上这种取得可以从家子的行为中必然推导出来。此种通过家子的取得行为而对于家父的可能并且必然的代理（Repräsentation）被认为是家父和家子的人格同一（Personeneinheit）。但此种人格同一通过（一定意义上被错误称呼的）特有产而以许多方式受到限制。——如果人们比较父权的多方面影响以及在上文中被作为家庭基础的自然关系，以下结论就会被得出。"培育"这个需求当然在父权中得到了满足，但此满足却并非是通过父权的法层面，而是通过其在法律上并不明确的权力，此种权力由家父对于家子享有，并不需要考虑家子的年龄。但所有其他的内容，也就是在上文中所说明的对于财产的纯粹法律影响，与培育并没有关联。在此，以下观点正确地显现出来，即根据此观点，家子承受了家父的人格，并使得此人格超越家父的生命而得以延续，以便将此人格转移给自己的家子并且使之得到进一步延续。在通过家子的取得而进行的对于家父的代理中，以及在自

---

* 所谓嫁资，指的是妻子、她的家父或第三人为维持婚姻生活的目的而转让给丈夫的财产。——译者注

** 所谓婚姻赠与，指的是在配偶双方之间进行的赠与，起初，这种赠与是无效的，但优士丁尼承认了这种赠与的合法性。——译者注

家继承人（Suus）*取得家父的遗产这种独特的方式中，此观点清晰地表现出来。此观点还表现在家子的无财产能力上（Vermögensunfähigkeit），此无能力的根据无疑在于以下观点，即对于家子而言，自己的财产是可有可无的，因为其家父的财产事实上（faktisch）同时也是他的财产。⑧此外，通过此种无能力，可以清晰地说明，为何没有必要特别保护在处于父权之下的家子未成年时所享有的财产；但此评论在这里是有必要的，因为在此评论中存在一个出发点，根据此出发点产生了作为人为替代的监护（Tutel）（§55）。

最后，在上述三种家庭关系中，亲属是最为不确定的，因为它表现为不同的亲等，并且最后不为人所知地丧失了。它甚至常常不被承认为是一个特别的家庭关系，因为家庭关系的特征常常被认为在于相互的法请求（gegenseitige Rechtsansprüche），而亲属之间则并没有相互请求的权利，这一点很少例外。但根据我们在上文中描述的观点，这种状况并不会使我们不把亲属作为一种特别的家庭关系来对待。因为在亲属之中，其存在的法律条件被细致地确定下来。它同样对于其他法律关系产生影响。这种影响首先在婚姻中表现出来，在一些种类的亲属中，婚姻的可能性被

---

* 自家继承人（suus heres 或者 heredes sui），指的是罗马法中第一顺位的继承人，主要指死者的子女，包括养子以及死者死亡后 10 个月内出生的子女，无论他们对于继承知情与否，也无论他们是否愿意接受继承，他们都当然成为继承人并取得遗产。因此，他们又被称为当然继承人（heredes necessarii），后者还包括在遗嘱中被解放并被设立为继承人的奴隶。——译者注

⑧ 我之所以说家父的财产事实上同时也是家子的财产，这是因为，在家庭生活的自然状况中，家子共同分享财产的利益。此外，可能存在家父的一种很少受到限制的法律权力，即通过此权力，可以否认家子的当前的上述财产利益，也可以剥夺家子的将来的财产利益。因此，这种关系非常类似于嫁资中的法律关系，嫁资在法律上属于丈夫，但在事实上属于妻子；只是在嫁资的情形中，存在更多发展此种关系以及通过特定规则予以表现的诱因。

排除。此外，这种影响在财产中也表现出来，并且是通过两种方式。最为重要的影响是它对于继承法的影响，仅由于这个原因，亲属关系的最为细致的界定就必不可少了。第二个不那么重要的影响表现在给付生活费之债（Obligation auf Alimente）中，但这种债只在一些种类的亲属中得以产生；在此之中，存在唯一的相互法请求，这种法请求在同时生存的亲属之间产生。

根据这里所描述的观点，所有家庭关系，如果被视为自然—道德关系，都完全是个人之间的关系，因为此关系存在于两个个人之间的相互关联中；但如果被视为法律关系，则此关系是一个个人同所有其他人之间的关系，因为根据家庭关系的本质，它只存在于普遍承认这种请求之中。例如，家父凭借父权首先只享有要求所有否认其父权存在的他人承认其父权存在的法请求，这种请求针对家子本人与针对所有第三人是完全一样的。但此外，此法律关系一旦被承认，它就能够被作为许多其他请求（例如，所有权、继承等）的基础。此整体观点可以在罗马法的诉讼形式中发现值得注意的证明。在这里，此诉讼是预备审（praejudicium）*，此预备审不以判决程式（condemnatio）**作为结果，而只是就关系的存在而对于请求进行审查。⑨这种诉讼具有此名称是因为它被用于为将来的其他诉讼做准备。最后，所有这种诉讼都是对物的（in rem），也就是它并非如同由债所产生的诉讼那样绝对针对一个特定的义务人。⑩

---

* 预备审，又被称为预备诉讼（actio praejudicialis），它审查主诉讼是否具备其所要求的条件，从而为主诉讼做准备，如果在预备审中，主诉讼所要求的条件已经被核实，这时就可以提起主诉讼。——译者注

** 判决程式是程式诉讼（processo per formulas）的组成之一，即根据当事人提出的事实是否真实，审判员就当事人承担责任与否做出决定。——译者注

⑨ Gajus, Ⅳ, §44, 94. Vgl. L. 1 §16 L. 3 §3. 4 *de agnosc.* (25. 3.). L. 1 §4 *de lib. Exhibendis* (43. 30.).

⑩ §13 *J. de act.* (4. 6.).

第五十五节　家庭法（续）

迄今，家庭是在其自然范围内被观察。但根据这种自然的家庭制度的原型（Typus），通过实在法，可以模仿出其他制度，这些制度就是家庭法的人为扩展。这些人为的家庭关系与自然的家庭关系的不同之处在于，前者不像后者那样取决于一个自然－道德基础，因此前者的存在并没有植根于一个普遍的必然性。因此，根据罗马法术语，这些关系不属于自然法（jus naturale）。

在罗马法中，这种人为扩展的家庭法包括以下制度。

（1）夫权（manus）。* 夫权取决于婚姻以及父权这两种自然家庭的主要分支的人为结合。由此，妻子处于丈夫的女儿这种法律关联之中，在此之中包含了对于婚姻的外在补充以及主要涉及财产的对于婚姻的变更。——但这种夫权的观点当然只有效适用于罗马法的较晚期，在此时期中，婚姻是否附有此种特别的补充是一个通过意志来决定的问题。在罗马法的最早期，有夫权婚姻是婚姻的唯一可能形式。

（2）奴役权（Servitus）。** 在罗马法中，奴隶与其主人之间的关系具有两种完全不同的法律关联，即所有权（dominium）和主人支配权（potestas），但这两种关联在现实中始终是统一的。根据其中一种关联，奴役权是纯粹的、真正的所有权，在此之中，奴隶同所有其他物完全相同，他可以被让与，不仅可以让与对于他的完全所有权，还可以在他之上设立用益权（Ususfru

---

* 夫权，指的是家父对于其妻子或者其家子的妻子所享有的支配权。——译者注
** 奴役权，指的是主人对于奴隶所享有的权力。——译者注

第一章 法律关系的本质和种类

ctus)、使用权（Usus）*或者担保权（Pfandrecht）；最后，针对所有侵犯此种权利的人，权利人还会享有与针对其他所有权的侵犯人的诉讼相同的诉讼，这种诉讼首先是所有物返还之诉（Vindication）。——根据另外一种关联，奴役权是家庭的一个组成部分，它模仿了父权并与其非常类似。这种相提并论通过家父最初对于家子也享有的所有权以及通过 potestas（支配权）这个共同的名称而得到了证实，最后还通过以下各点而得到证实，即奴隶同家子一样无财产能力，奴隶可以通过他的取得行为而进行对于主人的可能且必然的代理，并且奴隶也可以拥有特有产。如果我们的感受由于家子和奴隶的相同地位而受到了伤害，那么我们不应忘记，在确立此制度的最早时期，奴隶是主人的劳作者（Ackerknecht），因此是主人劳动的帮助者，并更有可能也是主人餐桌上的共食者（Tischgenosse）。在后期，这种生活方式被完全改变，奴隶成为奢侈的对象，同时最为过分地成为商业买卖的对象，这时，奴隶和家子的相提并论无疑丧失了所有的意义和适当性。但一般而言，在罗马的状况中，其中一个最为重要的病因在于，人们没有足够早和细致地想到根据已被完全改变的需要去变更奴隶与解放自由人（Freigelassenen）的关系。——最后，在第二种关联中，还包括解放奴隶（Manumission）**，即主人有能力

---

* 用益权和使用权都是罗马法中的对他人物的权利（iura in re aliena），它们都是使用他人所有的物的权利，但后者只能使用物品，而不能取得和处分被使用的物所产生的孳息，而前者则可以取得和处分被使用的物所产生的孳息。但上述不同在优士丁尼法中已经被淡化。——译者注

** 市民籍指的是罗马城市民的资格。——译者注

给予奴隶以自由，以及甚至根据规则给予其以市民籍（Civität）*；最终还包括自由权诉讼（liberale judicium）**或者要求返还奴隶之诉（vindicatio in servitutem）***以及要求恢复自由之诉（vindicatio in libertatem）****，这些给予了主人支配权以保护，此保护与通常对于所有权（dominium）的这种所有物返还之诉保护相同。——与所有这些有所不同的是权利能力，奴隶几乎完全缺乏权利能力。这一点也适用于以下奴隶，即对于这些奴隶，现在偶然地不存在所有权和主人支配权，他们是无主奴隶（servis sine domino）。尽管奴隶的整个法律制度只是为了主人的权力而被引入和发展，但人们确实从中构造了奴隶身份（Sklavenstandes）这个普遍的概念，奴隶身份是一个独立的身份，即使在偶然无主的奴隶这

---

* 解放奴隶，指的是主人使自己的奴隶获得自由地位的行为，此时，被解放的奴隶就成为解放自由人（libertas），其合法形式包括诉请解放（manumissio vindicta）、登记解放（manumissio censu）和遗嘱解放（manumissio testamento），后来还发展出许多裁判官法解放方式。——译者注

** 自由权诉讼，指的是为审查某人是否具有自由人身份而提起的诉讼。如果一人声称另一人不是自由人而是自己的奴隶，他就可以针对后者提起要求返还奴隶之诉，并对此承担举证责任；如果某奴隶声称自己是自由人，则由一个自由人充当释奴人，针对该奴隶的主人提起要求恢复自由之诉。——译者注

*** 要求返还奴隶之诉，指的是主人为确认其对某一奴隶的权力而在自由权诉讼中提起的主张。——译者注

**** 要求恢复自由之诉，指的是释奴人（adsertor libertatis）为实行诉请解放（manumissio vindicta）而在自由权诉讼中提起的主张。诉请解放是解放奴隶的方式之一，其程序是，释奴人在执法官面前宣布某个奴隶是自由的，同时主人不提出异议，之后执法官认可释奴人的声明。——译者注

个情形中，这个身份也是存在并且有效的。①

（3）庇主权（Patronatus）。*解放（Freilassung）使奴隶成为自由人，并根据情况给予此奴隶在自由人中较高或较低的身份。但此外，在庇主（Patron）和解放自由人之间存在一种个人关系，这种关系本身也再次带有一个家庭关系的性质，如同奴隶关系也带有这种性质一样，上述关系就是通过转变而产生于奴隶关系。庇主权对于财产法具有非常大的影响，它以多种方式或者同继承，或者同债联系起来。与它联系在一起的还有刑法制度，刑法制度明确保护庇主相对于解放自由人所享有的较高地位。

---

* 庇主权，指的是解放奴隶人对于被他所解放的奴隶所享有的权力，后者对于前者仍然负有一些义务，例如服从义务、劳作义务和一些财产性义务等，前者就被称为庇主（Patron）。——译者注

① 这包括以下情形：（1）刑罚奴隶（servus poenae）【指因犯罪而被判处死刑或者苦役刑的奴隶。——译者注】，这些奴隶不属于国家所有。L. 17 *pr. de poenis* (48. 19.)，L. 3 *pr. de his q. pro non scr.* (34. 8.)，L. 12 *de j. fisci* (49. 14.)，L. 25 §3 *de adqu. hered.* (29. 2.)。——（2）被敌方俘获的罗马人；因为敌方是没有权利的，因此他们就不可能享有主人支配权和所有权。——（3）以下这种解放自由人，即在被解放之前，其他人已经获得了对于他的用益权（Niessbrauch）。Ulpian Ⅰ §19. (L. 1 *C. comm. de manumiss.* 7. 15.)——（4）被主人遗弃的奴隶。L. 38 §1 *de nox. act.* (9. 4.)，L. 36 *de stip. serv.* (45. 3.)，L. 8 *pro derelicto* (41. 7.)。以下情形是一个完全特殊和实在性的情形，即根据 Claudius 皇帝发布的一项告示，如果一个生病的奴隶被无情地遗弃，那么他应被赋予拉丁籍（Latinität）。L. 2 *qui sine manum.* (40. 8.)，L. un. §3 *C. de lat. libert.* (7. 6.)。除此之外，规则仍保留未变。——刑罚奴隶的身份比国家奴隶（servus fisci）【又被称为公奴隶（servus publicus），指在国家的厂矿工作的丧失自由人身份的人。——译者注】的身份更为低下；因此，被判刑罚的人由于减免刑罚（Begnadigung）而成为国家奴隶，而被判罚开矿的妇女的子女也是国家奴隶。L. 24 §5. 6. *de fideic. lib.* (40. 5.)。但在另一方面，无主奴隶并不能成为解放自由人（Libertinität）；因此，如果他们（通过被判罚者的复原［Restitution des Verurteilten］或者被俘获者的复境［Postliminium des Gefangenen］）而重获自由，那么他们就再次成为生来自由人（Ingenui）。Paulus Ⅳ. 8. §24.【复原，指的是重新取得未被判罚前的身份；复境，指的是罗马市民在被敌方俘虏之后，如果他重新回到了罗马，那么他就恢复自由权并重新取得他之前的所有权利；生来自由人，相对于解放自由人，指的是自出生时就享有自由人身份的人。——译者注】

（4）受役状态（Mancipii causa）。* 在最早期，家父对于家子的支配事实上与所有权并无不同，因此，家父就可以将家子转让，对等同于女儿的妻子享有夫权（in manu）的丈夫也同样可以如此。但是，较之真正的奴隶与主人之间的关系，被转让的自由人与新主人（Herrn）之间的关系应当有所不同并且更为缓和一些。这就是受役状态，它是自由人和奴隶之间的一种中间状态，此外，在这种受役状态中，庇主权也可以通过解放而产生，此种庇主权类似于真正奴隶情形中产生的庇主权。只是在无财产能力方面和在为主人而取得方面，受役人才与奴隶相同。——在正式出卖家子这种行为早已不常见——此种行为甚至应受到处罚——之后，受役状态这种法律关系仅作为父权消解情形中的法律形式而仍然得到了广泛的应用。

（5）监护（Tutela）和保佐（Curatio）。** 无疑，这种法律制度的核心是对未成年人的监护（Tutel），它必然被视为在父权偶然不存在时的一种父权之替代。只是，它在何种意义上是这种替代，这一点需要被探求。它无疑在以下范围内不是这种替代，即在父权中存在一种人格同一（Personeneinheit），而此种人格同一在监护中肯定不存在。人们更容易想到的是培育关系，但是这种培育关系也处于监护的范围之外，并且只能极其偶然地与监护联

---

* 受役状态，指自由人因为特定的原因而沦入的一种准奴隶地位，但是，与奴隶不同，受役人仍然保留着自由人的身份和市民籍，主人对受役人不能随意欺辱。这种情形经常发生在家子因侵害他人而被家父出卖或者交出以及债务人以身抵债时，该人因此而处于第三人的权力之下。——译者注

** 监护，指对无行为能力人或者限制行为能力人所实行的扶助，表现为监护人对受监护人的事务经管（negotiorum gestio）或给予监护人准可（auctoritatis interpositio）。保佐，指对限制行为能力人所实行的扶助，它与监护之间的主要区别在于，它的功能主要是财产管理，保佐人负责对被保佐人的财产进行管理，并审查和批准对此种财产的处置，被保佐人实际上处于一种被禁治产状态。——译者注

第一章 法律关系的本质和种类

系在一起。真正的关联是这样的。如果财产的持有人（Inhaber）是未成年人，那么他就不能处置他的财产，也就是说，他没有行为能力。大多数未成年人处于父权之下，上述困难对于这些未成年人而言并不存在，因为归他所有的一切财产都并入到家父的财产之中，他本人因此不能拥有财产（§54）。换而言之，他的无行为能力因为他的无权利能力而根本没有损害。如果未成年人偶然地没有家父，他本人因此能够拥有财产，那么情形就完全不同。在此，存在的权利能力和缺少的行为能力之间的错误关系就产生出来，这就需要一个人为的实在法救济。最初形式之监护的唯一根据就在于此，因为仅在这种情形中才存在一种普遍的、重要的、经常的自然需求。监护的其他情形以及全部的保佐则取决于相似需求中的逐渐模仿；但是，所有这些情形都与上述主要情形存在以下共同点，即在主人支配权（potestas）或者夫权这种严格的法律之关系没有使得更为人为化的救济成为多余之时，这些情形才会出现。——这些关系的法律内容具有双重性。第一，它们首先替代了权利能力人所缺乏的行为能力。第二，它们在之后转变为监护人或保佐人与受监护人或受保佐人之间的债。

家庭法在古典法学家时期的人为扩展就被限制于上述五种家庭法制度。在优士丁尼时期，又增加了第六种家庭法制度，即农奴制度（Colonat），它在当时早已非常流行和重要。农奴制度的本质在于对特定田庄进行耕种这种世袭的、无法解除的债（obligatio）；这种制度很类似于奴役权制度，但却存在本质的差异。[②] 此种关系在法学阶梯的第一编中没有被提及，对这一点的阐明不能依据内在根据，而只能依据以下事实，即优士丁尼时代较少精

[②] Savigny, über den Römischen Colonat, Zeitschrift für geschichtl. Rechtsw., B. 6, Num. Ⅳ.

神主动性。人们满足于对古典时代的书籍进行某些修改，而不主动描述当前生机勃勃的法，由此，人们很少例外地仍然受到上述书籍之对象范围的影响。

另外，人为的家庭关系在最为重要的方面与自然的家庭关系（§54）具有类似的特性；这些法律关系也能对抗任何拒绝承认它们的人，并且，它们也通过预备审（praejudicia）而受到保护。③

我使用了自然的和人为的家庭关系这两个名称，以便借此准确区分属于自然法（juris naturalis）的家庭法部分和不属于自然法的家庭法部分。但是，为了防止任何误解，有必要表明，对于我所称呼的人为制度，罗马人赋予了一个非常不同的性质。在夫权和受役状态中，以下这一点不会被认识错误，即它们完全是罗马法所特有的，因此属于市民法；对于庇主权，人们也可以这样认为。与之相反，只要监护涉及未成年人，它就被认为属于万民法④；奴隶制度也同样如此，它事实上同样出现于罗马民族和所有其他民族之中。⑤ 在奴隶制度方面，法观点的发展非常值得注意，这种发展随着基督教而出现。没有任何古代哲学认为无奴隶的国家可能存在。与之相反，在所有欧洲的基督教国家中，奴隶制度被认为是不可能的；在欧洲之外的基督教国家中，为奴隶制度的延续或者废除而斗争是未来时代最为重要的任务之一。

另外两种法理论与迄今所述的家庭关系存在密切的联系：财产取得中的代理理论，以及不同层次的权利能力理论。

财产取得中的代理（§113）与主人支配权（potestas）、夫权和受役状态联系在一起，因此与上文所述的三种——准确地

---

③ §13 J. de act. (4.6.).
④ Gajus I. §189.
⑤ L. 1 §1 de his qui sui (1.6.), §1 J. eod. (1.8.).

说，是四种——家庭关系联系在一起。但是，并非所有的家庭关系都具有这种重要的影响；尤其是，它在此种婚姻（der Ehe als solcher）、亲属、庇主权和监护这些关系中并不存在。因此，家庭法远远超出了此理论，不能与此理论混为一谈。

权利能力（它在§66以后被详细描述）的依据是生物人的三个种类，这三个种类与人格减等（capitis deminutio）的三个层次联系在一起。自由人（liberi）和奴隶（servi）、自权人（sui juris）和他权人（alieni juris）* 这两个区分完全是基于上文所述的一些家庭关系；与之相反，第三个区分（市民［cives］、拉丁人［latini］和异邦人［peregrini］）** 则完全处于家庭法甚至一般意义上的私法的范围之外；另一方面，较多的家庭关系——此种婚姻（der Ehe als solcher）、亲属、庇主权和监护——对于权利能力根本没有任何影响。因此，权利能力理论也绝对不能和家庭法相提并论，两者毋宁具有完全不同的范围。

最后，还要提及属于家庭法之制度的历史发展。在优士丁尼时代，夫权和受役状态已经完全消失。在罗马法转入现代欧洲时，奴隶制度和庇主权也进一步消失。罗马法中的农奴制度在现代欧洲也同样不再被永久承认，因为此制度被与此制度非常类似的日耳曼农奴制度（Leibeigenschaft）完全取代。因此，在意大利和法国，前者被后者排挤出去，而在大部分德意志地区，前者从未与罗马法一起被采纳。这样，所有上述制度在当代法中仍然

---

* 自权人，是在罗马的家庭中享有自主权的人，他不受父权、父权和主人支配权的支配，因而一般是家父和脱离父权的人；他权人，与自权人相对，是从属于他人权力的人。——译者注

** 市民，是具有罗马市民籍的人；拉丁人，是居住在罗马城以外的其他拉齐奥（Lazio）地区的人，他们介于市民和异邦人之间，具有有限的权利能力；异邦人，是上述两种人之外的其他人，不能享有罗马市民所特有的权利。——译者注

得到保留的只有以下四个制度：婚姻、父权、亲属和监护。

相反，自中世纪以来，一些法律制度在日耳曼法的基础上新产生出来，在这些法律制度中，如同在之前罗马法的家庭关系中一样，道德要素必须被承认为特别具有影响，如果要正确地把握这些法律制度的性质，那么它们必须在家庭法和国家法中至少被部分采纳。这些法律制度包括所有的采邑关系（Lehenverhältniss）、极其多样化的地主－农民关系（gutsherrlich-bäuerlichen Verhältnisse），尤其也包括上文已提及的日耳曼农奴制度。因此，我们必须避免试图为所有的时代和民族确定家庭法的范围，我们毋宁必须承认任何实在法对之进行自由发展的可能性。——这种持续的法发展以特别值得注意的方式表现于最为流行的当今状况关系之一——也即仆佣关系法（Dienstbotenrecht）——之中。从罗马法的立场出发，这种仆佣关系只能被理解为是一个契约（operae locatae［劳作使用契约］），这种受到限制的处理方式对于罗马人而言是足够的，由于数量极多的奴隶，自由的仆佣这种需求几乎完全感觉不到。在我们这里，情形则完全不同，我们不拥有奴隶，因此仆佣关系就成为一种极其重要和普遍的需求。现在，如同处理其他劳动契约那样的受到限制的处理方式对我们而言是不够的，因此，在普鲁士邦法中，仆佣关系法完全正确地没有被列入契约，而是被列入人法。[⑥]

[⑥] A. L. R. II. 5.

第五十六节　财产法

上文（§53）已经规定了财产法的两个对象：物和行为。财产法的两个主要部分——物法（Sachenrecht）和债法（Obligationenrecht）——就是建立在这一基础之上的。物权以占有和对物的事实支配作为内容。作为权利，物权的简单和完整的形式是所有权，或者是某人对物的不受限制的、排他的支配。为了澄清所有权的本质，我们必须从以下一般考察出发。任何生物人都负有对不自由的自然进行支配的使命；但是，他必须同样承认任何其他人也负有相同的使命，在个人存在空间联系的情形中，根据这种相互承认就产生出了平衡的需求，此需求首先表现为一种不确定的需求，只有在特定的界限中才能获得满足。这种满足要借助于国家共同体通过实在法而实现。如果我们授予国家在其界限之内对不自由的自然进行总体支配（Gesammtherrschaft），那么个人就表现为这种共同权力的分享者，此时的任务就在于找到以下特定的规则，即这种共同权力根据此规则而在个人之间被分配。对于此种分配而言，存在三种方式，而这三种方式绝对不能被认为是相互排斥的，毋宁说，它们能够在一定程度上被同时应用。我们可以以下列形式描述这三种方法：

（1）共同财产和共同使用。这种关系存在于所有的国家财产情形中，这种国家财产可以是来源于税收、王室特权（Regalien）或者领地（Domänen）的收入，由这些收入所维持的公共机构事实上可以被任何个人（尽管通常是在不同的程度上）所使用和享用。

（2）共同财产和私人使用。这种（最为罕见）的分配方式存在于罗马最早期的公田（ager publicus）*之中；它也同样存在于当代的社团（Corporationen）和被我们称为"市民财产"（Bürgervermögen）的情形之中。

（3）私人财产和私人使用，这取决于在实在法中被承认的自由行为或自然事件。这种形式普遍占据优势地位，它是我们在私法中相关的唯一形式。在此存在所有权这个概念，对这个概念的完全承认可能会导致没有任何限制的富裕和贫穷。

存在于所有权之外的个人对不自由自然的支配是不可想象的；但是，在所有权内部，也许可以想象存在多种多样的有限支配，由此，根据任何实在法的规定，一些具体的他物权（jura in re）就可以作为特殊的法律制度而被构造出来。我们将所有可能的物上权利（Rechte an Sachen）——所有权和他物权——都归纳于一个共同的名称之下：物权（dinglichen Rechte）。①

债权的内容是对他人行为的局部支配。我们在整体上概括称之为"交易"（Verkehr）的那些事物就是以债权作为条件，并由债权所构成的。但是，并不是所有的行为都适合成为债权的对象，而只有下列行为才适合，即这些行为因为其物质性质，可以被视为来自于人并且与物相类似。

如果我们对这些进行总结，那么在此就显示出始终贯穿于财产法与家庭法之间的对立。在财产法的两个部分之中，其素材并不像家庭情形中的那样存在于自然－道德关系中；因此，它们并不具有混合的性质，毋宁是纯粹的、单纯的法律关系；它们不属

---

* 公田，指归罗马国家所有、但国家却允许市民临时占据和使用的土地，包括罗马城以外的用于放牧或耕作的土地和被罗马人征服的民族的土地。——译者注

① 为了防止误解，这个术语在这里仅仅是在一般意义上被陈述。对这个术语更为精确的界定以及对各种他物权的说明都留待物权的特别理论中进行。

于自然法（jus naturale），较之家庭法制度中的情形，对于它们的承认似乎更少必然性，更多任意性和实在性。在另一方面，以下疑问在这里根本不会产生，即财产法的真正法律成分存在于何处。因为，财产法之中应当包含了个人自由的扩展（§53），因此，恰恰是财产法给予我们的这种权力和支配赋予了作为法律制度的财产法以内容。

对于这里所确立的主张，即财产法并不像家庭法那样包含了道德要素，人们可以提出以下反对，即道德法则应当支配任何种类的人类行为，因此，即使是财产关系也必然具有道德基础。如果富人仅仅将其财富视为委托给他管理的财产，那么财产法当然具有此种道德基础，只是对于法秩序（Rechtsordnung）而言，此种观点完全是格格不入的。因此，区别在于，法的法则（Rechtsgesetzen）仅仅是不完全地支配了家庭关系，这样家庭关系的更大部分仍然排他地处于道德影响之下。与之相反，在财产关系之中，法的法则的支配得到了完全的贯彻，更确切地说，不考虑法的行使的道德性或不道德性。由此，富人可以通过拒绝提供救助，或者通过债权（Schuldrechts）的严苛行使，从而放任穷人自生自灭；如果相反，救助发生了，那么这种救助也并非产生于私法基础，而是产生于公法基础。这种救助存在于穷人慈善机构（Armenanstalten）之中，富人当然可能被迫对此做出贡献，尽管此种贡献也许不能被直接觉察到。尽管如此，以下观点仍然是真实的，即不对作为私法制度的财产法附加任何道德成分；并且，通过这种观点，既不会否定道德法则的绝对支配，也不会使私法的性质晦暗不明（参见§52）。

乍一看来，财产法的上述两部分相互之间的关系似乎已经仅通过它们的对象而被不可变更地确定下来，从而它们必然始终都以相同的方式而出现。但是，更为精确的考察在此表明，对于不同民族的实在法上多种多样的规定而言，毋宁说其中存在很大的自由空间。更确切地说，在物法和债法之间的界分之中，或者在这两个法部分在其中被思考的相互关联之中，我们发现了这种多样性。——就两者的界分而言，当然存在一些最为极端的情形，在此情形中，债法或物法的特殊性质是完全清晰无疑的；因此，一边是严格的所有权和不受限制的返还请求权（Vindication），另一边是仆佣契约和委任（Mandat）。但是在两者之间，存在一种自然的趋近，甚至存在逐渐的转化，在此之中，大多数最为重要的债的目的在于，通过他人行为而取得物权，或者至少取得对此种权利的行使和享益。[②] 在这方面，所有权的清晰形象构成了罗马法的典型特征，这种形象一方面表现于返还请求权的绝对效力之中[③]，另一方面表现于通过他物权（jura in re）对所有权进行限制的非常有限的可能性之中。[④] 所有一切都取决于以下这一点，即是否物本身——不依赖于他人行为——已经是我们权利的对象，或者我们的权利是否仅直接指向作为我们支配之对象的他人行为，这种行为的目标可能是取得物上权利或取得对物的享益。对人之诉或对物之诉（in rem oder in personam actio）的存在

[②] 也即所有的 dandi obligationes（设立或移转物权之债，给之债）。——许多现代著作者所使用的术语就是以此作为基础的，他们认为，债可以被区分为针对特定人的对人权（jura pers. in specie）和向物权（jura ad rem）。Daries Inst. jurispr. priv. §31.——《普鲁士一般邦法》Th. 1. Tit. 2 §123. 124 也同样将对人权（das persönliche Recht）作为属概念，而将向物权（das Recht zur Sache）作为种概念。

[③] 与此相反，法国法通常不承认动产上的返还请求权，而仅仅是在特殊种类的占有丧失情形中例外地予以承认。同样，普鲁士法也给予了所有种类的物的善意购买人（dem redlichen Käufer）以下权利，即要求所有权人赔偿购买价金。

[④] 罗马法只在特定的具体情形中才承认他物权是可能的。与之相反，普鲁士法认为所有对他人之物的用益权（Nutzungsrecht）都是物权，只要此权利具备占有，其原因和目的则不会造成任何区别。

第一章 法律关系的本质和种类

可以作为此种界分的较为可靠的标志⑤；虽然在大多数情形中，这两种诉之间的区分与相对人特定或不特定之间的区分是一致的，但是并非普遍如此。⑥——财产法这两个部分相互之间的关联也可能很容易会被上述摇摆不定的界限所遮蔽。罗马法严格坚持这两个部分之间的区分，并且认为每个部分本身在其界限之内都是完全独立的。因此，所有权被认为是对物的独立支配，而不考虑可能作为其中介和准备的债；债被认为是对他人行为的独立支配，而不考虑可能是此行为之目标的物权。但是，对于此种完全适合于上述权利性质的处理方式，可能存在两方面的偏离：或者仅仅看到债，这样，物权就仅仅表现为债的结果或发展⑦；或者相反，仅仅将物权作为法规定的真正对象，这样，债就仅仅被

374

---

⑤ 这并不是意味着，这两个诉讼种类之间的界分与物法和债法之间的界分是完全一致的，因为也有一些非常重要的对物之诉不属于物法。但是，所有产生于物权的诉讼都是对物之诉，所有产生于债的诉讼都是对人之诉。对这一点更为精确的阐述由之后的章节完成。

⑥ 人们常常认为，对物之诉的本质与对人之诉的本质相反，对物之诉的本质在于可以对抗任何第三人和占有人，而对人之诉则并非如此。但是，胁迫之诉（a. quod metus causa）作为特定事实之诉（in rem scripta）可以对抗任何第三人，但是它仍然同样是对人之诉。【胁迫之诉，是由受胁迫人提起的诉讼，此诉讼可以针对胁迫人提起，也可以针对任何因此胁迫行为而获得好处的善意或非善意第三人提起，要求其返还原物。特定事实之诉，是一种特殊的对人之诉，它所针对的责任人是不特定的，在此诉讼中，原告仅列举特定的非法事实，而无须列举行为人，可要求执法官对所有与此非法事实有关的人进行判罚。——译者注】——但是，这种情形确实始终仅仅是罕见的例外，如果我们在总体上理解这个对象，那么我们可能就有理由认为，物权之所以区别于债，就是因为物权具有对抗所有人——不仅仅是对抗特定的个人——这种普遍的效力。根据这种总体上是正确的观点，可以得出以下结果：物权的效力应针对不特定的相对人，也即应在最大范围内发生效力，因此，较之债，物权具有更为强制确定的性质，也即物权包含了更多的绝对法或者公法（jus publicum）在（§16）。

⑦ 这种观点可见于 Domat, lois civiles.。他将全部法区分为 Engagemens（生者之间的权利 [Recht unter Lebenden]）和 Successions（继承法 [Erbrecht]）。Engagemens 是债，在此之外，物权仅仅是偶然地作为其结果或者强化而出现。

285

认为是物权的取得手段。⑧ 这两种处理方式中的任何一种都已经在本质上被认为是矫揉造作的和片面的，阻碍了对法律关系真正性质的理解；它们都没有考虑到，它们完全并且根本不适合于许多法律关系，以至于在对其基本思想进行逻辑一致的贯彻时，这些法律关系必须要被完全忽略。⑨

在具体应用中，只要这里所描述的关系涉及作为其承载者（Träger）的特定人，我们就可以将这些关系的整体理解为财产。这个重要的法概念还可以通过以下更为详细的规定而得到发展。首先，这些权利与特定人之间的关联是偶然的和可变的，这样，任何财产都只有在给定时间点这个前提之下才具有特定的范围，并且在任何不同的时间点，财产都可能具有完全不同的内容。第二，在对个人财产进行一般性考察时，我们可以不考虑作为此财产具体组成部分的具体权利的特性，通过这种抽象化，对于我们的考察而言，财产就转变为具有同质性的纯粹数量。此外，这种对财产的抽象处理使得以下情形不仅可能而且必要，即债的消极方面——债务人的关系——也被纳入同一财产之中，此种债务人的关系并不像迄今所考察的财产那样设立了一种被扩展的自由，而是设立了一种被减损的自由。如果我们以这种方式将债务也视为财产的组成部分，那么我们就必须承认，任何财产的整体或者

---

⑧ 《法国民法典》即持有此种观点，它共分三编：（1）人；（2）物和所有权的各种变更；（3）所有权的取得方式，共分为三种取得方式：（a）Successions，即法定继承（Intestaterbfolge）；（b）生前赠与（donatio inter vivos）和遗嘱（Testament）；（c）债的效力（Art. 711）——但是，这种对所有权的偏重在此仅仅是表面上的，因为第二编内容很少，与之相反，第三编则包含了整个私法的最大部分，对所有权占优势地位的考虑在此仅仅表现在标题之中。——普鲁士邦法同样也仅仅将债务性的契约和遗嘱视为所有权的取得名义（Titel）（Th. Ⅰ. Tit. 11. 12. 13.）。

⑨ 例如，在 Domat 那里，如果要逻辑一致，则先占（Occupation）和所谓的加工（Specification）就没有任何位置；普鲁士邦法和《法国民法典》将委任（Mandat）处理为所有权的取得手段，尽管委任根据其一般性质也同样可指向其他目的。

表现为正数，或者表现为负数，或者表现为完全的中和（eine völlige Indifferenz）或零。

如果没有这种对财产的纯粹数量化处理方式，那么法的运用（Handhabung des Rechts）就只有在非常不完全的方式中才是有可能的，这种处理方式通过价值（Werth）这个概念而得以实现，或者说通过将不同的财产权简化为共同的第三者从而将这些财产权等同化。价值这个概念又再次外在表现为金钱（Geld），并通过金钱而被引入现实生活中，以至于对法学术语而言，价值和金钱价值（Geldwerth）是相同含义的表述，事实上，它们也常常被互换运用。⑩ 因此，个人财产就通过以下方式转化为纯粹的数量，即此财产的所有组成部分都被消融于特定数目金钱的所有权之中，这些组成部分包括：金钱之外的其他物的所有权；所有他物权（jura in re）；对物的单纯使用，当然要特别考虑到其期限；最后还有债，也即债权（Forderungen）和债务，无论它们指向的是否是取得物权和对物的单纯享益（dare［设定或移转物权之给付，给］；fare［其他行为之给付，做］）。* 由此，才有可能将纯粹的 faciendi obligatio（给付其他行为之债，做之债）回溯为真

---

* 罗马法学家认为，债法上的义务内容一般应是 dare（设定或移转物权之给付，给）、facere（其他行为之给付，做）或 praestare（设定担保之给付，担保）。——译者注

⑩ 在早期罗马法的程序之中，实践上将所有权利——甚至是极为不同的权利——都化约为金钱价值，这一点特别清晰地表现出来。Gajus Ⅳ. §48.——Hegel, Naturrecht, §63. 对价值和金钱这两个概念的界定总体上是正确的，只是在以下这一点上是片面的，即他仅仅承认了所有权价值或出售价值（Eigenthums-oder Verkaufswerth），但却既不承认使用价值（Gebrauchswerth），也不承认不可转让之所有权这个前提下的物的价值（Sachwerth）；他当然更不会承认行为的价值（Werth der Handlungen），尤其是劳动的价值，他根本没有在上述篇章中提及这一点。但是，因为这种不必要的限制，这一概念就丧失了其最大部分的可适用性。

正的所有权⑪,这样,个人的财产就可以始终被理解为特定数目金钱的所有权,或者是无法偿付的金钱债务,或者是完全的无(völliges Nichts)。但是,从现在起,在本节开头所作出的评论——即并非所有的行为都同样适于成为债的对象——同时就具有了更为确定的含义:也就是说,以下行为不适合成为债的对象,即这些行为完全不能转化为特定数目的金钱;至少,其只能非真正的、以不完全的方式被视为债。

在个人财产这个概念之中,我们赋予它的统一性建立在持有者这个人的基础之上。但是,基于特定的目的,这个一度被独立发展出来的概念也可以被转用到某个不同的、人为设定的范围之上,在此,这种统一性是一种任意性设定的统一性。这种情形出现于特有产(Peculium)和嫁资(Dos)之中,它们当然基于某种目的而被视为自身被限定的财产(eigen begränztes Vermögen)。⑫人们常常将这两种情形中的任何一种称为"法律集合物"(Universitas juris)。*毫无疑问,Universitas(集合物)这一名称适合于上述情形,因为这个名称在各个地方都指代任何相

---

  * 法律集合物,与"事实集合物"(Universitas facti)相对。前者也被单独称为"集合物",指的是有体物和无体物的一种统一体,是一种特殊的财产,包括嫁资、遗产、特有产等;后者也被称为"聚合物",是多个相互分离的同质物的聚合,如一群羊、集中许多书籍的一个图书馆等。——译者注

  ⑪ 与此种单纯的可能性联系在一起的实践结果在此仍然完全不明确。在债法之中,才可以对以下问题做出探讨,即此种转化是否始终取决于债务人的选择,或者是否只有当债的最初对象不再可能时,它才作为一种补救方式而生效。

  ⑫ 除了这两种情形之外,还可以增加一种更为重要的情形,即遗产;但是,下一节中才会对此进行阐述。

对于整体之组成部分而言的整体。⑬ 但是，这两个表述的组合在罗马法用语中并未出现。但更为重要也更应受到指责的是，人们被这一新创造的术语所诱导，赋予上述这些情形以共同的性质，并对之适用一些任意设定的法规则。但是，毋宁说，上述这些情形中的任何一种情形都具有完全特有的性质，并应特别为每一种情形确定其性质和有效适用于它的法规则。⑭

---

⑬ 无论是人的整体（例如，市民地方行政团体［Bürgergemeine]）、物的整体（牧群、图书馆），还是权利的整体（特有产、嫁资），这个术语都可以没有任何区别地被应用于其上。此外，在物的集合物（Universitas von Sachen）这个情形中，组成部分是在形体上相互连接（与房梁、砖石相对的房屋），还是并非如此（牧群），都没有任何区别；形体上的相互连接是自然形成的（与具体组成部分相对的动植物），还是通过人类意愿所形成的（房屋），也都没有任何区别。

⑭ 对这一问题的细致和令人信服的研究，Hasse, über Universitas juris und rerum, Archiv, B. 5, N. 1.。

第五十七节　财产法（续）

上文（§53）已经指出，在现实中，家庭关系和财产关系相互之间存在多方面的联系，此种联系在其中任何一种关系中都产生了特别的发展。因此，在家庭法中，奴隶制的产生仅仅是因为在家庭共同体中采纳了通常的所有权情形；也即，主人支配权（potestas）是所有权（dominium）的结果，并且分享了所有权的全部命运，这一点特别表现于无条件转让和继承奴隶的可能性之中。庇主权和受役状态又再次根据奴隶制而产生出来；监护的目的和意义仅仅在于财产。农奴制（Colonat）则完全附着于一种债的关系，此种债的关系构成了农奴制的内容，并分享了其命运，例如，农奴制移转于主人的继承人时。

同样，家庭对财产也起着类似的反作用。首要的也是最为直接的反作用在于，特别的财产制度附着于具体的家庭关系之上；也即，一些物权和债在其形态和进程中只有在特定家庭关系这个前提之下才是有可能的。我们将所有这些的总体称为"实用家庭权"（das angewandte Familienrecht），而主要赋予家庭以真正的法律特征的，正是这种实用家庭权（§54）。

但是除此之外，财产法在其自身界限内也易于接受和需要一种更广泛的发展，这种发展被我们称为"继承法"（Erbrechts）；现在就应对继承法的含义做出描述。

我们最初将财产视为个人权力之扩展，因此将它视为个人在其自治人格中的一个属性（Attribut）。此时人格具有一种暂时的性质，因此，任何个人的财产在此个人死亡时就丧失了法律意义，也即重新沦为乌有。但是，所有的法一般而言只有在国家中作为此国家的实在法才能取得其现实性和完善性，因此，所有权也只有通过以下方式才能取得现实的存在，即首先将所有权与国家联系起来，借助于在国家的实在法中所形成的规则，将所有权与国家中的特殊法参与者（Rechtsgenossen）联系起来，将其作为所有权人（§56）。我们刚才提到了一种情形，即财产由于其持有人的死亡就不再作为此持有人的属性而存在，如果我们将这种理解应用于这个情形之中，那么财产就不再会重新沦为乌有，因为由于国家的永恒性，财产与其上述较为遥远的基础之间的关联始终持续存在。关于个人对不自由自然的支配的法构成形式，上文已经指出了可能的不同方式，同样，这种因死亡而成为无主物的财产也能够以不同的方式而被处理，以便使此财产能够被不间断地持续作为整个法有机体的组成部分。

为达成此目的，第一种可能的处理方式是使财产作为私人财产而继续存在，即通过某种拟制认为死者能够超越其死亡而继续发生作用。这又可以通过两种方式而实现：一种方式是，在死者死亡之后，死者在世时所表达出来的意志仍可以确定财产的命运（遗嘱和继承契约）；另一种方式是，在死者在世时以某种方式与死者亲近的人继续支配财产（法定继承），在此具有影响的主要是以下思想，即通过血亲实现个体的延续（§53）。

第二种可能的处理方式是，将迄今的私人财产在其持有人死亡后转化为国家财产。这种处理方式在东方国家中并不罕见。但是在基督教欧洲中，这种处理方式也很常见，尽管是以更为受到限制的方式；也即，只要是引进了遗产税（Erbschaftssteuern）的地方，情形就是如此，遗产税的真正本质是在国家和其他继承人之间分配遗产。

在这里，与我们任务相关的仅仅是第一种可能的处理方式，其原因不仅是此种处理方式在罗马法中得到了承认，而且是只有此种处理方式才属于私法，而私法才是我们的唯一研究对象。在这种处理方式中，首先产生了以下重要的问题，即无主财产（des erledigten Vermögens）应以何种法律形式移转给新的私人持有者。在这方面被认识到的差异性并不取决于对之进行选择的不同原则，毋宁取决于对这个问题的某种程度上细致的理解和解决方案。可以想象，一个立法仅满足于以下规定，即通过这些规定，只要财产的具体组成部分具有某种价值，这些组成部分就可以实际移转给无主财产的应然取得人；据此，直接的实践目的勉强得到了照应。但是，如果人们考察这里所呈现出来的法律关系的真正本质和需求，那么财产就必须作为一个整体而被处理，而此种整体的根据应在财产与已死亡的持有者之间的共同联系中被寻找；这种处理方式必然会进一步使以下观点得以贯彻，即此种观点认为，财产应作为纯粹的数量，而不考虑此财产具体组成部分的不同特性（§56）。在技术性术语中，这一点可以被如此表述：所有的继承（Erbfolge）都应被处理为概括继承（Successio per universitatem），在此之外，对财产具体部分的特殊继承只是以一种次要的方式并且作为有限的例外才能够出现。① 在罗马法中，这种观点以非常清晰确定的方式得到了承认和实施，更确切地说，远在这种法律制度的科学构成成为可能之前，这种观点仅仅通过真正的实践行为而得到了承认和实施，这一点是罗马法史中最为值得注意的现象之一。②

---

① 我在这里仅仅是暂时使用这些表述；对此更为精确的确立和对继承的总体确立，将在之后的章节中进行。

② 我绝不是主张，罗马人很早就以一种抽象的方式来理解和确定这种关系。但是，存在一种纯粹实践的动因促使人们对这一问题做出探讨，此中必然能够表明人们是否认识到了这个问题的真正意义；这就是遗产中的债权和债务。《十二表法》关于此事项所确定的东西是如此得影响深远和令人满意，以至于法学在其最高发展阶段之时，都未能对之做出改进。因此，整个概括继承在那时已经被完全确定下来。Vergl. L. 6 *C. fam. herc.* (3.36.). L. 25 §9.13 *eod.* (10.2.). L. 7 *C. de her. act.* (4.16.). L. 26 *C. de pactis* (2.3.).

据此，对整个继承权可以得出两方面的考察；其中任何一个方面都是同样真实和重要的。首先，继承权表现为一种取得方式，取得所有属于财产的具体权利，表现为概括取得（adquisitio per universitatem）。③ 其次，继承权的对象表现为独立存在的特别权利，表现为集合物（universitas）④，与此相联系的就尤其是在此所出现的法救济（Rechtsverfolgung）的独特方式。这两种理解在以下观点之中得到了统一，即根据这种观点，继承人和死者一起构成了一个人，因此继承人延续或代表了死者。通过这种观点，最初的关系就被完全颠倒过来。在最初，生物人必须被认为是实体（Substanz），财产必须被认为是偶然属性（Accidens），因为财产通过扩展仅仅是变更了生物人的自由，相反，从现在开始，对我们而言，财产就表现为某种永久的、本质的东西，与之相比，个人持有者就仅仅是暂时性的、变换不定的支配者。

在此，始终只有财产被排他性地作为继承权的对象，此中存在着以下观点，即家庭关系不属于继承权的对象。因此，所有权和债可以被继承，婚姻、父权和亲属则不能被继承。但是，家庭法中的一些人为制度——这些制度完全与一项属于财产的权利联系起来——必然也分享了此权利的命运（§55）。因此，奴隶就如同任何其他的所有权组成（Eigenthumsstück）一样可以被继承；农奴（Colonen）以及与其密不可分的田庄（Bauergute）也同样如此。

在此种继承权的确立之中，存在着法有机体（Rechtsorganismus）的完成，这种法有机体的延伸范围由此就超越了个人的

---

③ 在Gajus那里，因此也在优士丁尼法学阶梯那里，整个继承法只有从这种观察角度出发才能与法律制度体系相适应。这种理解的片面性，除了其他方面之外，也表现于以下事实之中，继承被描述为所有权的取得根据，因为在这一方面，继承权恰好同样属于所有权和债。

④ 由此，遗产就被现代人称为一种"法律集合物"（universitas juris），而许多涉及实质的、并非不重要的错误与此种不真实的表述联系在一起。

生存界限。如果我们将继承权与我们先前所认识的那些财产权进行比较，那么继承权就并非从属于那些财产权，而是与那些财产权并列。从现在所取得的更高立场出发，我们就必须承认，在总体的财产法中存在着两个主要部分：同时性的财产法和继承性的财产法（das gleichzeitige und das successive Vermögensrecht）。同时性的财产法包含了以下条件，即任何个人都能够在此条件之下于某既定的时间点为自己设立财产（物法和债法）。在此，虽然随着时间改变也会发生变换（Wechsel），但是这种变换是偶然的，无涉于财产的本质。与之相反，在继承性的财产法之中，由于任何个人的生命终点都是预先注定的，这种变换必然要发生，甚至这种变换本身就是整个法律关系的基础和真正内容。

第五十八节　法律制度概览

这里所寻求的法律制度的安排是以法律制度的最为内在的本质作为根据的，也即是以法律制度与人类自身本质——法律制度内在于此种人类自身本质之中——之间的有机联系作为根据的。相反，法律制度的所有其他特性与之相比都必然表现为是从属性的，并且不适合于成为整个法体系的基础。属于这些其他特性的尤其是以下这些关联。首先是法律关系的客体（Object），或者是通过法律关系而特别服从于我们意志的事物。[①] 这一关联只在以下前提之下才具有现实性，即支配被作为法律关系的基本特征，在此情形中，人们当然首先要探求，哪些事物应被我们所支配。因此，这一关联适用于财产法（§56）的下位区分，但一般而言并不适用于最高区分，因为此关联不适合于家庭法（§54）。——其次是与权利人（Berechtigten）相对的人的特性，其区分依据是我们的权利是针对所有的人，还是只针对特定的个人。从这个立场出发，法律制度似乎可以被这样安排。

（1）针对所有的人：物法和继承法。

（2）针对特定的个人：家庭关系和债。

据此产生了家庭与债的表面上的相似性，许多人由此出现了错误。此种相似性的不真实之处在于，两个个人之间占据主导地位的事物在这两种情形中是完全不同的。因为，在债之中，它是一个人对另一个人意志的局部服从；在家庭之中，它是一种自然－道德的——除此之外还包括法的——生活关系（Lebensverhältniß），此

[①] 以下著作正确地确定了权利客体（Rechtsobjects）这个概念，Puchta, Rhein. Museum, B. 3, S. 298.。

种关系应通过上述两者的联系而被持续产生出来，在此，此种服从根本不是法律关系的内容，其内容毋宁存在于要求承认此种家庭联系（Familienbandes）之存在这种一般性的、针对所有人的请求之中（§54）。因此，这并非真正的相似，而仅仅是外在的和偶然的相似，人们由此在这种情形中出现了错误。②

直到这里为止，具体的法律制度应被安排入以下秩序（Ordnung）之中，在此，仅仅是对当代罗马法而言不再具有任何意义的法律制度此时应当被省略：

婚姻 ⎫
父权 ⎪
亲属 ⎬ 纯粹家庭法（Reines Familienrecht）
监护 ⎭

物法，或者所有权和他物权（Jura in re）

债

实用家庭法（Angewandtes Familenrecht）

继承法

但是，应当提出以下疑问，即按照此种安排对法律制度进行描述，是否是可能的和合理的，也即，这些制度的概念呈现于我们眼前的自然顺序是否同时也是合理的理论顺序。尤其是以下反对观点似乎特别重要。虽然将实用家庭法与纯粹家庭法相分离，并且将前者作为整个财产法的独立部分而论述，这种做法在本质上是可能的，但是，如果将家庭本身与其对于财产的影响直接联

---

② 这一点仅仅是由于误解才能够被做出以下理解，即较之债，家庭在此被认为是个人之间的更为松散的联合（Band）。恰恰相反，家庭在其最为深层的本质之中涉及整个人类；而债仅仅涉及债务人之外在的、被认为是分离于此债务人的行为（§56）。因此，在家庭之中，这种联合无疑并非是更为松散的联合，而可能是一种不同的联合；支配和不自由是债的本质，对于家庭在其中具有真正本质的领域而言，此种支配和不自由太过于实质化了。

296

系起来，那么家庭关系的生机勃勃的直观（Anschauung）就必然能够被取得。如果应当如此，那么就绝对有必要将整个家庭法置于财产法之后，因为，只有对物法和债的关联性描述在之前被进行，家庭对于财产的影响才能够被理解。最后，如果不以对家庭的前置性精确描述作为基础，那么继承法就必然完全无法被理解。根据此种考察，可以得出法律制度的以下这种安排，我将这种最为简单和最为合理的安排作为我描述的基础：

物法

债

家庭法（纯粹家庭法和实用家庭法）

继承法

根据对我们法体系内容的这种说明，人们可能会期待，马上就要着手进行对物法的描述。但相反，我们现在还仍然处于具有并非微不足道之范围的总论部分之中。其他一些著作者已经确立了此种总论部分，此种总论并非罕见地被用于安放以下法律制度，即这些法律制度在体系本身之中似乎并未发现合适的位置。在另一方面，这种处理方式再次遭受了多种指责，被认为是一种不得已而为之的做法（Nothhülfe）。但是，以下疑问应当被提出，是否无法为此种处理方式寻找到具有内在必然性的根据，然后据此同时得出总论的正确范围。

如果我们试图在具体法律制度部分的生机勃勃的相互联系中完整地描述这些法律制度，那么我们在此就必然会涉及其本质的一些方面，这些方面同样表现于任何其他制度之中，尽管可能存在一些变更。属于这些方面的，首先是法律主体的性质，尤其是法律主体之权利能力的性质；此外还有法律关系的产生和消灭；最后还包括对抗侵害行为（Verletzung）的权利保护，以及由此产生出来的对权利本身的变更。事实上，以下这种法律制度是不存在的，即在这种法律制度中，对上述这些问题的探讨是不必要和不重要的。我们可以在任何制度中再次完全和重新论述这些部分，但是此种重复对于著作者和读者而言都是难以忍受的。我们可以在首先出现的法律制度（根据我们的安排就是所有权）中完全和完整地论述这些部分，在之后出现的法律制度中指示参照这些论述；但是，这种处理方式马上就会表现为是任意的和不合比例的（unverhältnißmäßig）。但在此还存在更为重要的考虑，即这些法律制度部分的真正共同点恰恰可以通过将这些共同点安排在一起而得到更为细致的认识。因此，以下做法在所有方面都是妥当的，即提取出这些实际上的共同点，并将这些共同点置放于特别法律制度的体系之前，以便能够在任何特别法律制度之中，将适用于这些特别法律制度的修正与上述共同基础连接起来。

此种总论部分的设置当然可能会对于正确的理解造成不利，其原因在于，事实上仅仅适用于具体关联的事物通过这种方式很容易被描述为具有普遍性的事物。例如，在总论部分论述了利息或者连带债务（Correalschuld），而这两者事实上仅仅适用于债。较之整个法律制度的这种不正确的位置安排，更为常见的是，一些特别概念或法规定被不适当地进行了普遍性处理，因为这种情形并不明显，它甚至更容易导致错误观点的产生。因此，在这里应非常谨慎，由此，特别之物（Besondere）不会因为其错误的位置而取得了普遍性（Allgemeinheit）的骗人外观，否则真正的普遍和特殊之间的正确界限就会被逾越。对于我们的科学而言，错误观点的最重要来源之一一直存在于无根据的抽象化努力之中；此种努力通过总论部分的任意和不加批判的设置而特别得到了提升。这种危险不应被认识错误，并且反对总论部分的过分膨胀这种告诫也不应被忽视，但真理相反也会通过以下事实而遭受危险，即一个概念或法规定没有在其实际享有的普遍性之中被理解。因此，在这里如同在其他任何地方一样，懂得遵守正确分寸的这种机智老练（Takt）是防止各种相互对立之错误的唯一途径。

如果人们始终根据传授的独特性而注意到传授的不同目标和形式，那么关于这一点，也许一直就会产生更少的疑问和争议。在关于法学阶梯的讲授之中，尽快进入特殊之物的研究中，由此受众首先对法律制度的具体直观有所把握，这种做法无疑是适当的。在关于学说汇纂的讲授之中，应允许传授更多的普遍之物，此时不会存在以下危险，即对于受众而言，这些普遍之物仍然是未成形的和不具有清晰形象的。但是，著作者还可以走得更远一些，因为这些著作者无疑能够信赖很多的阅读者，在此种传授之中，这些阅读者只会看到对他们已经享有的具体认识的新的安排和整理，或者看到对这些认识的批判性审查和校正。

第五十九节　关于分类的不同观点

其他人如何思考法律制度的内在关联，并据此安排其对法律制度的描述，就此存在多种方式，逐一地对于这些方式进行讨论，这并非是我的意图。许多有助于对这些方式做出判断的事物已经被包含于对我自己计划的描述之中。但是，一个更为一般性的误解在此还应被提及。如果对于我们而言，对法律关系之本质——这些法律关系如何影响到实际生活——的完整理解应当产生出来，那么仅仅认识到这些法律关系的内容以及当前赋予这些法律关系的效力，这是不够的，我们还必须同时清晰认识到法律关系的特有生命过程，因此，除了法律关系性质的静态层面之外还有其动态层面。属于此的是法律关系的产生和消灭，其发展以及向新形态的可能转变（变形［Metamorphose］），尤其还包括法律关系受侵害情形中的对法律关系的救济（Verfolgung）。人们有时将法律关系有机生命中的具体时点（einzelnen Momente）理解为特别的新权利，将此种权利与原初的法律关系并列起来，并寻求此种权利在所有权利之体系中应占据的位置。① 这样一种处理方式只会导致概念之间的混淆。

尽管在这里，对于法律关系体系安排之各种具体尝试的审查在总体上被放弃，但我们在优士丁尼法学阶梯中所发现的这种安排方式在此应被例外地进行审查。因为数世纪以来，这种安排方式被许多学者和著作者所遵从（至少在意图和名称上是如此），以至于此种安排方式具有了很大的权威这种历史重要性，并有必

---

① 在以下人类权利的论述中就是如此：意思表示的权利、缔结婚姻或债务契约的权利、取得所有权的权利、提起诉讼的权利、要求回复原状（Restitution）的权利等。

要证成——至少要阐明——我所偏爱的安排方式与此种安排方式之间的不同。② 在最近之前被我们认为是优士丁尼安排方式的这种安排方式，现在被我们更为准确地称为 Gajus 的安排方式，这种安排方式被优士丁尼完全保留下来，只要其变更并没有通过法本身中的变更而必然被导致。我们对 Gajus 安排方式的审查必须在两个观察角度上进行：此种安排的产生和流行，以及内在的价值。

如果涉及第一个观察角度（历史的观察角度），那么人们就并非罕见地承认或默不作声地假定，人、物和诉讼（persona，res，actio）之间的区分作为法规则的三个对象之间的区分③，是古老的和普遍的罗马法区分，因为这种区分被所有或大多数罗马法学家之体系所实际遵循。④ 事实上，这样的经典三分法在罗马法之中确实是存在的，根据在各个地方不断再现的始终相同形式的术语，此种三分法古老且被稳固确立之存在是无可置疑的。属于此的包括：暴力、欺瞒和临时让与（vi，clam，precario）这样一种区分，主人支配权、父权和受役状态（potestas，manus，

---

② Hugo 在以下这些著作中特别偏爱此种安排方式，并对之进行了细致地论述：Civ. Magazin, B. 4, Num. Ⅰ. und Ⅸ. (1812). B. 5, Num. ⅩⅤ. (1825). B. 6, Num. ⅩⅤ. (1832). Encyclopädie, 8te Ausg. S. 60—65 (1835).——现代著作者中除了他之外特别值得注意的是，Düroi, Archiv für civilist. Praxis, B. 6, S. 432-440. 。

③ 这种区分很明显，因为 Gajus Ⅰ. §8 这个篇章认为："我们所使用的一切法，或者涉及人，或者涉及物，或者涉及诉讼。"（Omne jus quo utimur vel ad personas pertinet, vel ad res, vel ad actiones.）他在 §1 这样认为："因而罗马人民一方面使用它自己的法，一方面使用一切人所共有的法。"（Populus itaque Romanus partim suo proprio, partim communi omnium hominum jure utitur.）因此，人、物和诉讼在 Gajus 那里是法规则的对象，而非权利（Befugnisse）的对象，或者（根据众所周知的术语）说，它在 Gajus 那里是客观法的区分，而非主观权利的区分。

④ 对于具有法学阶梯这个名称的罗马法学家著作，Hugo 先前主张此种普遍性，但在后来，他认为这种普遍性是有疑问的。Civ. Magazin, B. 5, S. 403. 404. B. 6, S. 286. 287. 337.

mancipium) 这三种依附方式，三种人格减等（capitis deminutiones），市民、拉丁人和异邦人（cives, latini, peregrini）这三种身份。这样一种三分法的深层次根源存在于法观点本身之中，并且它反过来会影响到理论的处理方式，这一点毋庸置疑。如果在人、物和诉讼这种区分之中，类似的一种古老和流行的存在也是可以想象的，那么它在其与罗马法内容之关联中的重要性就毋庸置疑了；只是，以下疑问应被提出，即这样一种存在是否是可以想象的和真实的。但是，对于这个假设，我们未能发现一丁点历史根据，毋宁说，这个假设是极其不足为信的，其原因在于，Gajus 本人曾根据另外一个不同的计划写作了一部类似的著作（res quotidianae），并且在 Florentinus 的法学阶梯之中，人们本来会根据相同的著作名称而期待它会采取与 Gajus 的法学阶梯相同的安排方式，但是它却遵循了另外一种安排方式。⑤ 因此，我们没有任何根据认为上述区分是普遍流行的，毋宁说，同样有可能的是，上述区分仅仅取决于 Gajus 的偶然性个人观点，他在当时认为这种安排是好的，由此，上述区分就完全丧失了人们所试图强加给它的历史重要性。⑥

对于上述区分，还需要根据第二个观察角度——也即，根据其内在价值——进行审查。但是，首先有必要对此区分的真正含义进行精确界定，现代著作者对此所持的观点超乎人们想象地极

---

⑤ Göschen in der Zeitschrift für geschichtliche Rechtswissenschaft, B. 1, S. 74 - 76.

⑥ Hugo, civil. Magaz., B. 5, S. 417. B. 6, S. 284. 还采取了使上述区分重新具有深层次历史根据的不同途径。也即，上述区分根本不是产生于法学，而是取决于普遍的生活观点（Lebensansicht），早期法学家仅仅是挪用了此种生活观点，他们是在某个非法学家的著作者那里发现了此种生活观点。如果这个观点不仅仅是单纯的假设，那么它作为一个论据就更像是反对而非支持罗马法学家那里的普遍使用。因为，一种形式极其偶然地外在于法而产生出来，对这种形式的使用就可以被认为是某个著作者的突发奇想，但是，这种突发奇想应能获得普遍的承认，这一点并不可信。

其不同。

首先，第一部分"关于人"（de personis）的内容是什么？许多人一直认为，这一部分包含了"身份"（status）——也即，（如同他们对这个表述所作出的理解那样）作为法律主体的人的最为重要的状况（Zuständen）或性质（Eigenschaften）——理论，因此，这一部分总体而言包含了法律主体理论。人们又进一步区分了自然（natürliche）状况和市民（civile）状况，在前者之中，人们列举了年龄、健康状况等，在后者之中，人们主要列举了权利能力的条件，包括自由权（Freiheit）、市民籍（Civität）和自主权（Unabhängigkeit），这些也被特别称为"主要身份"（status principales）。但是，研究表明，这种意义上的"身份"很多并没有出现于优士丁尼和Gajus的法学阶梯的第一编之中，因此，人们必须用以下假设来安慰自己，即人们就此已经改进了优士丁尼的不完整的描述，但是，关于上述第一编的这种观察角度的全部观点由此就非常有疑问了。在Hugo的观点中，逻辑则更为一致，概念也得到了更为清晰地界定，根据此观点，第一部分（de personis［关于人］）的内容仅仅是权利能力理论，或者是与三种人格减等对应的三种性质（Eigenschaften）之理论。[7] 但是，此种观点与Gajus和优士丁尼法学阶梯第一编之实际内容的观点存在矛盾。因为，第三分编（divisio）所包含的监护理论与

---

[7] Civil. Magazin, B. 4, S. 20. 21. 235 - 237.——其他人试图进行调和，他们认为，人法的内容是身份理论和家庭关系理论；因此，在他们看来，人法的内容是双重的，它们并未通过共同的概念而联结在一起，这种观点本身就已经非常可疑了。Mühlenbruch, I, §78就持有此种观点。——Düroi, Archiv, B. 6, S. 437认为，身份或者状况（conditio）描述了某些没有共同内在特征的区分；对一种未经思考的任意进行采纳，这使得罗马法学家的声望非常糟糕。除此之外，他还认为，市民、拉丁人和异邦人这种区分就属于此种情形，而此种形式的这种区分根本没有出现于Gajus和优士丁尼的法学阶梯的第一编之中。

权利能力根本没有任何关系，监护理论既没有涉及权利能力的瑕疵，也没有涉及对此种瑕疵的弥补。⑧ 另一方面，关于权利能力的三种主要区分之一——也即，市民、拉丁人和异邦人这种区分——在上述第一编中并不存在。⑨ 因此，较之其根据 Hugo 的观点所必然要包含的内容，法学阶梯的第一编所包含的内容要多得多和少得多，这样，在我看来，这种观点本身由此就被完全驳倒。——但是，如果我们细致考察法学阶梯第一编事实上所包含的内容，那么它几乎全部就是我在上文中称之为"家庭法"的那些内容。也就是说，它事实上涉及婚姻、父权、夫权、奴隶制、庇主权（也即，根据解放自由人的不同种类而享有的对解放自由人的权力）、受役状态和监护。⑩ 与之相反，市民、拉丁人和异邦人这种区分并没有出现，即使这种区分对于权利能力而言非常重要；因为，这种区分本身属于公法，尽管此区分对于私法的影响显而易见。只是，被我描述为家庭的一个分支的亲属在上述第一编中没有出现；但是，这个差异无疑太微不足道，以至于它不能

---

⑧ 监护仅仅是对缺乏行为能力的弥补。Hugo 本人也承认这一点，Rechtsgeschichte, S. 120, der 11ten Ausg. 。

⑨ 关于这个重要的要点，人们通常因为以下情况而搞错了，即 Gajus 有时出于其他法律制度之动因而提及了人的这种区分；尤其是在以下情形中：通婚权（connubium）（Ⅰ§56）、市民籍审查（causae probatio）（Ⅰ§66 fg.）、军人遗嘱（Soldatentestament）（Ⅱ§110），最为详细的论述是在三种解放自由人情形之中，因此是在庇主权情形之中，在所有这三种解放自由人之中，不同的权利都与庇主权联系在一起（Ⅰ§12 fg.）。最后一种情形很容易被视为是对所提及之区分的有意描述，但是，在所有这些情形中，所存在的都仅仅是上述一般区分的完全具体的应用。如果人们认为，这些应用在 Gajus 的时代是最为重要的应用，那么这种观点就是明显错误的。因为，行省中数百万生来自由的异邦人（freigeborner Peregrinen）无疑比归降人（dediticii）更为重要，同时，还存在很大数量生来自由的拉丁人，因为就我们所知，Vespasian 皇帝授予给所有西班牙人的拉丁籍（Plinius hist. nat. Ⅲ. 4.）直到 Caracalla 皇帝授予普遍的市民籍时才消失。

⑩ 优士丁尼删除了这些法律制度中已经不被使用的法律制度，对此无疑没有任何反对的理由；优士丁尼并没有做出任何增加。

使主要观察角度的完全相同存在疑问；甚至任何严格主义者（Rigoristen）也必然会听任在对罗马家庭法的描述中省略掉亲属，由此，家庭法的内容和法学阶梯第一编的内容就取得了完全一致。[11] Gajus 在上述法律制度的内在安排中作出了不同的处理，并且他没有使用家庭法这个概念作为名称，对此，本来就不存在任何术语可供他使用，这些都不能被认为是对我所持观点的反驳。但是，我在这里所出现的表述之中发现了一些暗示。也就是说，人的 status（身份）和 conditio（状况）并不具有状况（Zustand）或性质（Eigenschaft）所具有的全部不确定含义，它们完全特别地指代个人在不同的家庭关系中所具有的地位（Stellung）——作为配偶、家父、监护人等（§54 注5）。我认为，jus personarum（人法）的含义也完全相同，因为它与上述两个表述被互换使用。因此，jus personarum 并非如同 jus publicum（公法）和 jus privatum（私法）那样指代法理论的一个部分，而毋宁指代个人在属于家庭的法律关系之中的地位；或者，根据许多现代学者的术语，它所涉及的并非是客观法，而是主观权利（参见附录六）。

但是，第二部分和第三部分——"关于物"（de rebus）和"关于诉讼"（de actionibus）——的内容争议更大。[12] 在此，疑问

---

[11] 此外，如果现代著作者根据 Gajus 和优士丁尼所具有的不容争辩的优先地位，认为亲属在家庭制度中不具有自己的位置，那么这种做法是极其逻辑不一致的，因为他们赋予了宗亲家庭在人格减等理论中具有完全特别的重要性，下文将对这一点进行详细论述。

[12] 很多现代学者将这两个部分称为 Jus rerum（物法）和 Jus actionum（诉法），这是类比 Jus personarum（人法）。上述两个组合词在早期法学家那里不存在，这一点本身可被认为是偶然的和无关紧要的。但是，以下事实决定性地反对上述术语，即所提及的类比仅仅具有错误的外观，因为 Jus personarum 这个表述所指代的并非是体系的一个部分，而是人之间的特别法律关系，但是，类似的关系并没有被 res（物）或 actiones（诉讼）所涉及。

的原因在于，一些人认为，债这一分编作为诉的引言是第三部分的开始，因为诉讼产生于债；而其他一些人则认为，债这一分编是第二部分的结束，因为债作为无体物（res incorporales）属于 res（物）。⑬——人们经常特别有效利用 Theophilus 的证言来支持第一种观点⑭，Theophilus 事实上说明了这种关联。如果这种区分方式首先产生于优士丁尼法学阶梯之中，那么，Theophilus 作为优士丁尼法学阶梯的合作编撰者之一，来源于他的证言就会非常重要；但是，就我们现在所知，这种区分方式已经被 Gajus 所应用，优士丁尼只是保留了这种区分方式，因此，只要人们不愿毫无根据地认为，关于 Gajus 的将债列入第三部分（de actionibus）这种观点，Theophilus 在一个早期著作者那里发现了此观点的信息⑮，那么上述 Theophilus 的证言就很少具有历史重要性。但是，如果人们不认为 Theophilus 的证言是决定性的从而将之放弃，并试图仅仅根据内在基础而对争议问题做出决定，那么情形就是这样的。第一种观点的辩护者不得不这样规定三部分的对象：人、物和行为或要求（Forderungen）。⑯ 第三部分的真正内容是债法，actiones（诉讼）仅仅表现为债法的附带或补充；但是，这既不符合论述 actiones（诉讼）之巨大章节的内容和篇幅，也不符合 Gajus 本人的原初说明，在此说明中，actiones（诉讼）而非债被认为是第三部分的对象，事实上 Theophilus 也是如

---

⑬ 至少，对于罗马法的含义而言，第二种观点的这种形式比以下形式更为适当，即债经常为所有权的取得提供了动因，因此人们（如同法国民法典那样）将债与所有权联结在一起。

⑭ Hugo, civ. Magazin, B. 4, S. 17. B. 5, S. 399. 在上文（注2）所引用的那些篇章中，他总体上极其完整地论述了整个问题，并提供了非常有价值的文献参考。

⑮ Hugo, civ. Magazin, B. 5, S. 404. B. 6, S. 337. 但是，他承认，至少在涉及债与第三部分之间的联系之根据时，Theophilus 可能误解并歪曲了早期的信息，并且在撰写优士丁尼法学阶梯时，人们关于此事项的观点可能是摇摆不定的。

⑯ Hugo, civ. Magazin, B. 4, S. 49. B. 5, S. 417. Encyclopädie, S. 60. 61.

此理解的，他赋予债的位置仅仅是诉讼的一个预备。因此，我认为第二种观点更为可能，根据此观点，第二部分（de rebus）恰恰包含了我在上文中称为财产法的那些内容（物法和债法），而第三部分包含了权利救济（Verfolgung der Rechte）的共同理论。Gajus著作中的三编也能够与体系的这三个部分相符合；但是，第二部分的篇幅几乎相当于另外两个部分合起来的篇幅，因此他更愿意将整部著作分为四编，并将其中的两编作为第二部分。——另外，这里所提及的关于债的真正位置的争议对于总体上的法体系安排的重要性比人们通常所想的要小得多。因为，Gajus对全部财产法进行了一种不间断的连续论述，这一点没有争议；第三部分包含了权利救济以及程序法的许多内容，这一点同样没有争议。争议就被限缩于以下问题之上，即第二部分（de rebus）是否包括了全部财产法，由此债就构成了第二部分的最后一部分，或者，债是否作为引言部分从而被置于第三部分（de actionibus）前面。

如果我们对被如此界定之区分的内在价值进行审查，那么我们必然认为，根据其主要计划，此区分对于对象而言是适当的，但是在更为精确的实施方面，此区分就不能令人满意。此区分给予许多极为重要的法律制度一个过于次要的位置；例如婚姻，它仅仅作为父权的产生根据而出现，仿佛它本身并不享有为了它自己而要求承认这种极为正当的请求权；又如继承法，按照字面含义，它仅仅作为所有权的取得根据而被提及，但是无论在财产中存不存在所有权，它都完全以同样的方式得以应用。这种不自然的位置很大程度上是因为以下事实而产生，即整部著作过多地使用了"分区"（divisiones）这种逻辑形式，论述中的这种片面性也促使了其他一些非常矫揉造作的过渡的产生。⑰ 但是，此种形式上的不完善既不会妨碍著作的丰富性，也不会妨碍著作的清晰性，此著作无与伦比的价值肯定不会被我们的科学同仁们认识错误。只是，如果我们认识到了此著作的形式安排存在一些不完善之处，那么我们就没有理由对此种形式安排无条件地亦步亦趋；如果我们试图对历史流传下来的罗马法素材根据其特别需求进行描述，但此种描述的方式却不同于 Gajus 所采取的方式，那么这并不能被指责为自高自大和狂妄。无论如何，Gajus 体系的两个主要部分——家庭法和财产法——也再次在我们的描述中被作为主要部分，这样，不一致之处事实上仅仅涉及具体地方更为精确的划分。⑱

---

⑰ 例如，整部著作的第一部分由三个分区（divisiones）组成，因此第三个分区的内容是：所有人类或者处于或者不处于监护之中，因此我们现在就来论述监护。人们可以以类似的方式开始对买卖契约的描述：所有人类或者缔结或者不缔结买卖契约（或者是，所有法律行为或者是或者不是买卖契约），因此我们现在就来论述买卖契约。——以下离奇现象也同样可以由此而得到解释，即奴隶出现了两次，分别是第一分区和第二分区，这种处理方式并未通过一种不同的法律关联而得到证成。也即，第一次提及仅仅是表面上的，仅仅被用来作为向不同种类之解放自由人（也即，庇主关系）的过渡，或者换而言之：自由人（liberi）和奴隶（servi）这个区分（divisio）位于此处，仅仅是作为生来自由人（Ingenui）和解放自由人（Libertini）这个下位区分（subdivisio）的一个掩饰，这个篇章的目的仅仅在于后一个区分。如果人们想通过以下方式为两次提及奴隶进行辩护，即 Gajus 在一个篇章中论述的是主人支配权（potestas），而在另一个篇章中论述的是奴隶中的所有权（dominium in servos），那么这种做法就是不正确的。因为，情形显然不是如此，在第一次提及奴隶时，他论述的内容与奴隶本身根本没有关系。

⑱ Hugo 非常赞赏上述罗马法体系，他赋予这种体系的流行范围比我发现了历史根据从而予以承认的流行范围更大，但他本人也承认，根据一般的法观点，特别是我们当代法的需求，不同于法学阶梯之安排方式的其他一些安排方式可能更为合理，并且他在总体上涉及了我所采取的观察角度。Civ. Mag., B. 5, S. 397. B. 6, S. 284 - 287. 总体而言，我认为，我们在此事项上的观点之间的差异远不像乍看上去那样重要，这使我特别乐意做出以下补充，即这里所描述的安排方式是通过 Hugo, Institutionen, Berlin, 1789. 这部著作而被我所知晓，尽管我从那时起尽力以我的方式去发展和确立这种安排方式。

但是，我必须特别表明我对于以下过度价值的反对，即此过度价值经常被赋予到关于我们科学阐述的形式这个问题之上。我并非认为这个问题无关紧要；只是，我们必须不要搞错了在此真正本质性的东西。如果一种法的教义阐述是这样的，即法律制度的内在统一性被破坏，本质上不同的事物被联结在一起，以至于不同制度的要点相互之间的真正关系被扭曲和颠倒，那么这样一种形式瑕疵就是本质性的，因为它使素材本身晦暗不明，并且阻碍了真正的认识。但是，如果不存在上述情形，那么我们就能容忍某部著作的安排方式，即使我们相信我们已经注意到了此种安排方式的一些瑕疵。根据在一定范围内允许宽容这个原则，上文中已经阐明，Gajus 的价值根本不会因为我们对他进行的批评而有所降低；根据同样的原则，在我们今天，不同的法体系相互之间也可以和睦共存，尽管它们的安排方式乍看上去似乎非常不一致。因此，这里所要求的宽容不能被理解为对某种不完美的漠不关心，而应被理解为对个人观点之自由空间的一种尊敬的承认，所有科学的真正生命就取决于这一点。

在这里，还要提及一种出现于我们法律渊源之中的一般性观点，此种观点乍一看来也同样能够被视为分类的基础，但我对它只进行附带性的论述，因为它事实上被没有被现代著作者应用于上述目标。我指的是三个法律准则（Juris praecepta），Ulpian 在以下言辞中确立了这三个准则："法的准则是：诚实生活，不害他人，各得其所。"（Juris praecepta sunt haec: honeste vivere, neminem laedere, suum cuique tribuere）[19] Honeste vivere（诚实生活）是对本人道德尊严的维护，只要此种尊严是外在可见的。Neminem laedere（不害他人）是对此种他人之人格的尊重，因此

---

[19] L. 10 §1 *de just et jure* (1.1.), §3 *J. eod.* (1.1.).

是对所谓的原权（Urrechte）的实践承认。最后，Suum cuique（各得其所）是对他人之全部取得权（erworbenen Rechte）的承认。[20] 这些准则事实上是否如同人们根据 Ulpian 的表述所相信的那样是法规则？第二个和第三个准则看起来似乎是此种法规则，而第一个准则并非如此；但是事实上，在所有这三个准则中，都找不到法规则，毋宁只能找到作为法规则之基础的道德规范。对于第三个准则而言，马上就很明显的是，这是正义的道德命令，这种命令与取得权体系具有同样的内容和范围。[21] 在第二个准则中，也不会被弄错的是，许多最为重要的法规则就起源于这个准则。但是，即使是第一个准则——尽管在此准则之中，对这种关联的疑问似乎最多——也是法规则的产生根据，因此能够在 Ulpian 的意义上被称为一个法律准则。任何反对侵害善良风俗（Verletzung der boni mores）和反对秽行（turpe）的法制度都产生于这个准则。[22] 但是，这个准则同时还包含了一些内容很广的重要法规则，这些法规则的基础是真实和诚实所提出的要求，因此这个准则包含了恶意（Dolus）对于所有私法部分所具有的极

---

[20] 有人认为，第二个准则涉及人，而第三个准则涉及财产；但是，真正的界限并不在此。某人不侵害他人的婚姻或父权，这属于第三个准则（尽管没有涉及财产），而避免杀人属于第二个准则。——Burchardi, Grundzüge des Rechtssystems, §42 fg. 则以下方式解释这三个准则：第一个准则是公法，第二个准则是私法，第三个准则是混合性的诉法（das gemischte Actionenrecht）。参见上文§16 注 14。

[21] 据此可以阐明，为何正义（justitia）常常被绝对地解释为"给每个人属于他自己权利的意志"（voluntas jus suum cuique tribuendi），而没有提及前两个准则。L. 10 *pr. de J. et J.* (1.1.), L. 31 §1 *depos.* (16.3.), Cicero de invent. Ⅱ.53, de finibus V. 23, Auct. ad Herenn. Ⅲ.2.

[22] 这种法制度包括以下这种契约的无效，即这种契约间接或直接地促进了不道德之事；同样也包括因秽行的请求返还之诉（condictio ob turpem causam）。【因秽行的请求返还之诉，是优士丁尼法中解决不当得利问题的诉讼手段，如果给付是基于得利人的不道德行为而做出的（也包括为了使得得利人不作出违法行为而做出给付），那么给付人就可以通过这个诉讼而要求得利人返还已给付的财物。——译者注】

其多样化的影响。对于这些法规则，人们可以认为，它们同时属于第一个和第二个准则，因为在这两个准则中的任何一个准则中，都可以发现对这些法规则之特有的、独立于另一个准则的证成。因此，这三个准则并非法规则，但它们确立了法规则依据其产生根据而形成的一种分类；只是，无疑没有人会考虑根据这种安排方式来处理权利体系。如果人们试图根据这三个准则的内在本质确定它们的顺位，那么第一个准则就具有最高的顺位，因为它是最为内在的，并恰恰是因为这个原因而包含了其他两个准则的萌芽；第二个准则具有更多的外在性，而第三个准则还要多一些。因此，后两个准则能够独立于正当行为人的道德观念而被完全遵循。相反，如果人们考虑这三个准则对于法的重要性和成效，那么这种顺位关系就恰恰颠倒过来。第三个准则是最为富有成效的法规则渊源，第二个准则和第一个准则的成效依次减少；这非常自然，因为法根据其本质属于外在共同生活的领域。㉓

㉓ 本质上而言，Weber, natürliche Verbindlichkeit, §98. 已经对这三个准则持有相同的观点，即它们本身不是法规则，而是法规则的产生根据，只是，他并未将这一观点贯彻于具体的准则之中。

附　　录

附录一　自然法、万民法和市民法

（§22，注18）

在罗马法学家之中，法在涉及其一般产生时存在两种区分。一种区分是二元式的：只在罗马人中有效的法（市民法［civile］），或者在所有民族中都有效的法（万民法［gentium］或自然法［naturale］）。另一种区分是三元式的：只在罗马人中有效的法（市民法），或者在所有民族中都有效的法（万民法），或者同时在人类和动物中都有效的法（自然法）。

对于第一种区分而言，我不仅认为它是唯一正确的区分，而且我还主张，它在罗马人那里也应被视为通说观点，而另一种区分只能有效作为一种更广泛发展的尝试，这种区分既没有取得普遍的承认，也没有影响到具体的法理论。

上述二元区分最为彻底地贯穿于Gajus的许多篇章之中。在其著作的开始，他就明确地确立了此种区分，而没有第三个可能类型的任何蛛丝马迹。① 在他看来，万民法（Jus gentium）是较

---

① Gajus I. §1 (L. 9 *de J. et J.* 1.1.).

为古老的法，它如同人类本身一样古老。② 万民法根据内在于所有人类之中的自然理性（naturalis ratio）而产生。③ 因此，Gajus 在其他地方也将万民法称为自然法（jus naturale），例如，通过任意性的互换使用，他将所有权的自然取得有时归因于自然法④，有时归因于自然理性。⑤ 他将以下规定——即，房屋应归属于土地的所有权人——同时建立在市民法和自然法的基础之上。⑥ 他将宗亲关系（Agnationen）和血亲关系（Cognationen）分别称为市民法的权利（civilia jura）和自然法的权利（naturalis jura）。⑦ 因此，他很明显只采取了二元划分，对于他而言，自然法和万民法的含义完全相同。

Modestin 同样认为只有两种法：市民法和自然法。⑧ Paulus 也同样这样认为，他将奴隶之间的血亲关系（servilis cognatio）所具有的阻碍婚姻（Ehehindernisse）这种效力也归因于自然法。⑨ 在以下情形中——即在这些情形中，自然法毫无疑问地意味着万民法——Marcian、Florentinus、Licinius Rufinus 事实上也以同样的方式互换使用自然法和万民法。⑩

上述三元区分在 Ulpian 那里最为彻底⑪；除了他之外，还有

---

② L. 1 *pr. de adqu. rer. dom.* (41.1.).
③ Gajus Ⅰ. §1. 189. L. 1 *pr. de adqu. rer. dom.* (41.1.).
④ Gajus Ⅱ. §65. 73.
⑤ Gajus Ⅱ. §66. 69. 79.
⑥ L. 2 *de superfic.* (43.18.).
⑦ Gajus Ⅰ. §158.
⑧ L. 4 §2 *de grad.* (38.10.).
⑨ L. 11 *de J. et J.* (1.1.). L. 14 §2 *de ritu. nupt.* (23.2.).
⑩ L. 2. 3. 4. *de div. rer.* (1.8.). L. 59 *de obl. et ac*t. (44.7.). L. 32 *de R. J.* (50.17.). Cicero 在各处也只是将 natura（自然）和 lex（制定法）相互对立起来，并认为 natura 和万民法的含义是相同的。Cicero de off. Ⅲ. 15.
⑪ L. 1 §2. 3. 4. L. 4. L. 6 *pr. de J. et J.* (1.1.).

Tryphonin[12] 和 Hermogenian。[13] 这种区分的根据是以下观点。以下这样一个时代是存在的，即在此时代之中，人类在他们之中只承认人类和动物所共同享有的关系：性别关系以及繁衍（Fortpflanzung）和培育（Erziehung）关系。随之而来的是第二个时代，在这个时代中，国家被建立，奴隶制、私人所有权和债被引入，并且在所有人类中的方式都是相同的。最后，在每一个国家中，法都以独特的方式发展起来：或者是通过对上述一般制度的不同规定，或者是通过新增加的制度。

在这种区分中非常引人注目的——因此也常常受到严厉指责的——第一个内容就是动物所享有的法和法意识。[14] 但是，只要人们放弃这个被糟糕选择的术语，那么这个观点本身可能从这方面得到维护。任何法律关系都以某一个素材作为基础，法形式被应用于此素材之上，因此此素材也能够脱离开这种法形式而被考虑。在大多数法律关系中，此种实质就以下意义而言具有任意性，即在没有此种实质的情形下，人类的持续存在也能够被想象；在所有权和债中，情形就是如此。但在上文所述的性别关系以及繁衍和培育关系这两个关系中，情形并非如此，它们毋宁是

---

⑫ L. 64 *de cond. indeb.* (12.6.). 关于奴隶制的产生，它与 Ulpian 完全一致。不是很明确的是 L. 31 *pr. depos.* (16.3.)："如果我们只考虑自然法和万民法，"（Si tantum naturale et gentium jus intuemur）如果 naturale et gentium 也能够被理解为"自然法也即万民法"（naturale id est gentium），那么根据这种观点，对这两种法做出区分就并非适当。

⑬ L. 5 *de J. et J.* (1.1.). 虽然这里被引用的篇章仅仅使用了万民法这个名称，但是先前存在的自然法（他之前无疑直接地使用了这个名称）被很明显地考虑到了，以至于我们能够毫不迟疑地认为他与 Ulpian 的观点完全一致。我在正文中对此整个观点的描述也在很大程度上依据了这个篇章。

⑭ L. 1 § 3 *de J. et J.* (1.1.).："这个法是……一切动物的……共有法。"（jus istud…omnium animalium…commune est）之后："实际上我们看到所有的其他动物，包括野兽也根据对这个法的熟悉程度而被评价。"（videmus etenim cetera qupque animalia, feras etiam, istius juris peritia censeri.）

一种普遍的自然关系,对于人类和动物而言都是共同的,没有这两种关系,人类根本不能持续存在。因此事实上,动物所享有的并非是法,而是法的实质、作为法的基础的自然关系。⑮ 此种观点不仅是真实的,而且是重要的和值得重视的;只是它并不适宜于法的区分,尤其不适宜于罗马人的实践需求。以下观点无疑对此区分提供了动因,即即使法律制度存在于所有其他民族之中,它仍必须在不同的程度上被视为是自然的。例如,人们不会错误地认识以下事实,即奴隶制的初次产生要追溯到强力之上,因此要追溯到偶然和任意之上;此种关系的性质事实上可能推动了此整个观点。但是,以此观点作为根据的这种区分应被放弃。首先是因为,这个或多或少自然的区分本身是任意的和变动不居的;其次是因为,如此理解的这个区分仅仅涉及法律制度的一般性的、不确定的存在,因此必然没有什么成效;具体法规则中的实施要重要得多,但它完全处在此区分的领域之外。而在二元区分之中,情形就并非如此,在此种二元区分之中,法规则的对立也非常明显,此种区分由此就可以单独应用于法体系之上。

但还须指出的是,二元区分在罗马法中也始终是通说观点。对此,人们可以有效提出较多数量的已被引用用来支持此种区分的证据。我很少重视以下观点,即对我们所拥有的关于此事项之篇章所进行的选择可能是非常偶然的。相反,我认为此种区分的很大影响是完全明确的,这种影响能够通过整个法体系而得到证明,而三元区分在具体的应用中并没有出现。也就是说,我们在法律制度和具体的法规定中到处都会发现由两个类型而非三个类型所构成的对立;第二个类型始终涉及万民法,但是(没有任何

---

⑮ 在 Donelius Ⅰ.6. 之中对于 Ulpian 的辩护并无本质不同:Ulpian 并没有将实际的法律关系归于动物,而只是将类似于法律关系的这种关系归于动物。但是,Ulpian 所作出的这种区分并未由此而得到维护。

疑问）它常常被称为naturalis（自然法）。虽然人们也能够认为这只是增多了支持二元区分的证据，以至于非常明显的就仅仅是观点之间的持续争论，而非其中一个观点的真正胜利；但是，Ulpian本人在许多篇章中采取了二元区分的理解和名称，因此很明显的就是，他也是将三元区分仅仅作为一个无害的构想而在总体上予以确立，但在遍及整个法体系的所有重要应用中却没有试图使用此种三元区分。——这种二元对立通过civilis（市民法的）和naturale（自然法的）而被指代，它特别出现于以下应用之中：

（1）婚姻的条件以市民法理性或自然（法）理性（civilis oder naturalis ratio）作为根据。[16]

（2）存在两种亲属：市民法亲属和自然法亲属（civilis und naturalis cognatio），Ulpian也是这样认为。[17]

（3）所有权和债的取得有时是通过市民法方式（civiliter），有时是通过自然法方式（naturaliter），是否允许自由的代理就取决于这一点。[18]

（4）土地所有权人对于房屋的权利被Ulpian称为自然法权利（naturale jus）。[19]

（5）占有或者是市民法的或者是自然法的，在Ulpian那里也是如此。[20]

（6）尤其重要的是市民法之债和自然法之债（civilis und naturalis obligatio）之间的对立，Ulpian也以此名称而承认了这个

---

[16] pr. J. de nupt. (1.10.).

[17] L. 4 §2 de grad. (38.10.) (Modestin), §1 J. de leg. agn. tut. (1.15.). L. 17 §1 de adopt. (1.7.) (Ulpian).

[18] L. 53 de adqu. rer. dom. (41.1.) (Modestin).

[19] L. 50 ad L. Aquil. (9.2.).

[20] L. 3 §15 ad exhib. (10.4.). L. 1 §9.10 de vi (43.16.)，这两个篇章都来源于Ulpian。

对立。[21] 自然法之债的含义是通过万民法而被确立的债,这一点不仅本身就非常清晰,而且在较多的篇章中被明确表达出来。[22]

优士丁尼法学阶梯在此事项上的处理是极其有欠考虑的。它首先采纳了 Ulpian 关于三元区分的篇章,并将其应用于奴隶制的情形之中。[23] 之后,它又采纳了 Gajus、Marcian 和 Florentinus 的篇章,在这些篇章之中,二元区分或者被说出,或者被完全确定地作为前提。[24] 但是,尤其值得注意的是以下这个篇章,在这个篇章中,它采纳了 Gajus 的文辞,但是却做出了一个补充,此补充明确认为,自然法的含义与万民法的含义相同,并且这一点在之前已经被说过。[25]

根据本研究,最为适当的做法就是,Ulpian 的观点应被作为少数派观点,相反,Gajus 的观点在罗马法中应被作为通说观点。

---

[21] L. 6 §2. L. 8 §3 de fidej. (46.1.). L. 14 de Obl. et Act. (44.7.). L. 6 de compens. (16.2.). L. 10 de V. S. (50.16.). L. 1 §7 de pec. const. (13.5.),这些篇章都来源于 Ulpian。

[22] L. 84 §1 de R. J. (50.17.) (Paulus). L. 47 de cond. indeb. (12.6.) (Celsus).

[23] §4 J. de J. et J. (1.1.). pr. J. de j. nat. (1.2.). pr. J. de Lib. (1.5.).

[24] §1.11 J. de j. nat. (1.2.). pr. §1.18 J. de div. rer. (2.1.).

[25] §11 J. de div. rer. (2.1.).:"事实上,我们根据自然法——如同朕说过的,它被称为万民法——取得某些物的所有权;我们根据市民法取得某些物的所有权。"(quarundam enim rerum dominium nanciscimur jure naturali, quod, sicut diximus, appellatur jus gentium; quarundam jure civili.)

附录二 L. 2 C. *quae sit longa consuetudo* (8.53.)

（§25 注 24）

这个批复是 Constantins 于公元 319 年发布的，其内容是这样的："长期习惯并非没有权威，但它还没有到能超越理性或制定法的程度。"（Consuetudinis ususque longaevi non vilis auctoritas est; verum non usque adeo sui valitura momento, ut aut rationem vincat aut legem.）

这个篇章一直以来所造成的困难的数量是难以置信的，为消除这些困难所进行的尝试的数量也是难以置信的。看起来首先产生于此篇章的含义是，习惯只能有效补充制定法，而不能改变或废除制定法。但是，恰恰是这个含义根据所有时代的许多证据而被摒弃（§25），以至于我们必须要寻求另外一种含义。

首先，我们能够毫不迟疑地认为，这个篇章仅仅涉及特别习惯，并且皇帝从未想要使得这种一般习惯——例如，经由这种一般习惯，《阿奎利亚法》（L. Aquilia）的第二章不再被使用[①]——失去效力。此观点首先根据以下事实而被推导出来，即无疑只有未来新产生的或者显现出来的习惯法在这里才应被进行规定。但是，到了 Constantins 时代，可以被期待的几乎只有特别习惯。其次，non vilis auctoritas（并非没有权威）这个有些轻视意思的表述完全不适合于一般国族习俗（eine allgemeine Nationalsitte），但它无疑能够很好地适用于各个地方的习惯法。——此外，这里所提及的"制定法"（lex）在这个时代只能被明确地理解为皇帝制定法（Kaisergesetz）。因此，在这里就产生了以下这个一般性

---

① L. 27 §4 *ad L. Aquil.* (9.2.).

的问题：特别习惯法与皇帝的邦国制定法（einem kaiserlichen Landesgesetz）之间是什么关系？此种制定法本身再次或者具有绝对性，或者具有任意性（§16）。如果它是绝对性制定法，那么，一个非常自然的对于特别习惯法的限制就根据一般性的国家关系产生出来（§9）。即使在不存在制定法的情形中，一个侵害了一般性国家利益的习惯法也是不可能有效的。② 因此，如果同样的国家利益产生出了一个绝对性的制定法，那么上述观点同样有效。这样，一个城市或地区的后来的习惯如果与此种制定法相对立，那么它就不能生效。对于此城市或地区的之前的习惯法——此种习惯法经常会被人们作为未被一般性制定法所明确废除的特别习惯法而试图予以维护——而言，情形也同样如此。例如，与暴利制定法相对立的特别习惯不应生效，无论此特别习惯是之前的习惯还是后来的习惯。③ 在适用于个别地区的制定法情形中，也存在完全类似的关系。例如，在一些城市之中，在城市中埋葬尸体通过此种制定法而被允许；如果这种埋葬之后因为治安原因而被一般性禁止，那么上述制定法就由此而被废除，即使对此并没有特别提及。④——在任意性制定法之中，情形则有所不同。Azo引用了摩德纳（Modena）和拉文纳（Ravenna）地区之习惯的例子，根据此习惯，教会永佃权（die kirchlichen Emphyteusen）并不会因为在两年内没有支付役租（Canon）而失

---

② L. 1 C. Th. de longa consu. (5.12.)："由于公共的原因而什么都没有发生，因此在很长时间内继续被使用着。"(Cum nihil per causam publicam intervenit, quae diu servata sunt permanebunt) 在一个具体情形中同样如此认为，但是更为确定的是，Nov. 134 C. 1.。

③ L. 26 §1 C. eod. (4.32.). L. 1 pr. de usuris (22.1.) 这个篇章根本没有涉及习惯法，而只是涉及了通常使用的利率，此利率可能会超过法定的限度；在这种情形中，此种利率的通常使用是否并且在何种条件下能改变制定法，至少这个篇章对这个问题根本没有论及。Vgl. Puchta, II, S. 77.

④ L. 3 §5 de sepulchro viol. (47.12.).

效；这个习惯是有效的，因为关于此事项的任何不一致之处事实上也能够通过契约而被确定下来。⑤——虽然这种对立单独就能决定特别习惯法在其与一般性邦国制定法之关系中的效力，但它并非公法和私法之间的对立。因为，即使在公法中也存在以下这种规则，即这种规则虽然属于通常的秩序性规则，但是它在具体情形中也能毫无危险地存在例外；在此种规则中，特别习惯法也是被允许的。例如，存在以下规则，即执法官（Municipalmagistrate）不能提起法律诉讼（legis actio），尤其是在解放（Emancipationen）这种情形中，但是，他可以在个别情形中例外地提起此种法律诉讼；在此，优士丁尼毫不迟疑地允许了这个根据习惯而产生的特权。⑥ 与之相反，在比斯尼亚（Bithynien）地区，《庞培法》（Lex Pompeja）规定，城市议会（Stadtsenate）的议员只应当是本城市的市民，而不能是比斯尼亚地区的其他城市的市民；人们经常不重视这个规定，以下问题就产生出来，即上述制定法是否通过个别城市的习惯而被废除。Trajan 皇帝虽然基于仁慈而使现在存在的不是本城市市民的议员能够继续有效担任职务，但是他对于未来做出了以下阐释，即制定法必须不考虑习惯而被遵守；无疑，这是因为此制定法具有政治目的。⑦

---

⑤ Azo *Comm. in Cod.*，in L. 2 cit.

⑥ L. 4 *de adopt.*（1. 7.）.【这个篇章的内容是这样的："Neratius 认为，有权审理法律诉讼的执法官既能够在自己那里解放自己的子女，也能够将他们送养。"法律诉讼，是罗马法中最为古老的诉讼形式，该诉讼分为法律审（in jure）和裁判审（apud judicem）两个阶段，前者是由执法官确定需要裁判的事项和请求并进行调解，后者是在不能达成和解的情形下由双方当事人选择的审判员对有关争议作出裁决。此种法律诉讼主要包括以下五种：誓金法律诉讼（legis actio sacramenti）、请求审判员或仲裁人之诉（legis actio per judicis arbitrive postulationem）、请求给付之诉（legis actio per condictionem）、拘禁之诉（legis actio per manus injectionem）和扣押之诉（legis actio per pignoris capionem）。——译者注】

⑦ Plinius epist. χ. 115. 116.

至此，此篇章的这个部分——此部分认为，习惯不能超越制定法（consuetudo non vincit legem）——已经得到了阐明。但此篇章还认为，习惯不能超越理性（consuetudo non vincit rationem），这里就产生了一个问题，即 ratio 这个含义极为模糊的语词在这里的含义是什么。在关于习惯法的其他一些篇章之中，理性意味着关于一个规则之真实性和必然性的共同信念，因此也就是此法的真正产生根据，习惯本身仅仅是它的结果和标志。⑧ 理性在这里的含义并非如此，因为，在信念和习惯发生冲突时，习惯必须要让步，那么我们又怎么会涉及此种冲突呢？但是，在另外一些篇章中，除了 ratio juris（法律理性）之外，还出现了 ratio utilitatis（效用理性）⑨，因为在上述篇章中，lex（制定法）应被理解为基于国家利益而被公布的邦国制定法，因此，ratio 指代的正是没有被制定法所保护的国家利益——公共效用之理由（ratio publicae utilitatis）。通过这种阐释，较之 ratio 这个表述被人们一般理解为习惯之理性（die Vernünftigkeit der Gewohnheit），此表述这时取得了一个更为确定和更具实践性的含义。

　　据此，此篇章的全部内容是这样的：如果地方习惯与国家利益存在冲突，无论此国家利益是否被（之前或之后的）邦国制定法所承认，此地方习惯都不应有效。通过这个规定，虽然地方习惯不能被认为不重要，但是，以它们与国家联合体（Staatsverband）之间的自然关系作为根据的事物并非是对它们效力的一种任意性的、实在性的限制。人们能够在此篇章中所寻求的实在性限制是 lex 这个完全一般性的表述，人们可能会对 lex 做出如下

---

⑧ L. 39 *de leg* (1.3.). L. 1 *C. quae sit l.c.* (8.53.). 参见本书上文§25 注 4。
⑨ L. 1 *C. de aquir. et retin. poss.* (7.32.)；"……这正是效用理性和法律理性之前所确定的。"（… tam ratione utilitatis quam juris pridem receptum est）Savigny, Besitz, S. 363, der 6ten Ausg.

理解，即这个规定应有效适用于所有制定法，而不是仅仅适用于绝对性制定法。但是，根据 lex 这个表述与 ratio 之间的联系，更是根据此篇章与优士丁尼法典籍的其他观点之间的联系，在我看来，更为正确的观点是，lex 这个表述仅仅涉及绝对性的制定法，属于绝对性制定法的是大部分皇帝制定法，尤其是大部分由 Constantin 皇帝所公布的非常具有影响性的制定法。

　　这种阐释的本质之处——也即，地方习惯法与一般制定法之间的关系——已经存在于 Johannes 和 Azo 那里，尽管他们的观点游移不定并且掺杂着错误；Donellus 对此所持的观点则更为确定和清晰。[⑩] Placentin 则已经导致了区分共和政体国家和君主政体国家这种错误的且之后常常出现的方式：在共和政体国家中，对立于制定法的习惯法应当有效，而在君主政体国家中，对立于制定法的习惯法则不应当有效。[⑪] 现代学者则常常采取一些非常任意的方式，尤其是，他们试图将此规定限制于习惯的某具体应用之上；由此，此篇章与其他篇章之间的争议最多是在数量上减少了，但此争议本身并没有被消除。[⑫] 一些人极为注重此篇章中的 sui momento 这个表述：习惯在本质上并没有制定法更好，因此最为重要的始终仅仅是，两者中的哪一个是较新的。此种观点的实践意义仅仅在于，任何习惯都通过之后的制定法而被完全确

[⑩] Azo comm. in Cod. in h. L. Accursius ibid. Donellus Lib. 1. C. 10.

[⑪] Placentinus in Summa Cod, tit. quae sit longa consu.

[⑫] 例如，Schweitzer de desuetudine Lips. 1801. 8. p. 47－57. Hübner, Berichtigungen und Zusätze zu Höpfner, S. 167.——Schweitzer 将此篇章完全任意地限制于单纯的 desuetudo（不使用，习惯消亡）之上，desuetudo 对立于始终被允许的通过习惯所进行的 obrogatio（废除）：desuetudo 在共和政体国家中是有效的（L. 32 *de leg*. 这个篇章涉及这一点），而在君主政体国家中则并非有效（L. 2 C. *quae sit l. c.*）。——Hübner 认为，此篇章仅仅涉及对错误的习惯解释（Usualinterpertation）之禁止；但是，通过这种观点，lex（制定法）事实上并没有被超越，所被超越的仅仅是认为这种解释是错误的那些人所持有的不一致观点。

定地废除，而并没有通过它的更高性质而得到保护。但是，Constantin 皇帝无疑不会想要说出一些如此多余的内容。[13] 最后，Hofacker 提出了以下解释，即根据此解释，consuetudo 在这里所指代的并非习惯法，而只是事实上的实在习惯（eine factische, materielle Gewohnheit）（例如，经常性的偷窃），制定法不应被后者所废除。[14] 但是，对于这种观点而言，即使是此篇章所采取的 non vilis auctoritas（并非没有权威）这个很克制的表述也仍然太好了一些，因为此种意义上的习惯连最小的权威（auctoritas）都不能享有。

最后，还非常值得注意的是教会法处理此困难的方式。我们的这个篇章被逐字逐句地纳入教令（Decret）之中。[15] 但是，此篇章解释中的困难并非没有被教会法学者所认识到，Gregor 九世在他自己的教令之中试图通过以下段落来解决此困难[16]："自然法（也

---

[13] Hilliger ad Donellum I. 10., Averanius Interpret. Lib. 2. C. 1. 中的论述更为详细。

[14] Hofacker Ⅰ. § 122.："……习惯由于长期实践而被市民们所接受，但……其效力却被禁止性的法律所阻碍。"（…consuetudinem h. l. accipi pro consuetudine agendi civium, quae…legi prohibitivae obstet）——Puchta，Ⅰ，120. Ⅱ，58. 211－215. 采取了类似的方式，在此方式中，他将这里所提及的 consuetudo 仅仅理解为事实上的实践（Übung），此事实上的实践不能有效作为共同信念（因此也就是习惯法）的标志，此时，此共同信念在法学上或制定法上的存在都是不可能的。——但是此时，一个更为广泛的问题产生出来了：我们应如何认定一些实践情形不适合于证实民族法的存在？通过他对此问题所给出的回答，他的解释在最终结果上与这里所给出的解释是一致的。根据这两种观点，以下这些条件都是不存在的，即在这些条件之下，事实上的习惯能够成为真正的习惯法，因此能够取得效力。

[15] c. 4 D. Ⅺ.

[16] C. 11 Ⅹ. de consuet. (1.4.).："……虽然长期习惯并非没有权威，但它却不能到超越实在法的程度，除非其规定是合理和合法的。"（… Licet etiam longaevae consuetudinis non sit vilis auctoritas; non tamen est usque adeo valitura, ut vel juri positivo debeat praejudicium generare, nisi fuerit rationabilis, et legitime sit praescripta.）最后的结语事实上只是以 longaevae 作为开始的这句话的重复或更为明确的再三教海，如果人们不认为尽可能地保留法典篇章的文辞是值得推荐的，那么上述结语可能会被删去。

即，由上帝灌输到人类之中的法）不能被习惯所变更；实在法（国家制定法）也不能被习惯所变更，除非习惯是符合理性的，且经过足够长的持续时间而得到了巩固。"因此在这里，习惯之内容是否符合理性，这一点交给了法官进行判断，但总体上并非在所有情形中都是如此，而只是在习惯应当变更了制定法这种情形中是这样。这个规定与罗马法不一致，并且在本质上也是很可疑的，它很明显产生于以下努力，即试图通过一种较为缓和的剪裁方式来统一法学家之中根据我们这个篇章的动因所形成的不同观点。——这里也涉及了新习惯与旧制定法之间的关系；关于相反关系的以下规定与此类似。⑰ 如果罗马教皇颁布了一个一般性的制定法，那么之前的地方习惯或法规不应因此而被废除，前提是，它们被认为是符合理性的，并且上述制定法并未特别表明废除它们。

同样值得注意的是伦巴第地区的采邑法之中（im Lombardischen Lehenrecht）对我们这个篇章的形式上的模仿。以下情形可能经常发生，即罗马法学者孤立地引用民法大全（Corpus Juris）中的某一个篇章，而此篇章与采邑习惯存在矛盾，之后则试图通过引用 L. 2 C. quae sit l. c. 这个篇章而使得此采邑习惯无效。现在 Obertus 在总体上通过以下规定——这个规定是对我们这个篇章的模仿——而反对这种处理方式："罗马法并非没有权威，但它还不能到超越习惯或习俗的程度。"（Legum autem Romanarum non est vilis autoritas, sed non adeo vim suam extendunt, ut usum vincant aut mores.）⑱

---

⑰ C. 1 *de constitut.* in Ⅵ. (1.2.).："……但是，这仍然是合理的，即通过更新的谕令，如果此谕令本身没有明确地规定，则不能认为［之前的习惯］被废除。"（... ipsis, dum tamen sint rationabilia, per constitutionem a se noviter editam, nisi expresse caveatur in ipsa, non intelligitur in aliquo derogare.）

⑱ 2 Feud. 1.

索　引

说明：本索引包括索引一（内容索引）和索引二（渊源索引）。本索引之编制所依据的是 Heuser 经过萨维尼同意所编制的"萨维尼之《当代罗马法体系》的内容和渊源索引"（Heuser hrsg., Sachen-und Quellenregister zu von Savigny's System des heutigen römischen Rechts, 2. Auflage, Berlin, 1856.），并对之进行了少量删改。

索引一　内容索引

说明：本索引第一栏是术语或事项原文，第二栏是术语或事项之中文译名，第三栏所示数字表示出现此术语或事项的原书页码（本书之边码）。

A

adquisitio per universitatem	概括取得	384
actio ad exhibendum	出示诉讼	236
actio in personam	对人之诉	373
actioin rem	对物之诉	373
actio quod metus causa	胁迫之诉	373
actionesutiles	扩用诉讼	295
Actionenrecht	诉法	401

adnotatio	旁复	129
aequitas	公正	55, 238, 300
ager publicus	公田	369
Agnation	宗亲	341
Alimente	扶养	234
Analogie	类推	291
argumentum a contrario	反面论证	237
auctoritas prudentium	法学家的权威学说	49, 148
Ausdruck, unbestimmter	表述，不明确	222, 225
Ausdruck, unrichtiger	表述，不正确	222, 230 206ff. 216
Auslegung der Gesetze	制定法的解释	（也请参见 Interpretation）
Authenticum	真本	67

B

beneficium	照顾	64
Betrug	欺诈	324
Beweis des Gewohnheitsrechtes	习惯法之证明	181
bona	财产	340
boni mores	善良风俗	56
bonorum possessio	遗产占有	295
Bürgervermögen	市民财产	369

C

canonischesRecht	教会法	75
Centumviralgerichte	百人审判团法庭	38
Civilprocess	民事程序	26
Codex, Auslegung	法典，解释	253, 271, 283
Cognation	血亲	342
Colonat	农奴制度	363
communis opinio	共同观点	100
conditio	状况	398, 400
constitutio	谕令	122
constitutio, Wirksamkeit	谕令，效力	142

consuetudo, longa	长期习惯	420
consuetudonon vincit legem-non vincit rationem	习惯不能超越制定法—不能超越理性	424
consultatio	谘请	132
Corpus juris	民法大全	66
Criminalprozess	刑事程序	26
Criminalrecht	刑法	26
culpa	过失	90，219

D

decrete, kaiserliche	裁决，皇帝的	125
decrete, kaiserliche, Wirksamkeit	裁决，皇帝的，效力	143
desuetudo	不使用，习惯消退	195
Dienstbotenrecht	仆佣关系法	366
Digesten, Auslegung	学说汇纂，解释	253，270，284
dingliche Rechte	物权	369
donatio propter nuptias	婚姻赠与	77
dos	嫁资	378
Dunkelheit eines Gesetzes	制定法的模糊性	208

E

Edikte	诏谕	116，122
Edikte, Kennzeichen derselben	诏谕，其特征	124
Edikte, deren Wirksamkeit	诏谕，其效力	142
Edikte der Praefecti Praetorio	大区长官之告示	144
Ehe	婚姻	341，347，349，352
Eigentum	所有权	328，367
Emblema Triboniani	特里波尼安的标记	257
Entscheidungen höherer Gerichte, deren Einfluss auf die untergebenen Gerichte	高等法院之裁决，其对于下级法院之影响	96
epistola	诏书	129
Erbrecht	继承法，继承权	380
Erbschaft	遗产	378

F

familia	家庭	342
Familienrecht	家庭法，家庭权利	342，345
Fiction	拟制	295

G

Geld	金钱，货币	376
Generales formae der Praefecti Praetorio	大区长官之一般性决定	144
Gerichtsgebrauch	法院惯例	97
Gesetze, Bedeutung	制定法，含义	9，39
Gesetze, gebietende, verbietende, erlaubende	制定法，命令性，禁止性，许可性	58
Gesetze, Grund des Gesetzes	制定法，制定法的基础	216
Gesetze, authentische Erklärung	制定法，正式解释	209
Gesetzbücher	法典	102
Gesetzgebung	立法	38ff.
Gesetzgebung, particulare	立法，特别的	102
Gewohnheit, abrogatorische	习惯，废除性的	43
Gewohnheitsrecht	习惯法	34，76，144，168，420
Gewohnheitsrecht, interpretirendes	习惯法，解释性的	209
Gewohnheitsrecht, partikulares	习惯法，特别的	421
Gewohnheitsrecht, dessen Verhältniss zum Landesgesetz	习惯法，其与邦国制定法之间的关系	421
Gewohnheitsrecht, dessen Verhältniss zum örtlichen Gesetzen	习惯法，其与地方制定法之间的关系	422
Gewohnheitsrecht, dessen Verhältniss zum absoluten und zu vermittelnden Gesetzen	习惯法，其与绝对性制定法和任意性制定法之间的关系	421
Gewohnheitsrecht, gegen den Inhalt eines Gesetzes	习惯法，与制定法内容相对立	151
Gewohnheitsrecht, nach der Ansicht des canonischen Rechtes	习惯法，根据教会法之观点	154

Gewohnheitsrecht, Bedingungen dessen Entstehung	习惯法，其产生之条件	171
Gewohnheitsrecht, Gesetz der Continuität	习惯法，延续性法则	36, 96
Gewohnheitsrecht, dessen Beweis	习惯法，对其的证明	181, 186
Gewohnheitsrecht, Wirkungen	习惯法，效力	194
Gewohnheitsrecht, gegen Wuchergesetze	习惯法，对立于暴利制定法	422
gutherrliche Verhältnisse	地主关系	366

H

hereditatis petitio	要求继承之诉	233
Herkommen	习俗	98
historische Schule	历史学派	XIII

I（J）

Iustitutionen, Auslegung	法学阶梯，解释	271
Iustitutionen, System	法学阶梯，体系	394
interdictumquod vi aut clam	制止暴力和欺瞒令状	299
Interpolation	添加	257
Interpretatio	解释	206, 296, 325
Interpretatio, Aussprüche des römischen Rechtes darüber	解释，罗马法对此的观点	296
Interpretatio, Ansichten der neueren Juristen	解释，现代法学家的观点	318
Interpretatio, Aussprüche neuere Gesetzbücher	解释，现代法典的观点	326
Interpretatio, ausdehnende	解释，扩张性的	231
Interpretatio, authentische	解释，正式的	209
Interpretatio declarativa	说明性的解释	227, 231
Interpretatio, doctrinelle	解释，学理的	209
Interpretatio, einschränkende	解释，限缩性的	231
Interpretatio, grammatische	解释，文法的	213, 320
Interpretatio, historische	解释，历史的	214, 276

Interpretatio lata	扩张解释	227
Interpretatio, legale	解释，法定的	209
Interpretatio, logische	解释，逻辑的	214, 320
Interpretatio stricta	限缩解释	227
Interpretatio, systematische	解释，体系的	214
Interpretatio mangelhafter Gesetze	不完善制定法的解释	222
jura in re	他物权	369, 372
jurisconsultus	法学家	2
juris praecepta	法律准则	407
jurisprudentia	法学	2
Juristenstand	法学家阶层	45
Juristenstand, Verhältniss zur Gesetzgebung	法学家阶层，与立法的关系	48
jus actionum	诉法	401
jus civile	市民法	2, 109, 116, 413
jus commune	常规法	62
jus feciale	战和事务祭司法	32
jus honorarium	荣誉法，裁判官法	109, 116
jus naturale	自然法	342, 346, 413
jus personarum	人法	400
jus publicum	公法	59
jus rerum	物法	401
jus scriptum, non scriptum	成文法，不成文法	106
jus singulare	个别法	61
jus strictum,	严格法	55
justinianische Gesetze, deren Auslegung	优士丁尼制定法，解释	240
justinianische Gesetze, Critik einzelnen Stellen	优士丁尼制定法，对具体篇章的批判	252

K

Kirchenrecht	教会法	27
Kritik	批判	240

L

leges fugitivae	流浪法律	256
legisvicem quod obtinet	具有制定法效力	117
Leibeigenschaft	农奴制度	366
lex	制定法	117
lex regia	君王法	122
libellus	诉状	132
Literatur, juristische, deren Benutzung	文献，法学的，其使用	XLVI
logischeInterpretation	逻辑解释	214，320

M

mancipii causa	受役状态	360
mandate，kaiserliche	训示，皇帝的	141，142
manus	夫权	357
Monographien, deren Wesen und Bedeutung	专题性著作，其本质和意义	XL
mores boni	善良风俗	56

N

necessitas	必要	61

O

obligatio	债	339
obligationaturalis et civilis	自然法之债和市民法之债	419
Obligationenrecht	债法，债权	345，367，369
Observanz	惯例	98
opinio communis	共同观点	100
oratio	诏书	124

P

patronat	庇主权	360
peculium	特有产	378
peculium adventitium ordinarium	外来特有产	77

Pfandcontrakt, Grad der culpa	担保契约,过失程度	219
praefectus praetorio	大区长官	144
praejudicium	预备审	356, 363
praetor, Edikt	裁判官,告示	37
Praxis	实践	97
Privatrecht	私法	22
privilegia	特权	62, 65
Process	程序	3
Processführung Minderjähriger	未成年人进行诉讼	234
Pupillarsubstitution	未适婚人替补	151

Q

querela inofficiosi	不合义务之诉	38

R

ratio legis	立法理由	216, 224, 228, 233
ratio juris	法律理性	55, 424
ratio naturalis	自然理性	55
ratio utilitatis	效用理性	56, 424
Recht, Begriff	法,概念	7, 9, 332
Recht, in subjektivem Sinne	权利,主观意义	7
Recht, im objektivem Sinne	法,客观意义	9
Recht, allgemeine Entstehung desselben	法,其一般产生	13, 51
Recht, absolutes	绝对法	57
Recht, anomalisches	特殊法	61, 218, 294
Recht, canonisches	教会法	75
Recht, dingliches	物权	369
Recht, Erhaltung durch Tradition	法,通过传统维持	20
Recht, erworbenes	取得权	335
Recht, dessen Fortbildung	法的发展	17
Recht, gemeines	共同法	4
Recht, öffentliches	公法	21, 27
Recht, partikulares	特别法	20

Recht, positives	实在法	14
Recht, regelmäßiges	常规法	62, 217
Recht, römisches	罗马法	1, 2
Recht, Grund dessen Studiums	研习法的基础	XVIII
Recht, subsidiares	补充性法	102
Recht, vermittelndes	任意性法	58
Recht, wissenschaftliches	科学法	45, 83, 155, 167
Rechtsfähigkeit	权利能力	365
Rechtsinstitute	法律制度	9
Rechtsinstitute, Aufzählung derselben	法律制度的列举	388
Rechtsinstitute, Classification	法律制度,分类	393
Rechtsquellen	法律渊源	11, 50
Rechtsquellen, Zusammenstellung	法律渊源,编排	107
Rechtsquellen, römische Ansicht darüber	法律渊源,罗马法对此的观点	105
Rechtsquellen, römische praktischer Werth dieser Ansicht	法律渊源,罗马法观点的实践价值	162
Rechtsquellen, concurrirende	法律渊源,并存的	100
Rechtsquellen, Ansicht der neueren Juristen darüber	法律渊源,现代法学家对此的观点	166
Rechtsquellen, Aussprüche neuerer Gesetzbücher darüber	法律渊源,现代法典对此的观点	197
Rechtsquellen, Aussprüche des preußischen Landrechts	法律渊源,普鲁士邦法的观点	197
Rechtsquellen, Aussprüche des französischen Gesetzbuches	法律渊源,法国民法典的观点	198
Rechtsquellen, Aussprüche des österreichischen Gesetzbuches	法律渊源,奥地利民法典的观点	200
Rechtsregeln, Entstehungsgründe	法规则,产生根据	12
Rechtsregeln, absolute	法规则,绝对性的	57
Rechtsregeln, vermittelnde	法规则,任意性的	58
Rechtsverhältniss	法律关系	6ff., 331
Rechtsverhältniss, Urrech-erworbene Rechte	法律关系,原权—取得权	335
Rechtsverletzung	权利侵害	24
Reichsgesetze	帝国制定法	76

relatio	提请	133
Repräsentation im Vermögenserwerb	财产取得中的代理	364
res judicata	既判力	37
rescripte, kaiserliche	皇帝批复	128
rescripte, Unterschied von Edikten	批复，与诏谕之区分	132
rescripte, verschiedene Arten	批复，不同方式	132
rescripte, Wirksamkeit	批复，效力	134, 142
responsa prudentum	法学家解答	106, 116, 155

S

Sache, Begriff	物，概念	338
Schenkung unter Ehegatten	配偶之间的赠与	63, 151, 275
servitus	奴役权	357
Sklavenstand	奴隶阶层	357
Sprachgebrauch, quellenmäßiger	合乎渊源的术语	XLIII
Staat	国家	22, 28
Staat, dessen Entstehung	国家，其产生	21, 29
Staatsrecht	国家法	22
status	身份	350, 397, 400
subscriptio	旁署	129
successio per universitatem	概括继承	383
summariissimum	简易诉讼	94
systematische Interpretation	体系解释	214, 274
Trauerzeit	丧期	235

U

universitas juris	法律集合物	378
Unrecht	不法	24, 332
Urrecht	原权	335
utilitaspublica	公共效用	56

V

väterlicheGewalt	父权	341, 348, 353

Vermögen, Begriff	财产，概念	340，367
Vermögensrecht	财产法，财产权利	340，367
Verwandtschaft	亲属	351，354
Volk	民族，民众	18，30
Volksgericht	民众法庭	37
Volksrecht	民族法，民众法	14，52
Völkerrecht	国际法	32
Vulgata	通行本	68

索引二　渊源索引

说明：本索引左栏是法律渊源之具体篇章，为了读者进一步查阅的方便，译者保留了原文而未作翻译；右栏所示数字表示出现或引用此具体篇章的原书页码（本书之边码）。

Auctor ad Herennium.
 Ⅱ，13　　　　　　　　　　　　　　38，108
 Ⅲ，2　　　　　　　　　　　　　　408
Capitolinus.
 Macrinus，cap. 13　　　　　　　　136，139
Caroilna.
 Art. 104　　　　　　　　　　　　155
 Art. 218　　　　　　　　　　　　177
Cassiodorus, variae epistolae,
 lib. Ⅵ，38　　　　　　　　　　　44
Cicero
 — de inventione
  Ⅱ，22　　　　　　　　　　　　98，108，152
  Ⅱ，53　　　　　　　　　　　　98，108，145，408
  Ⅱ.54　　　　　　　　　　　　108.145
 — topica.
  Cap. 4　　　　　　　　　　　　237
  Cap. 5　　　　　　　　　　　　108
 — de partitione oratoria
  Cap. 37　　　　　　　　　　　　106，108，109，115，116
 — de finibus
  Ⅴ，23　　　　　　　　　　　　408
 — de officiis
  Ⅲ，cap. 15　　　　　　　　　　414
Clementinae.
 Clem. 2. de appellationibus，2，12　　98
Codex Gregorinus.

索 引

Int. II, 2, 1	51
Codex Justinianus.	
Lib. I. Tit. 9. de Judaeis et coelic	
l. 8	60
l. 11	60
Lib. I. Tit. 14. De legibus et const. etc.	
l. 1	229, 300
l. 2	136
l. 3	124, 126
l. 3 in fine	66
l. 5	239, 324
l. 6	234
l. 8	125
l. 9	125, 301
l. 11	141, 201
l. 12 pr.	127, 137
l. 12 §1	137, 296, 297, 301, 304, 306
Lib. I. Tit. 15. De mandatis principum.	
Tit.	121
Lib. I. Tit. 17. De veteri jure enucl. etc.	
l. 1. §4	280
l. 1. §5	277
l. 1. §6	277
l. 1. §7	258
l. 1. §8	280
l. 1. §9	275
l. 1. §10	151, 152, 279
l. 1. §12	158
l. 1. §13	252, 308
l. 2	312
l. 2 pr	280
l. 2 §10	258, 277
l. 2 §11	271
l. 2 §12	270
l. 2 §14	288

l. 2 § 15	274, 280
l. 2 § 16	288
l. 2 § 18	295
l. 2 § 20	277
l. 2 § 21	158, 304, 306
l. 2 § 22	252
l. 3	311
l. 3 § 15	274
l. 3 § 21	158

Lib. Ⅰ. Tit. 19. De precibus imperat. off.
Tit.	121
l. 3	136
l. 7	136

Lib. Ⅰ. Tit. 22. Si contra jus etc.
Tit.	121
l. 2	135
l. 3	135
l. 4	135
l. 5	135
l. 6	136

Lib. Ⅰ. Tit. 23. De divers. rescript.
l. 1	121
l. 2	135
l. 3	135
l. 4	135
l. 6	135
l. 7	129, 135
l. 7 pr	132

Lib. Ⅰ. Tit. 26. De officio praef. praet. Or.
l. 2	144

Lib. Ⅱ. Tit. 3. De pactis.
l. 26	384

Lib. Ⅱ. Tit. 4. De transactionibus
l. 30	234

Lib. Ⅱ. Tit. 13. De procuratoribus.

l. 14	234
Lib. Ⅱ. Tit. 37. Si adv. fiscum.	
l. 3	123
Lib. Ⅱ. Tit. 43. Si minor se majorem etc.	
l. 3	122
Lib. Ⅱ. Tit. 55. De receptis arbitris.	
l. 4	131
l. 5 pr	131
Lib. Ⅱ. Tit. 59. De jurejur. Propter calumn.	
l. 2	272
Lib. Ⅲ. Tit. 1. De judiciis	
l. 8	228
l. 16	144
Lib. Ⅲ. Tit. 6. Qui legitimam personam etc.	
l. 2	234
Lib. Ⅲ. Tit. 36. Famil. ercise.	
l. 6	384
Lib. Ⅲ. Tit. 39. Fin. Regundorum	
l. 5	226
Lib. Ⅳ. Tit. 16. De heredit. Actionibus.	
l. 7	384
Lib. Ⅳ. Tit. 32. De usuris.	
l. 22	62
l. 26 § 1	422
Lib. Ⅳ. Tit. 49. De actionibus emti etc.	
l. 5	253
Lib. Ⅴ. Tit. 4. De nuptiis.	
l. 6	142
l. 29	272
Lib. Ⅴ. Tit. 12. De jure dotium.	
l. 30	226
Lib. Ⅴ. Tit. 16. De donat. inter. vir. etc.	
l. 26	117
Lib. Ⅵ. Tit. 23. De testamentis etc.	
l. 31	272

Lib. Ⅵ. Tit. 51. De eaduc. toll.
l. un   272
l. un. pr   152
Lib. Ⅵ. Tit. 58. De legit. hered.
l. 15   272
Lib. Ⅶ. Tit. 6. De lat. libert. toll. etc.
l. un   272
l. un § 3   123, 360
Lib. Ⅶ. Tit. 15. Communia de manumiss.
l. 1   359
Lib. Ⅶ. Tit. 25. De nudo jure Quir. etc.
l. un   254, 308
Lib. Ⅶ. Tit. 32. De acquir. et ret. poss.
l. 1   65, 424
Lib. Ⅶ. Tit. 45. De sentent. et interl. etc.
l. 13   136, 149
Lib. Ⅶ. Tit. 62. De appellationibus. etc.
l. 32 § 6   293
Lib. Ⅶ. Tit. 65. Quor. appellat. etc.
l. 5   51
Lib. Ⅷ. Tit. 10. De aedif. priv.
l. 2   123
l. 12   73
Lib. Ⅷ. Tit. 41. De fidejussor. et mandat.
l. 27   144
Lib. Ⅷ. Tit. 53. Quae sit longa consuetudo.
Tit.   144
l. 1   147, 154
l. 2   153, 154, 165, 169, 420, 424, 426
l. 3   117
Lib. ⅩL. Tit. 75. De grege dom.
l. un   132
Lib. Ⅻ. Tit. 37. De castrensi pecul.
l. 5   282
Codex Theodosianus.

Lib. Ⅰ. Tit. 1. De constitutionibus principum.
   Tit.   121
   l. 5. 6   131
Lib. Ⅰ. Tit. 2 De diversis rescriptis.
   Tit.   121
   l. 1. 2. (vormals 1)   135
   l. 3   300
   l. 4 (vormals 2)   135
   l. 11 (vormals 9)   136
   l. 4 12 (vormals 10)   135
Lib. Ⅰ. Tit. 3. De mandatis principum
   Tit.   121
Lib. Ⅰ. Tit. 4. De responsis prudentum.
   l. 1. 2   157
   int. l. 3 (vormals un.)   51
   l. 3   157
Lib. Ⅲ. Tit. 13. De dotibus.
   Int. leg. 2   51
Lib. Ⅴ. Tit. 12. De longa consuetudine.
   Tit.   144
   l. 1   421
Lib. ⅩⅤ. Tit. 3. De itinere muniendo.
   l. 4   66
Columella, de re rustica.
   Ⅻ, praef. § 7. 8   351
Constitutiones.
   Const. Deo auctore, § 1. 2. 9. 11   51
   Const. Haec, quae necessario etc., § 2   152, 258, 260, 279
   Const. Summa etc., § 3   143, 258, 260, 270, 280
   Const. Summa etc., § 4   66, 129, 143
   Const. Cordi etc. pr., § 1   51
   Const. Cordi etc. pr., § 3   258
   Const. Cordi etc. pr., § 5   252
   Const. Omnem etc.   159
   Const. Omnem etc., § 7   270

Const. Omnem etc., §8	252

Decretales. (Liber Extra Decretum.)
Lib. Ⅰ. Tit. 4. De consuetudine.

Cap. 11	154, 155, 427

Lib. Ⅰ. Tit. 6. De electione etc.

Cap. 50	154

Decretum Gratiani.

c. 4. D. Ⅺ	154, 427
c. 6. 7. D. Ⅻ	154

Digesta.
Lib. Ⅰ. Tit. 1. De justitia et jure.

l. 1	22
l. 1 §2	28, 415
l. 1 §3	342, 415
l. 1 §4	110, 415
l. 5	415
l. 6 pr	116, 415
l. 6 §1	106
l. 7	108, 116
l. 7 pr	116
l. 9	110, 116, 413
l. 10 pr.	408
l. 10 §1	407
l. 10 §2	2
L. 11	110, 414

Lib. Ⅰ. Tit. 2. De origine juris.

l. 2 §5	49, 106, 116, 148, 155, 298
l. 2 §6	49, 116, 148
l. 2 §8	116, 148
l. 2 §10	116
l. 2 §12	106, 108, 116, 148
l. 2 §24	98
l. 2 §34	491
l. 2 §46	22
l. 2 §47	156

索　引

Lib. Ⅰ. Tit. 3. De legibus.

Tit.	121, 144
l. 3. 4. 5. 6	121, 306
l. 7	58, 306
l. 8	121, 306
l. 10	121
l. 11	121, 298
l. 12	121, 295
l. 13	298
l. 14	61, 295
l. 15. 16	61
l. 17	231
l. 18	230
l. 19	229
l. 20	322
l. 21	322, 324
l. 22	237
l. 23	296
l. 24	223
l. 25	234
l. 26	223
l. 27	223, 295
l. 28	224
l. 29	324
l. 32	146, 426
l. 32 pr	150, 153, 295
l. 32 § 1	117, 147, 151
l. 33	117, 146, 150, 153
l. 34	146, 148, 192
l. 35	107, 146
l. 36	107, 146, 147, 182
l. 37	146, 296
l. 38	117, 146, 148, 150, 296
l. 39	146, 147, 149, 175, 178, 424
l. 40	146

343

Lib. Ⅰ. Tit. 4. De constitutionibus principum.

Tit.	121
l. 1	122
l. 1 pr	117
l. 1 §1	125
l. 1 §2	66, 130
l. 2	306
l. 3	229

Lib. Ⅰ. Tit. 6. De his qui sui vel alieni juris sunt.

l. 1 §1	364

Lib. Ⅰ. Tit. 7. De adoptionibus et emancipationibus.

l. 1 §1	227
l. 4	423
l. 17 §1	418

Lib. Ⅰ. Tit. 8. De divisione rerum et qualitate.

l. 2. 3. 4	414
l. 5 pr	60

Lib. Ⅰ. Tit. 14. De officio Praetorum.

l. 3	66, 126

Lib. Ⅰ. Tit. 21. De officio ejus, cui mandata est jurisdictio.

l. 1 pr	238

Lib. Ⅱ. Tit. 14. De pactis

l. 7 §7	234
l. 7 §14. 16	58
l. 27 §4	58
l. 38	58
l. 42	58

Lib. Ⅱ. Tit. 15. De transactionibus.

l. 6	256
l. 8 §6	234

Lib. Ⅲ. Tit. 2. De his, qui notantur infamia.

l. 1	236

l. 11 §1	236
l. 11 §2	236
l. 11 §3	236

Lib. Ⅲ. Tit. 3. De procuratoribus et defensoribus.

l. 39 §3.4	122

Lib. Ⅳ. Tit. 2. Quod metus causa gestum erit.

l. 13	126

Lib. Ⅳ. Tit. 3. De dolo malo.

l. 7 §7	285

Lib. Ⅳ. Tit. 5. De capite minutis.

l. 5 §2	60
l. 6	60

Lib. Ⅴ. Tit. 3. De hereditatis petitione.

l. 20 §6	233
l. 23	233
l. 40 pr	239

Lib. Ⅵ. Tit. 2. De Publiciana in rem actione.

l. 11 pr	259

Lib. Ⅶ. Tit. 1. De usufructu etc.

l. 63	259

Lib. Ⅷ. Tit. 2. De servitutibus praediorum urbanorum.

l. 3 §3	259
l. 20 §1	259
l. 23	227
l. 39	295

Lib. Ⅷ. Tit. 3. De servitutibus praediorum rusticorum.

l. 3 §3	259
l. 10. 11. 14	259

Lib. Ⅷ. Tit. 4. Communia praediorum.

l. 15	259
l. 18	259

Lib. IX. Tit. 2. Ad legem Aquiliam.
l. 20   285
l. 27 § 4   152, 421
l. 27 § 19. 20. 21   285
l. 50   418
l. 51 § 2   55
Lib. IX. Tit. 4. De noxalibus actionibus.
l. 38 § 1   359
Lib. X. Tit. 2. Familiae herciscundae
l. 25 § 9. 13   384
Lib. X. Tit. 4. Ad exhibendum.
l. 3 § 15   419
l. 19   231, 236
Lib. XI. Tit. 1. De interrogationibus etc.
l. 1 § 1   152
Lib. XI. Tit. 4. De fugitivis.
l. 1 § 2   131
Lib. XI. Tit. 7. De religiosis etc.
l. 20 pr   58
Lib. XII. Tit. 1. De rebus creditis.
l. 15   61, 65, 281
Lib. XII. Tit. 6. De condictione indebiti.
l. 38   8
l. 47   419
l. 64   415
Lib. XIII. Tit. 5. De pecunia constituta.
l. 1 § 7   419
Lib. XIII. Tit. 6. Commodati vel contra.
l. 5 § 2   219
l. 5 § 6   285
Lib. XIV. Tit. 6. De Senatusconsulto Macedoniano.
l. 1 pr   221
Lib. XVI. Tit. 1. Ad Senatusconsultum Vellejanum

l. 2 pr	123, 124
l. 2 §1	239
l. 2 §3	239
l. 17 pr	275

Lib. XVI. Tit. 2. De compensationibus.

l. 6	419

Lib. XVI. Tit. 3. Depositi vel contra.

l. 1 §21	86
l. 31 pr	415
l. 31 §1	408

Lib. XVII. Tit. 1. Mandati vel contra.

l. 2 §6	286
l. 34 pr	61, 281

Lib. XVIII. Tit. 1. De contrahenda emtione etc.

l. 6 pr.	60
l. 35 §4	285
l. 38	275
l. 72 §1	60

XLLib. XVIII. Tit. 6. De periculo et commodo rei venditae.

l. 3	285
l. 4 §1	285

Lib. XXI. Tit. 1. De aedilitio edicto etc.

l. 1 §6	239

Lib. XXII. Tit. 1. De usuris etc.

l. 1 pr	422

Lib. XXII. Tit. 5. De testibus.

l. 18	238

Lib. XXII. Tit. 6. De juris et facti ignorantia.

l. 9 §5	133, 261

Lib. XXIII. Tit. 2. De ritu nuptiarum.

l. 14 §2	414

Lib. XXIII. Tit. 4. De pactis dotalibus.

l. 12 §1	58

Lib. XXIII. Tit. 5. De fundo dotali.

l. 4	297
Lib. XXIV. Tit. 1. De donationibus inter virum et uxorem.	
l. 1	63, 151
l. 5 §5	276
l. 25	62
l. 32 §24	62
l. 32 §26	276
Lib. XXV. Tit. 2. De actione rerum amotarum.	
l. 1	62
Lib. XXV. Tit. 3. De agnoscendis et alendis liberis etc.	
l. 1 §16	356
l. 3 §3.4	356
Lib. XXV. Tit. 4. De inspiciendo ventre etc.	
l. 1 §11	318
Lib. XXVI. Tit. 1. De tutelis.	
l. 8	60
Lib. XXVI. Tit. 4. De legitimis tutoribus.	
l. 1 §3	133
Lib. XXVI. Tit. 7. De administratione et periculo tutorum etc.	
l. 40	62
Lib. XXVII. Tit. 1. De excusationibus.	
l. 13 §2	231
l. 30 §2	62
Lib. XXVIII. Tit. 2. De liberis et posthumis tec.	
l. 19	230
l. 26	123, 124
Lib. XXVIII. Tit. 5. De heredibus instituendis etc.	
l. 9 §2	133
Lib. XXVIII. Tit. 6. De vulgari et pupillari substitutione.	
l. 2 pr	151

l. 15	62

Lib. XXVIII. Tit. 7. De conditionibus institutionum.

l. 14	117

Lib. XXIX. Tit. 1. De testamento militis.

l. 1 pr.	142

Lib. XXIX. Tit. 2. De adquirenda vel omittenda hereditate.

l. 25 § 3	359

Lib. XXIX. Tit. 3. Testamenta quemadmodum aperiantur etc.

l. 1 § 1	256

Lib. I. (XXX. un.) De legatis etc.

l. 39 § 6	226
l. 114 § 7	58

Lib. III. (XXXII. un.) De legatis etc.

l. 1 § 2	39

Lib. XXXIV. Tit. 8. De his, quae pro non scriptis habentur.

l. 3 pr	359

Lib. XXXIV. Tit. 9. De his, quae ut indignis auferuntur.

l. 2 § 1	142

Lib. XXXV. Tit. 1. De conditionibus etc.

l. 64 § 1	324, 325
l. 77 § 3	60
l. 94 pr	62
l. 94 § 1	62

Lib. XXXV. Tit. 2. Ad legem Falcidiam.

l. 89 § 1	133

Lib. XXXVII. Tit. 1. De bonorum possessionibus.

l. 2	295

Lib. XXXVII. Tit. 13. De bonorum possessione ex testamento militis.

l. unica	297
Lib. XXXVII. Tit. 14. De jure patronatus etc.	
l. 6　§ 2	239
l. 15	239
Lib. XXXVIII. Tit. 1. De operis libertorum.	
l. 42	58
Lib. XXXVIII. Tit. 10. De gradibus etc.	
l. 4　§ 2	414, 418.
Lib. XXXIX. Tit. 1 De operis novi nunciatione.	
l. 1　§ 11. 12	299
l. 1　§ 16. 17	60
l. 3　§ 4	60
l. 4	60
l. 20	299
Lib. XXXIX. Tit. 2. De damno infecto.	
l. 5 pr	259
l. 18　§ 15	259
Lib. XXXX. Tit. 5. De fideicommissariis libertatibus.	
l. 23　§ 3	61
l. 24　§ 5. 6	360
l. 43	296
Lib. XXXX. Tit. 8. Qui sine manumissione etc.	
l. 2	123
Lib. XXX. Tit. 15. Ne de statu defunctorum etc.	
l. 4 pr	123
Lib. XXXXI. Tit. 1. De acquirendo rerum dominio.	
l. 1 pr	110, 414
l. 7.　§ 5	60
l. 7　§ 7	286
l. 14 pr	60
l. 30　§ 1	60
l. 53	65, 418
l. 63	418

l. 65 §1	60

Lib. XXXXI. Tit. 2. De acquirenda, vel amittenda possessione.

l. 23 §1	61, 296
l. 36	296
l. 44 §1	61, 296

Lib. XXXXI. Tit. 3. De usurpationibus et usucapionibus.

l. 9	59
l. 10 §1	257
l. 16	296
l. 17	257
l. 26	257
l. 27	275
l. 33 §3	257
l. 44 §3	61
l. 45 pr	60

Lib. XXXXI. Tit. 4. Pro emtore.

l. 2 §16	61, 296
l. 11	275

Lib. XXXXI. Tit. 7. Pro derelicto.

l. 8	359

Lib. XXXXI. Tit. 8. Pro legato.

l. 4	275

Lib. XXXXI. Tit. 10. Pro suo.

l. 5 §1	275

Lib. XXXXII. Tit. 1. De re judicata.

l. 20	298

Lib. XXXXII. Tit. 5. De rebus auctoritate judicis possidendis.

Tit.	62
l. 24 §1	123
l. 24 §2	62
l. 24 §3	62
l. 32	62

Lib. XXXXIII . Tit. 16. De vi etc.
l. 1 § 3—8   281
l. 1 § 9. 10   419
Lib. XXXXIII . Tit. 24. Quod vi aut clam.
l. 1 pr   299
l. 7 § 5   299
Lib. XXXXIII . Tit. 30. De liberis exhibendis.
l. 1 § 4   356
Lib. XXXXIV . Tit. 3. De diversis temporalibus praescriptionibus etc.
l. 2   227
Lib. XXXXIV . Tit. 7. De obligationibus et actionibus.
l. 14   419
l. 59   414
Lib. XXXXVI . Tit. 1. De fidejussoribus.
l. 6 § 2   419
l. 8 § 3   419
l. 49 § 2   58
Lib. XXXXVII . Tit. 11. De extraordinariis criminibus.
l. 6 § 1   123
Lib. XXXXVII . Tit. 12. De sepulcro violato.
l. 3 § 4   123
l. 3 § 5   131, 289, 422
Lib. XXXXVIII . Tit. 3. De custodia etc.
l. 2 pr   239
l. 2 § 1   123, 239
l. 14   60
l. 40   60
Lib. XXXXVIII . Tit. 7. Ad legem Juliam de vi privata.
l. 7   126
Lib. XXXXVIII . Tit. 10. De lege Cornelia de falsis.

l. 15 pr.	123
Lib. XXXXVIII. Tit. 18. De quaestionibus.	
l. 8 pr	123
Lib. XXXXVIII. Tit. 19. De poenis.	
l. 17 pr	359
l. 41	233, 265
l. 42	230
Lib. XXXXIX. Tit. 1. De appellationibus etc.	
l. 1 §1	135
Lib. XXXXIX. Tit. 8. Quae sententiae sine appellatione etc.	
l. 1 §2	62
Lib. XXXXIX. Tit. 14. De jure fisci.	
l. 12	359
l. 13 pr. §1	123
Lib. XXXXIX. Tit. 17. De castrensi peculio.	
l. 1. 2. 9.	282
l. 19 §30	282
Lib. L. Tit. 1. Ad municipalem etc.	
l. 1 §2	64
Lib. L. Tit. 4. De muneribus etc.	
l. 11	123
Lib. L. Tit. De legationibus.	
l. 4 §6	123
Lib. L. Tit. 16. De verborum significatione.	
l. 6 §1	231
l. 10	419
l. 15. 16	59
l. 195	226, 227
l. 204	226
l. 215	226
Lib. L. Tit. 17. De regulis juris.	
l. 1	47
l. 27	58
l. 45 §1	58

l. 56	230
l. 67	265
l. 80	265
l. 84 §1	419
l. 116 §1	60
l. 117	295
l. 141 pr	61, 295
l. 162	61, 295
l. 168	230
l. 202	47

Edictum Theodorici.

Epilogus	51

Fragmenta Vaticana

§ 152	62
§ 159	134
§ 191. 206. 208. 211. 215.	134
§ 236	134
§ 246. 247	134
§ 278	62

Fragmentum de jure fisci.

§ 6. 8	123

Französische Gesetzgebung.

Art. 4	199, 208
Art. 8	199. 208
Art. 711	374
Art. 1135	199
Art. 1159. 1160	199

Code civil, suivi des motifs.

Loi du 21 Mars 1804	199
Loi du 16 Sept. 1807	327
Loi du 30 Juillet 1828	327
Loi du 1 Avril 1837	328

Gajus, institutiones.

I, §1	110, 413, 414
I, §7	107, 117, 156

索　引

Ⅰ，§8	395
Ⅰ，§12 sq.	399
Ⅰ，§55	123
Ⅰ，§56	398
Ⅰ，§66	110, 398
Ⅰ，§69	110
Ⅰ，§79	110
Ⅰ，§89	110
Ⅰ，§93	123
Ⅰ，§111	152
Ⅰ，§158	414
Ⅰ，§168	259
Ⅰ，§172	259
Ⅰ，§188	364
Ⅰ，§189	110, 364, 413, 414
Ⅱ. §30	259
Ⅱ. §35	259
Ⅱ. §65	414
Ⅱ. §66. 69	110, 414
Ⅱ. §73	414
Ⅱ. §79	110, 414
Ⅱ. §110	398
Ⅲ. §82	119, 146
Ⅲ. §121. 122	131
Ⅲ. §172	123
Ⅲ. §219	285
Ⅳ. §10. 33. 34. 34. 36. 37. 38.	295
Ⅳ. §44	356
Ⅳ. §48	376
Ⅳ. §61	286
Ⅳ. §94	356
Ⅳ. §118	117

Gellius, noctes atticae.

Ⅱ，25	291
Ⅹ，20	65

355

Institutiones Justiniani.
Prooemium.
- § 2   51
- § 3   278
- § 4   51
- § 5   279
- § 6   271

Lib. I. Tit. 1. De justitia et jure.
- § 3   407
- § 4   419

Lib. I. Tit. 3. De jure naturali etc.
- pr   419
- § 1   116, 419
- § 2   116
- § 3   106, 107, 116, 119
- § 4. 5   107, 119
- § 6   107, 119, 122, 130
- § 7   107, 116, 156
- § 8   107, 119, 156
- § 9   106, 107, 117, 119, 146, 154
- § 10   106, 119
- § 11   110, 146, 152, 419

Lib. I. Tit. 4. De ingenuis.
- pr   15

Lib. I. Tit. 5. De libertinis.
- pr   419

Lib. I. Tit. 8. De his, qui sui vel alieni etc.
- § 1   364

Lib. I. Tit. 10. De nuptiis.
- pr   418
- § 4   251
- § 12   115

Lib. I. Tit. 15. De legitima agnatorum tutela.
- § 1   418

Lib. II. Tit. 1. De rerum divisione.

pr. § 1	419
§ 11. 18	419
§ 25	286

Lib. Ⅱ. Tit. 4. De usufructu.

§ 3	288

Lib. Ⅱ. Tit. 6. De usucap. et longi temp. praescriptionibus.

§ 11	275
§ 14	123

Lib. Ⅱ. Tit. 23. De fideicommiss. Hereditatibus etc.

§ 4. 5. 6. 7.	279

Lib. Ⅲ. Tit. 7. De servili cognatione.

§ 4	123

Lib. Ⅲ. Tit. 21. De fidejussoribus.

§ 4	131

Lib. Ⅲ. Tit. 24. De emtione et vendit.

§ 3	285

Lib. Ⅲ. Tit. 27. De mandato.

§ 6	286

Lib. Ⅳ. Tit. 3. De lege Aquilia.

§ 16	285

Lib. Ⅳ. Tit. 4. De injuriis.

§ 7	152

Lib. Ⅳ. Tit. 6. De actionibus.

§ 13	356, 363
§ 39. 40.	285

Lib. Ⅳ. Tit. 11. De satisdationibus.

§ 7	98. 151

Isidorus, originum s. etymologiarum libri ⅩⅩ.

Ⅰ, cap. 27	291

Justiniani sanctio pragmatica.   132

§ 11	51

Liber Feudorum.

Ⅱ, 1	429

Liber Sextus.
Lib. Ⅰ. Tit. 2. De constitutionibus.
 cap. 1   289, 428
Lib. Ⅰ. Tit. 4. De consuetudine.
 Cap. 3   154
Lib. Ⅰ. Tit. 16. De officio ordinarii.
 Cap. 9   154
Novellae Justiniani.
 Nov. 83, cap. 13.   136
 Nov. 89, cap. 7.   278
 Nov. 89, cap. 15.   152
 Nov. 106   152, 184
 Nov. 107, cap. 1.   226
 Nov. 107, cap. 3 pr   280
 Nov. 113, cap. 1.   136, 310
 Nov. 115, cap. 3 pr   237
 Nov. 125   132
 Nov. 134, cap. 1.   421
 Nov. 143 pr   315
 Nov. 158   275, 280
 Nov. 162   75
 Nov. 165—168   144
Novellae Marciani.
 Tit. 4   301
Östreichisches Gesetzbuch.
 Einleitung, § 6. 7. 8.   329
 § 10. 12   200
Paulus, receptae sententiae.
 Ⅱ, 5, § 3   285
 Ⅳ, 8, § 24   360
Plinius (der Ältere). Historia naturalis.
 Ⅲ, 4   399
Plinius (der Jüngere). Epistolae.
 Χ. 66   124
 Χ. 115. 116   423

Preussische Gesetzegebung.
Allgemeines Landrecht. Publikations-Patent
vom 5. Februar 1794.
 § 1   197
 § 7   198
Einleitung.
 § 3. 4. 6.   198
 § 7   197, 198
 § 8 - 11   197
 Ⅰ, 1, § 123. 124   372
 Ⅰ. 11   375
 Ⅰ. 13   375
 Ⅱ. 5   367
Anhang zum allgemeinen Landrecht.
 § 2   328
Quinetilianus,
 I, 6   291
Reichsgesetzgebung, deutsche.
Kammergerichtsordnung von 1613.
 Ⅱ, 19, proem.   155
 Ⅱ, 71   155
Sächsisches Privatrecht, s. Haubold.
sanctio pragmatica Justiniani   132
 § 11   51
Suetonius, vitae duodecim imperatorum.
 Claudius, cap. 26   221
Tacitus,
 Ⅻ, 5. 6. 7.   221
Ulpianus, fragmentum.
 Ⅰ, § 19   359
 Ⅲ, § 6   123
 Ⅺ, § 7   259
 ⅩⅩⅣ, § 3   121
 ⅩⅩⅣ, § 4   146
 ⅩⅩⅧ, § 12   295

Ulpianus, tit. de legibus.
§ 3   121
§ 4   146
Varro, de lingua latina (ed. Müller)
Lib. 10, § 3 - 6   291
Westphalen, vormaliges Königreich.
Dekret vom 18. Januar 1813.
Art. 3   243

第一卷第一版译后记

本著作的翻译最初起源于我与刘智慧教授合作翻译完成萨维尼的另一部经典著作《论占有》之后，迄今已三年有余。其间，心性一直沉湎于一种寂寥、沉静甚至有些自我虐待的氛围之中，情绪始终徘徊于痛苦、踟蹰、恍然与深思之间而阴晴不定，我曾不断地想象工作最终完成之后，我会有何等的欢欣；在翻译之初，我期待这本著作能够极大地充盈我彼时已有些贫瘠的精神状态，为此我曾经感慨"我这一生可能要奉献给萨维尼了"，同时却又有一种"萨维尼要奉献给我这一生了"的狂妄；我也曾计划为这本著作写作一个评介性前言。但当本书校对完成之后，我却陷入了一种无话可说的失言状态。

我一时无法找到我这种状态的原因，直到我看到了萨维尼在《政治与现代立法》之中所摘录的荷尔德林《许佩里翁》散文诗片段：

理想将是自然所曾是，如果这棵树的下端已经枯萎，剥蚀，而清新的顶端仍高标特立，在太阳的光辉下吐绿，犹如曾在青春岁月的树干；理想就是自然所曾是。在这一理想上神性焕发出青春，卓异者彼此相识，他们是一，因为一在他们之中，从此，从这些人起,世界开始生命的第二纪元。①

萨维尼和荷尔德林的一个相同之处是认为,世界经由"卓异者"而开始摆脱枯萎状态的"生命的第二纪元"。他们所处的情境,他们所秉持的心境,他们所徜徉于其中的精神境界,又岂是我这样的"平凡者"一时所能体会从而心有同感?!又何须我为本著作写作一个前言而"貂尾续狗"?!既如此,何不待这部"卓异者"的著作"花香待人识"?心念至此,反而豁然至释然。

话虽如此,但我仍有些不甘,私下揣测,也许"卓异者"不能作为一个体概念,而应作为一群体概念,经由诸多"平凡者"谦卑的阅读、理解、思考和论辩达到近似"卓异者"个体的层次。因此,在此想法的支配下,我基于对萨维尼的理解撰写了我的博士论文,主题就是对萨维尼法律关系理论的研究。这个研究成果很快就要出版了,在这里也做一个小小的广告,期望我这个"平凡者"的研究能够对上述状态的形成有些微的助益。我内心也非常希望我的《当代罗马法体系》多卷本的翻译计划能够有机会尽快完成!

在翻译研究过程中,我也每每感受到自我知识储备的极大局限,但幸而有诸多师友的鼓励和帮助。感谢江平教授自我读博士以来对我的诸多帮助、鼓励和指导,他的青睐时时让我愧疚于心,希望本译著的出版能够为他的八十华诞献上一份小小的贺礼。感谢王泽鉴教授的鼓励,他提携后进的慷慨赞扬让我诚惶诚恐。感谢我的博士生导师龙卫球教授,他的理想和对理想的不离

---

① Vgl. Friedrich Carl von Savigny, *Politik und Neuere Legislationen*:*Materialien zum „Geist der Gesetzgebung"*,hrsg. Hidetake Akamatsu und Joachim Rückert, Frankfurt am Main:Vittorio Klostermann, 2000, S. 158. 本片段的翻译引自[德]荷尔德林:《荷尔德林文集》,戴晖译,北京,商务印书馆2003年版,第60页。对萨维尼引用本片段之意蕴的解读请参见:Berkowitz, *The Gift of Science*, Cambridge:Havard University Press, 2005, p. 126.。

不弃让我始终感怀于心，他的教导始终让我体会着一个法律人的应有境界。感谢我的博士后合作导师王利明教授，他的勤勉、鼓励和指导始终让我不敢稍有松懈，他的谦和更让我时刻感受到法律人的人格魅力。感谢德国汉堡马普所的 Zimmermann 教授慷慨地同意为我进一步研究和翻译萨维尼著作提供学习的机会。感谢通过各种方式帮助和鼓励我的所有老师，为避免这篇译后记最终成为一个长长的名单列举，请原谅我无法在这里一一提及您们的名讳，但这绝非意味着我的忘恩！

感谢中国政法大学的陈汉博士、远在意大利求学的汪洋先生对本著作中拉丁文翻译的帮助，感谢远在法国求学的梁笑准先生对本著作中法文翻译的帮助，感谢在德国奥斯纳布吕克求学的张红博士为本译作所写的推介，感谢中国政法大学徐同远先生对本译作一稿的审校。感谢"新法学"读书小组的诸位成员们让我在漫长的求学过程中不会感到长久的孤寂。感谢所有在我学术之途中愿意与我对话的朋友们。

感谢为本书出版付出巨大努力的周林刚先生和戴蕊女士。周林刚先生在本译作的清样上所写出的诸多细致的修改意见让我不得不挑灯夜战，逼迫我表达清晰，他绝非仅仅是本译作的编辑，更是本译作的共同对话者。戴蕊女士以她编辑般的细致审校本译作和照顾我的生活，对她，我只能借用歌德在《浮士德》第二部的结束所吟咏的诗句："永恒之女性，引我们上升。"

感谢所有爱我和帮助我的人们，感谢您们！我将怀着永恒的感恩和无尽的谦卑而幸福地生活。

最后，我以我自译的歌德的一首小诗作为结束吧：

    Gefunden   偶　得
  Ich ging im Walde   信步林幽路，
  So für mich hin,   独游漫前行。

Und nichts zu suchen,	无求身外事，
Das war mein Sinn.	但望心内静。
Im Schatten sah ich	寒荫目偶顾，
Ein Blümchen stehn,	雏花立亭亭。
Wie Sterne leuchtend,	星烁冥中天，
Wie Äuglein schön.	眸耀亮晶莹。
Ich wollt es brechen,	欲撷芳菲去，
Da sagt' es fein:	俏花泣悲声。
Soll ich zum Welken,	哪堪香魂散，
Gebrochen sein?	一朝任凋零。
Ichgrub's mit allen	挽袖入掘土，
Den Würzeln aus,	取花连根茎。
Zum Garten trug ich's	携丽秀房舍，
Am hübschen Haus.	捧娇俏园庭。
Und pflanzt es wieder	婀娜植新处，
Am stillen Ort;	清境喧哗宁。
Nun zweigt es immer	枝繁叶簇簇，
Und blüht so fort.	花开锦绣明。

第一卷新版译后记

《当代罗马法体系》第一卷的翻译本自 2010 年在中国法制出版社出版以来，历经 10 余年，已经脱销。因此，在 2022 年年底完成了第二卷的翻译之后，我和中国人民大学出版社协商，将第一卷再版，并和第二卷一起出版。最终，这个想法得到了中国人民大学出版社的支持。但是，由于时间和精力的原因，我没有对第一卷的翻译作出很多修改，仅微调了对个别语词的翻译，并结合第二卷的翻译统一了语词和格式。

图书在版编目（CIP）数据

当代罗马法体系. 第一卷 /（德）弗里德里希·卡尔·冯·萨维尼著；朱虎译. --北京：中国人民大学出版社，2023.7
ISBN 978-7-300-31374-0

Ⅰ.①当… Ⅱ.①弗… ②朱… Ⅲ.①罗马法-研究 Ⅳ.①D904.1

中国国家版本馆 CIP 数据核字（2023）第 016004 号

当代罗马法体系（第一卷）

[德] 弗里德里希·卡尔·冯·萨维尼 著
朱　虎 译
Dangdai Luomafa Tixi

出版发行	中国人民大学出版社		
社　　址	北京中关村大街 31 号	邮政编码	100080
电　　话	010-62511242（总编室）	010-62511770（质管部）	
	010-82501766（邮购部）	010-62514148（门市部）	
	010-62515195（发行公司）	010-62515275（盗版举报）	
网　　址	http://www.crup.com.cn		
经　　销	新华书店		
印　　刷	涿州市星河印刷有限公司		
开　　本	720 mm×1000 mm　1/16	版　次	2023 年 7 月第 1 版
印　　张	25.25 插页 3	印　次	2023 年 7 月第 1 次印刷
字　　数	298 000	定　价	268.00 元（第一、二卷）

版权所有　侵权必究　印装差错　负责调换